imaginist

想象另一种可能

理
想
国
imaginist

Alberto Giacometti　Catherine Grenier

行走的人：贾科梅蒂传

[法]凯瑟琳·格雷尼尔 著　寇媛媛 译

北京日报出版社

ALBERTO GIACOMETTI
by Catherine Grenier
© Flammarion, Paris, 2017
ALL RIGHTS RESERVED

This copy in simplified Chinese can be distributed and sold in PR China only,
excluding Taiwan, Hong Kong and Macao.

封面摄影 © Henri Cartier-Bresson/IC Photo
北京版权保护中心外国图书合同登记号：01-2022-6813

图书在版编目 (CIP) 数据

  行走的人 : 贾科梅蒂传 / (法) 凯瑟琳·格雷尼尔
(Catherine Grenier) 著 ; 寇媛媛译 . -- 北京 : 北京
日报出版社 , 2023.1
    ISBN 978-7-5477-4426-0

  Ⅰ.①行… Ⅱ.①凯… ②寇… Ⅲ.①阿尔贝托·贾
科梅蒂－传记 Ⅳ.① K835.225.72

  中国版本图书馆 CIP 数据核字 (2022) 第 211092 号

责任编辑 : 卢丹丹
特约编辑 : 肖 瑶 于 兵
装帧设计 : 米 沙
内文制作 : 陈基胜

出版发行 : 北京日报出版社
地   址 : 北京市东城区东单三条 8-16 号东方广场东配楼四层
邮   编 : 100005
电   话 : 发行部 : (010) 65255876
          总编室 : (010) 65252135
印   刷 : 山东韵杰文化科技有限公司
经   销 : 各地新华书店
版   次 : 2023 年 1 月第 1 版
          2023 年 1 月第 1 次印刷
开   本 : 850 毫米 ×1092 毫米   1/32
印   张 : 11.375
字   数 : 266 千字
图   片 : 35 幅
印   数 : 1—8000 册
定   价 : 78.00 元

目 录

前　言

　　阿尔贝托·贾科梅蒂于 1901 年 10 月 10 日出生于毗邻意大利的瑞士山区博尼奥，1922 年 1 月 1 日定居巴黎的蒙帕纳斯——除了在第二次世界大战期间及例行在瑞士老家居住，他毕生在此生活、工作。之所以与巴黎结缘，他随后解释说："父亲认为我最好能在自由的艺术学院学习，在那里画素描和油画，就像他年轻时在大茅舍艺术学院（Académie de la Grande Chaumière）那样。起初我是拒绝的，他也不强求，这反而让我坚定地照他所说的做了。"[1] 这段话显示出这位艺术家个性中极为突出的两方面，一方面他重视父子之间艺术传承的重要性——父亲乔瓦尼·贾科梅蒂是瑞士著名画家，带领年幼的儿子进入艺术殿堂，紧随他艺术生涯的每一步并不断给予他鼓励和帮助；另一方面，对这段过往的回忆方式透露出这位艺术家的反抗精神及其充满悖论的性格特点。阿尔贝托·贾科梅蒂是 20 世纪最伟大的艺术家之一，也是最独特和最杰出的名人之一。所有接触过他的人都证实，他性格独特且生性固执，岁月的沉淀也将这一性格特征刻画在他的面部线条中。萨缪尔·贝克特在描述他时写道："贾科梅蒂具有极强的敏锐性和令人惊叹的感知力，实际上，他非常睿智，想呈现出他所看到的一切。如果我们知道如何像他那样观察，也许会觉得这并非明智之举。"[2] 他引起业内关注的第一件作品《观看的头》(*Tête qui regarde*) 基本可以用来定义他自己。在这场独特的目光交汇中，人与艺术家从根本上相连。这目光无数次被其朋友、情人和模特描述为"既有诱惑力又具穿透力，既充满嘲讽又令人惊愕"。不管身处何处，他总能引人注目。无论在逼仄的画室或在巴黎咖啡馆的露天座，他独特的体形、无尽的好奇心和好反驳的个性让他成为所有人瞩目的焦点。米歇尔·莱里斯回忆说："贾科梅蒂是个热情又健谈的人，他总是自发地把内心的矛盾与真情实感和盘托出，喜欢与众人唱反调，并与他人观点相左。"

反抗精神是贾科梅蒂的个人艺术及先锋艺术时期的标志。他在记事本中写道："别让自己受任何人的影响，绝不。"[3] 贾科梅蒂认可父亲和安托万·布德尔对他的指导，但他要逃脱这些，拒绝从属的地位。他通过转向超现实主义来摆脱早期的导师们：奥西普·扎德金、雅克·里普希茨、康斯坦丁·布朗库西。他的作品立即获得了超现实主义者们的认可，他本人还受到安德烈·布勒东的钦佩，即便如此，他却很快离开曾让他声名鹊起的超现实主义创作对象，回归模特写生的创作道路。他拒绝隶属于任何一个艺术流派或昔日的思想体系，这个孤独的转向将他带入边缘地带。

即便他逆向穿行于所处时代的洪流中，贾科梅蒂仍不失为扎根于时代的人，一个介入式的现代派艺术家。他从现代性的教训中汲取对自由的渴望和对真理的执着，正是这种思想让他远离现代主义并回到创作的源头。他亲近史前艺术、古埃及或苏美尔艺术，让真实模特的日常经验和古代典范的永恒形式在作品中交汇。"昔日的、所有时代的、所有文明的艺术突然同时显现在我面前，仿佛空间取代了时间。"[4] 空间与时间、临近与距离是他每件作品试图拉近甚至融合的概念。让·热内说："在我看来，它们（贾科梅蒂的雕塑）的美在于从最远的距离感到最近的熟悉感之间不停的、不间断的往返：通过永不停息的往返，他的雕塑处于运动之中。"[5]

他的作品每天都要从根基上被彻底地反复思索，并以拒绝稳定、权威、宏大为突出特征。艺术家不断趋于持续变化中的完成，对怀疑的表达是他创作灵感的来源。雕塑、绘画、写作是贾科梅蒂持续探索工作的不同侧面，这让他思想活跃、精力充沛。他生活简朴，忘情工作，内心焦虑，永不满足，这些虽损耗他的健康，却丝毫不妨碍他乐观的精神和对艺术的赤诚。他追求的终极的、基本的又充满悖论的目的便是再现他之所见。事实上，为了呈现外部世界，贾科梅蒂并不限于参考现实主义的共同语汇，或在画室里夜以继日地面对模特进行创作。他重复地体验真理的逃遁，就像他年少时所预感到的："世界是我们持续面对的斯芬克司，恒久矗立在我们面前被我们追问的斯芬克司。"[6] 一个已化为物质与形式的问题，便是对这个独特作品的定义，这个作品的艺术家永远排斥确定的身份："我不知道我是谁，或我曾经是谁。我会让自己等同于什么，但我不与自我等同。一切都是全然矛盾的，我大概一直都是曾经的那个十二岁男孩。"[7]

第一章

童年

阿尔贝托一生无比眷恋童年。在他之后出生的是比他小一岁的大弟迭戈（1902），接着是妹妹奥蒂莉娅（1904）和小弟布鲁诺（1907）。他们兄弟姊妹都生活在母亲安妮塔的身边，在乡间那座朴素房子的会客厅里，一家人一起做游戏、学习。外表严肃的母亲实则十分慈爱，非常爱护子女，终其一生维护着家庭核心的稳固。他家对面是由祖父创办、叔父奥托经营的皮兹·段旅馆，侧面的谷仓被改成了画室。家里的亲戚散居在乡间山谷里，父母祖上均来自格劳宾登地区。斯坦帕[*]地处瑞士的意大利语区、布雷加利亚山谷中央，距离瑞士与意大利边境仅几千米。村庄位于山脊两侧的狭窄地带，依河岸而建，住着上百户居民。贾科梅蒂一家人日常说的是混合了意大利语和布雷加利亚语的土语。他们家的窗外正对着夏季牧场的牧羊大道，取水的公井是村民们的聚会聊天之地。下雪

---

[*] 1906年，贾科梅蒂一家搬到了斯坦帕。——编者注

的那几个月，气候严寒、日照稀少，村庄便像与世隔绝般进入冬眠期。此时大批游客会住进位于斯坦帕高处，坐落在锡尔斯湖边的马洛亚村的木屋里，自1910年起，贾科梅蒂一家会去那里消夏。在那里，他们常与皇宫酒店的顾客们来往，酒店因其环境和富有的客人而闻名于世。客人们形容酒店里家庭般的气氛既欢乐又热情。[1]阿尔贝托也会遇到来自意大利或瑞士的表兄弟、朋友和路过的艺术家。成年后，他每年都会回到这里小住直至母亲过世，也就是他去世的前两年。他会在那间如今依然保留着的大画室里继续创作。

乔瓦尼和阿尔贝托的素描重现了他们在斯坦帕的日常生活片段。全家人围坐在主屋里，房间里亮着一盏大煤油气灯，散发出暗绿的光线[2]：贾科梅蒂家是村里唯一拥有煤油气的家庭，看得出来家境较为宽裕。低矮的天花板与墙面均被细木条包裹着，墙上挂着乔瓦尼画的风景画和孩子们的肖像画，卧室里铺着暗红色的东方地毯。除了画室里那两把具有异国情调的布加蒂设计的扶手椅，家具都是质朴的乡村风格。这种高山地区的装潢让人联想到镶嵌工艺盒的内部，那似乎也是平静乡间生活的象征。母亲坐在桌边缝纫，身体倾向光源，时间在门边悬挂的"日月"钟的嘀嗒声中有节奏地流淌。孩子们围坐在游戏大转盘旁，桌上摆满了棋子。布鲁诺在学小提琴，其他孩子轮流给父亲当模特。房屋四周被雪环绕，沉浸在一片白茫茫中。山里的景致陡峭而荒芜。一年中重要的日子是宗教节日、小孩出生、生日和父亲的展览日。

附近的森林是游戏和冒险之地。大自然一会儿面目狰狞，一会儿又和蔼可亲，阿尔贝托讲述了自己在其中的经历和留下的惯用地标。他急切地盼望大雪到来，有时积雪很厚，他甚至希望在里面建造一个地下巢穴。"我当时真想在里面度过整个冬季，就一个人，关在里面。"[3] 矗立在森林荆棘丛拐弯处的巨石时而友好时而可怖，它们为他提供了最佳藏身之地。"我记得至少有两个夏季，我看到自己周围仅有一块距离村庄八百米的巨石。"被水侵蚀的巨石下面有个洞，孩子们在里面滑来滑去。"每当我蜷缩进巨石底部的小洞穴里时，我便感到极度的快乐，这空间恰好够我容身，当时我的所有愿望都实现了。"另一块"又窄又尖的金字塔形"巨石正好相反，它像一团昏暗吓人的肿物一般矗立着。"石头犹如活物立即触动了我，它是带敌意的，威胁的。它威胁一切：我们、我们的游戏、我们的洞穴。它的存在使我愈加难以忍受，我立刻发觉：既然无法让它消失，我就得无视它、忘记它，不与任何人谈及它。"

跟许多乡村孩子一样，阿尔贝托与自然元素之间维持着一种泛灵论的关系。这种认为自然物体与人类身体之间具有双重性（ambivalence）的感觉一直持续到他成年之后，并反映在他成熟期的作品中。"女人如树，头如岩石"的图像被他用来描述某些雕塑的细节，画面中，他在人与自然之间建立了一种对应体系。每逢假期，阿尔贝托与他的兄弟姐妹会去探望亲戚。"村庄道路不通，祖母居住的房子的墙面上爬着白蔷薇。我依然能看到她膝头放着《圣经》坐在窗户旁的样子，一帮开心的小孩排成排围绕着她，倾听这部宏伟巨作中的美妙故事。我们很喜欢年轻的大卫，也同情可怜的押沙龙*。几个小时过去了，亲爱的祖母一点儿都不觉得累。当孩子们离去，她便独自沉浸到她的伟大之书里。"[4]

在斯坦帕村庄和位于马洛亚山口顶端、海拔八百米的布雷加利亚村庄之间，孩子们过着山里人独居一隅的生活，家务劳动是日常生活的中心，他们靠书信和广播与外界沟通。

一家人在乔瓦尼的佑护下生活，他的艺术事业发展得平稳顺利。这位父亲的成功与日俱增，很快就获得了许多国家级荣誉。虽身居乡村，他却与众多艺术家保持着密切往来，如居住在马洛亚的乔瓦尼·塞甘蒂尼、阿尔贝托的教父库诺·阿米耶、布鲁诺的教父费迪南德·霍德勒。我们能发现乔瓦尼的早期作品曾受霍德勒的影响，此人当时即将成为享誉全国的艺术家。塞甘蒂尼那时已经成名，乔瓦尼很欣赏他并与他私交甚好，还从他那里借鉴了分割法和"山地"创作主题。阿米耶也是老朋友，乔瓦尼在慕尼黑和巴黎求学期间曾与他是同窗。乔瓦尼家的客厅里挂着一幅阿米耶在阿旺桥村时期创作的绘画，那是他送给乔瓦

---

* 押沙龙（Absalon）在《圣经》中是大卫王的第三个儿子，以色列国王。——译者注

尼夫妇的结婚礼物。[5]乔瓦尼定期旅行，并保持着与现代派先锋们的来往。他于1907年在巴黎参观了塞尚的作品回顾展和野兽派（Fauvisme）的展厅，当时这两个展是秋季沙龙（Salon d'Automne）的盛事。第二年他又与桥社（Die Brücke）的表现主义艺术家们来往密切，阿米耶也在其中。1911年，他在野兽派艺术家的陪伴下参加柏林分离派（Sécession berlinoise）年展，并展出具有此类艺术风格的作品。乔瓦尼体格健壮，红棕色胡须被精心修剪成三角形，有一双深邃的蓝眼睛。他是位性情温和、对孩子和子女教育都无私奉献的人。他的画室和家中满是书籍，他向孩子们教授的是汇集了阿尔卑斯山脉两侧三个地区的综合文化，该地区所有人都能流利地讲三种语言：意大利语、德语和法语。洛林（lotharingienne）文化的影响在若干年后使阿尔贝托逐渐靠近巴尔蒂斯的风格。浪漫主义和象征主义在这个文化中仍然占有一席之地，甚至在先锋艺术流派中也是如此。哲学和文学在其中也占据着重要地位，当然还有一直作为教育基石的传统文化。传统文化在阿尔贝托身上烙下持久的印记，并指导他在即将开启的艺术生涯中做选择。

在现代派内部分别支持霍德勒和塞尚的美学论战中[6]，乔瓦尼虽然内心一直忠于自己的导师和朋友霍德勒，但他的绘画风格却紧随法国画家塞尚。他在画作中不断地再现皮兹·段山，那几乎是他的《圣维克多山》（Montagne Sainte-Victoire）；在他刻画的农民群像中我们也能找到塞尚《玩纸牌者》(La Partie de Cartes)的影子。经历了接近野兽派的色彩表现主义阶段后，他综合新印象派(Néo-Impressionnisme)和塞尚主义(Cézannisme)确立了相当古典的风格，并再也不曾改变。这种艺术立场反映了他的性格：既好奇于艺术思想的新发展，又十分眷恋传统艺术观念。他如此描述未来主义："后印象派(Post-Impressionnisme)、综合主义(Synthétisme)、立体主义(Cubisme)等人已经被远远地超越。我欣赏未来主义者的是，他们在理论层面上建立了一个全新的艺术和生活观。在我看来，他们在艺术领域所做的工作似乎更证明了一些有趣的理论未必能形成一件艺术品。"[7]

"一战"期间，他也无法忽视在苏黎世轰动一时的达达主义(Dada)运动，他的堂兄奥古斯托·贾科梅蒂也时不时为达达主义做点贡献。但他和阿尔贝托后来均未提及此事。那些艺术家和艺术运动不单要作为一种新的理论观念，还要能够成为可用的造型选择时才会吸引乔瓦尼的注意。他关注的核心是"再现"(représentation)的问题，他主要教导儿子的是艺术与自然的有机联系，同时留给儿子美学选择的自由。

从童年起，阿尔贝托便表现得与众不同。弟弟迭戈回忆道："他看很多书，不停地画画，他很少或几乎不与别人玩耍。"[8] 他很早便跟随父亲进入画室学习绘画和造型。"看到基座上的一些小型胸像的复制品，我立刻也想做同样数量的作品。父亲给我买了黏土橡皮泥，于是我就着手做了。"[9] 兄弟姊妹都可以自由地进入画室，而他凭借艺术天赋和动手能力脱颖而出。父亲说："阿尔贝托在素描和油画方面也有进步。他精力充沛，做任何事都要达到极致，哪怕是玩游戏。"[10] 父亲总是思想开明、和蔼宽容，甚至能原谅他那些孩子气的古怪行为。阿尔贝托毫不胆怯地给雕塑家罗多[11] 为父亲创作的胸像涂上颜色以便"完成"它。他说："我把它的眼睛涂蓝，头发、胡须涂红，皮肤涂粉。"接着又说："父亲当时稍显吃惊。也许他认为我对罗多的作品缺乏尊重，但并未因此责备我。"[12]1915 年到 1919 年，他作为寄宿生在希尔斯新教中学学习，那里的校友都很欣赏乔瓦尼的艺术，并针对新绘画展开过激烈辩论。阿尔贝托参与其中，但不加入讨论。同学们记忆里的他矜持又笃定，友好又有距离感。他对感兴趣的主题会显得非常专注和有耐心。他的阅读范围很广，既迷恋德国浪漫主义文学、莎士比亚和易卜生的戏剧，也醉心于成长小说，如戈特弗里德·凯勒、歌德、托马斯·曼、赫尔曼·黑塞的作品。他大量地阅读艺术书籍，加上天生强大的视觉记忆力，他积攒了往后整个职业生涯都取之不竭的图像文化宝库。为了买一本关于罗丹作品的书，他花掉从学校回家的班车费，然后不得已在寒冷中费力走回家。他的艺术才能很快被寄宿学校发现并得到鼓励。学校甚至破例为他开辟出空间，让他为自己改造一间画室以便闲暇时在那里创作。他在那里为同学们制作雕塑或绘制肖像，例如为他的好友西蒙·贝拉尔和卢卡·利希特滕汉创作。所有人都会服从这位年轻人时而专横的意愿，他拥有将周围一切事物都画出来的强烈愿望。弟弟布鲁诺说："他对视觉见证的意愿极其强烈，有时会以一种强势而坚决的态度对待那些偶然将自己交付于这一意愿的人。当阿尔贝托画正在玩儿童游戏的我时，我总能感到被他炙热的目光俘获。他死死地盯着我，我感觉几乎被画布*缚住，无法挣脱，蜘蛛正伺机一把将我逮住。"[13]

阿尔贝托性格倔强，还有气厥症，此事后来被他的模特们证实："他通常十分温和、善良，极少难以相处，可面对模特时他就变成了独裁者，不许他们动一寸。他不停地说：看！看！看！别动！毕竟那个时期，他最想抓取的是模特的眼神。他为我做第一件胸像时，我大约八岁，我记得他想要雕刻得与自然人一样高，于是他用带着锈迹的圆规量我的头。看到圆规尖靠近我的眼睛时，我心里害怕极了，我觉得他要把我刺瞎。然而阿尔贝托一心只想创作，根本不知道一个孩子会害怕大人眼中稀松平常之物。"[14]

他之所以毫不犹豫地跟随父亲走上艺术道路，是因为他刚接触绘画时就立刻体会到成功带来的满足感。"我很快便开始写生，当时感觉能完全驾驭它，我觉得这正是我想做的事。"[15] 他体会到艺术带来的原初成就感，可后来他却从根本上开始怀疑自己以及他表现己之所见的能力。"那时我在收割草料的时候画农民。那时我画画是为了交流，为

---

* toile，在法文中既有"画布"之意，也有"蜘蛛网"之意。——译者注

了控制，画笔是我的武器。我因此变得自负，什么也不能阻碍我。"成年后，任何努力也无法让他重获这种成功的体验，因为他要远离这种成功，就像远离一种贫瘠的"自负"[16]他十三岁时用黏土橡皮泥为弟弟妹妹们捏的头像已经显示出他在再现方面早熟的天赋。他还画大量的素描、水彩画，临摹大师的作品，画风景以及同学的速写。"1914年我坐在斯坦帕家中的窗边，全神贯注地临摹一张日本木版画，我能描绘出所有细节。"[17]他的临摹作品大多得以保留。他临摹父亲画室里或学校艺术史书籍中的作品，画面透露出他的耐力和对画作的忠实。版画，尤其是阿尔布雷特·丢勒的铜版画是备受他青睐的灵感来源。他用画笔为同学和家人画的肖像画再次体现出几何和锐利的版画风格特征，这些画作与父亲那种注重氛围渲染的作品相去甚远。他的水彩画反而因其造型处理和色彩运用与父亲的画作更为接近。因此，这位年轻的艺术家根据不同的技法采用了差异化美学：雕塑上采用自然主义，他主要寻找其中的相似性；油画上跟随父亲走分离派的创作道路；作为手眼练习的素描则采取古典主义。在希尔斯，他开始研习木版画，这是父亲钟情的一项传统技术。乔瓦尼一直支持儿子的艺术活动，同时给予他充分的自由。"即便我的创作方式逐渐与他背离，父亲对我做的一切也总是表现出越来越多的理解，他对我的创作和所思所想十分感兴趣。"[18]

父亲知道阿尔贝托若想在艺术道路上继续前行，就必须脱离他的影响，形成自己的风格。他一直在这个方向上鼓励儿子，不断与他分享自己对艺术本质的理解。

谈及过去，阿尔贝托坦言："我和父亲、家人一起度过了无比幸福的童年和青年时代。"[19] 虽然他在和睦的家庭里度过了非常幸福的年少时光，也未遭遇过不幸和变故，但他却无法消除精神折磨的阴影。阿尔贝托是个孤独、忧虑、极其倔强的孩子。出于焦虑，他需要能够掌控周围的世界。布鲁诺讲过哥哥的怪癖，一些他强加给自己和周围人的奇怪强迫症：鞋子要按尺寸摆放，袜子要按顺序平铺着放……[20] 这种追求秩序感的强迫症足以解释他成年后亲口说的某些行为表现。"可为什么我小时候在厨房里锯木头时，将这些木头直接放进箱子会令我那么难受、抓狂？我要求大块的必须在里面，小块的在外面，其余的按重量依次排序。我反复地把它们全拿出来，以确保箱子底部或中间没有被压碎的木头。这件事让我不堪忍受，我那时真希望能戒掉它，但又做不到，我总在焦躁和怒气中重蹈覆辙。"[21]

对细节的极致关注体现出他终其一生的强迫症本性。在他混乱不堪的个人画室里，他自称患有相同病症："我永无宁日，被它超越、压垮，我总是心怀不满地想抛开它好去做别的事，但不一会儿，这类鞋子袜子的强迫症便复发了：门关得太轻或太重，桌上挨在一起的物品，一片纸，一根线，一只墨水瓶。我很快会把看到的东西摆放好，不敢再看向远处（否则我会感觉白做了），我把一部分东西与另一部分分开，但中间的距离应是多大？它们要么靠得稍稍过近要么离得稍稍过远，我微微调整一张碎纸片的位置，却不想把它扔进废纸篓，我知道一切还会从头再来。时至今日我依然常将物品互相分开，这与我面对《犹太新娘》[22]时产生的那种不适感应该是同源的，这是伦勃朗晚期的一幅画作。我曾将此画的照片挂在墙上，但画中女人叠放着的两只手让我着实难以忍受。"[23]

在诸多情况下，我们会发现这位艺术家儿时便无法抑制的恐惧和反感在生活的创伤中被再次激活，并看到他为克制它们而采取的惯常做法。

病态想象会困扰许多孩子，但阿尔贝托在童年结束后仍然如此。他早期的素描显示出他对童话故事的兴趣，其中肆意彰显着暴力：他画白雪公主的透明棺材，也画骑士故事里的战争场面。他后来在工作手册上画的雕塑草图中经常出现手握兵器的战士、被吊死的人或套着铁颈圈的人。他曾用文字记录过具有暴力和残酷色彩的童年梦境。如果是出于他对超现实主义文学创作练习的迷恋，我们会怀疑这只是故意夸张，但当他详细重现一个极为暴力的梦境时，的确让我们大开眼界："我记得同一时期，几个月里，每当入睡时我都会梦到自己在黄昏时穿越一片茂密的森林，到达一座最隐蔽且人迹罕至的灰色城堡。在那儿我杀死两个手无寸铁的男人，其中一个大约十七岁，面色苍白而惊恐，另一个穿着盔甲，盔甲左边似乎有什么东西闪着金光。我强奸了两个女人并撕开她们的衣服，一个三十二岁，一袭黑衣，面容白皙，另一个是她女儿，脸上飘着白纱。整座森林都回荡着她们的尖叫与呻吟。我也杀了她们，但是很慢（当时是夜里），地点通常在城堡前的池塘边，绿色的池水散发着腐臭。地点每次略有变化。然后我开心地烧了城堡，这才安然睡去。"[24]

需要强调的是，阿尔贝托并不排斥挑衅行为。他虽然害羞，但喜欢掌控人际关系。"没人能够像阿尔贝托一样，以友好温和的方式露出微笑，又在唇边透出一丝嘲讽。"他的一位初中同学如此写道，并称他在学业和艺术方面具有"奇特的优越感"。[25]他在人生的各个阶段都秉持着独立性并拒绝为自己辩解。诚然，只有一个无视周遭评价的人才能像他一样多次把最隐秘的幻想公之于众，而他本意上并不想刺激父母。在一些文章和谈话中，他毫不掩饰地坦言自己那些惯常的怪癖、本能的恐惧以及根植于童年深处并激发噩梦的病态强迫症。希尔斯只轻微遭受战争的侵袭，可阿尔贝托却在这里第一次亲身经历周围人的死亡。1917年3月，一位年轻的拉丁语老师突然离世，这令他惊恐万分："一个人怎么能就这样死了？死亡真是一个巨大的奥秘。"[26]第二年，学校的主管也过世了。[27]利希特滕汉离开学校后，阿尔贝托写信给这位同学，向他表达了自己面对旁人的死亡时所产生的不安，并说自己痴迷于文学作品里对死亡的再现："我由衷喜欢威廉·麦斯特的年轻朋友溺水而亡的段落。他写得极好，我时常重读这个故事，越读越觉得美妙。"[28]

这种焦虑不安的幻想并未阻碍他成为一个平常喜欢开玩笑、在素描本上画讽刺画的快乐小孩。他在给利希特滕汉的信中还抒发了自己面对大自然时的内心感受，在乡间和山里散步常激发他联想到浪漫主义文学中的诗情画意。从书籍或艺术展中获得的新发现是另一个让他兴奋不已的灵感源泉。在诗意心情与莫名恐惧之间的各种情绪中，最有力且最抚慰人心的便是家人的爱。成年后他始终保持与家人定期通信，直至母亲过世，也就是直到他去世的前两年。

第二章

成为艺术家

　　1919年，阿尔贝托请求父母允许他离开希尔斯中学一段时间，他打算去父亲身边工作，以检验自己的艺术志向。十八岁这一年，他对学校教育和所有学习都彻底丧失了动力。但他依然轻松通过第一学期的考试，并获得可以从事艺术创作的特殊安排。他交了几个朋友，弟弟迭戈也来到他的中学就读。但这个顺遂的环境并未让他战胜间歇性的消沉。乔瓦尼很在意儿子的这种不适感，其中还夹杂着迫切想寻找自我的决心。乔瓦尼深知违背阿尔贝托的意愿，让他继续待在学校里并非明智之举，因为儿子似乎已经确立自己的艺术志向。在得到校方领导的许可后，他同意照顾儿子三个月，之后儿子可以继续上学。接下来的这段时间证明，阿尔贝托具有真正的艺术天分和投身于艺术的热情。但乔瓦尼希望儿子能在学业结束后再学习美术，可儿子无论如何也不愿回到希尔斯。于是父母建议他上日内瓦艺术学院，阿尔贝托欣然前往，但他很快便拒绝听一些老师的课，因为他不认为这些老师具有与父亲一样的才华。多年后，他甚至声称自己在日内瓦艺术学院仅待了三天，他要从记忆中把甘愿忘记的那几个月清除。[1]这种态度让母亲觉得他高傲又放肆，在信中，她表现出对儿子的控制，并威胁要他回到希尔斯。[2]阿尔贝托抑制着内心的冲动，继续去艺术学院上课，但就像乔瓦尼对阿米耶所解释的：他对课程很挑剔。其中一位老师，也是他父亲的朋友雅姆·维贝尔就此事提醒说："你儿子阿尔贝托上完我和埃斯托佩的五六次课就突然离校，他只是简单地跟校方管理层表示很遗憾要离开我们。"[3]然而维贝尔很放心："让我安慰的恰是他这样的个性，即便在一群卡纳克人（canaque）*之中他也能自处。"阿尔贝托报名了工业美术学院，在那里主要上莫里斯·萨尔基索夫的造型课，此人曾混迹过阿尔西品科在巴黎的圈子。在美术方面，阿尔贝托唯一表现勤奋并且离开学校后还在继续学习的是写生课。然而，他却不遵守课程要求并拒绝使用课上提倡的绘画技法。一位同学讲述的逸事可以为证："一个叫璐璐的微胖女孩摆着裸体姿势。按照惯常做法，我们要在纸上画出完整的裸体人像：头、胳膊和腿。贾科梅蒂却反对，并说只画自己感兴趣的部分。他固执地在安格尔纸上只画模特的一只脚且巨大无比，这把老师气坏了。"[4]

然而这种抗拒与其说是在传递一种个人的艺术坚持，不如说是他在抓取现实时体会到的无能为力。他虽在临摹

---

* 卡纳克人是南太平洋新喀里多尼亚的法属美拉尼西亚土著人。——译者注

方面表现卓越，但人体素描于他而言却是艰难的练习。他在整个艺术生涯中都不断地练习人体素描，却一再被这个困难所激怒，就像阿尔法和欧米伽的艺术创作过程。

乔瓦尼密切关注儿子的成长过程，并将此事告诉了阿米耶，他没有隐瞒阿尔贝托在学校不够勤奋的事实，但并不为此惶恐不安。学期尚未结束，阿尔贝托便离开日内瓦，"因为他想回来过复活节"[5]，他父亲解释道。事实上，这次离开后他再也没有回去。回家前，他先绕路去奥斯万拜访了教父阿米耶。阿米耶为教子画了一幅肖像画，二人还一起画了伯尔尼周围的风景。艺术学徒（阿尔贝托）也画银尖笔画和水彩画。后来他说那段时光就像他的"高更时期"，阿米耶深受高更影响并带领他去领略高更。"我曾坚信天空只是因为约定俗成才被视为蓝色，事实上它是红色的。"[6]随后他又在索洛图恩短暂停留，住在教父的朋友约瑟夫·米勒家中，他在日内瓦上学时米勒就经常招待他。米勒的父亲是瑞士工业家。米勒曾跟随阿米耶学习，日后成了精明的艺术品收藏家，并在1920年成了首批非西方艺术品收藏家之一。在斯坦帕短暂歇息后，5月，阿尔贝托便与父亲一同出发前往威尼斯。父亲被任命为那届威尼斯双年展中瑞士展评选委员会的官方委员。第一次与父亲一起旅行犹如一次艺术启蒙之旅，旅程十分顺利。乔瓦尼赞扬了位于接待处的瑞士展区："因为我们看到许多忠实于自我和本性的艺术家，他们带来了新气息。"[7]通过这句评价可以看出他艺术主张背后的参考谱系，以及他传授给儿子的理念。他们一同参观了瑞士国家展厅，以阿尔西品科作品为主题的苏联展厅给阿尔贝托留下最深刻的印象。也许正是这次机会让他遇到这位俄国艺术家，后来此人还在巴黎接待过他。然而，这次旅居中最让他感到震撼的并非当代艺术，而是古典绘画。他对丁托列托印象最深："我整整一个月都在城市间奔走，担心万一在教堂的某个角落或是别处还散落着他的某幅绘画。丁托列托对于我来说是个美妙的发现，他是一道帷幔，背后是一个新世界，也是我身处的现实世界的反映。我专一又热切地爱着他，对其他威尼斯画家，如保罗·委罗内塞和提香，我只有敌意和反感（对乔瓦尼·贝利尼则没有，我也崇拜他，但只是远距离欣赏，因为那时他对我来说不是很重要）。"[8]

此次意大利之旅堪称一次真正的艺术洗礼。当他三十年后再次提及这段美学经历时，阿尔贝托依然保留着曾让他激动不已的热情与愉悦。这次旅行无疑是一件在他生命里留下印记的大事，以至于他只简单地将一篇纪念此次经历的文章命名为《1920年5月》，像是指称一个转向，一次新生。回程的路上，他参观了帕多瓦。在那里，他发现了让他兴奋不已的乔托·迪·邦多纳的作品，这甚至让他对丁托列托的热情发生转移。"进入竞技场礼拜堂（chapelle de l'Arène），面对乔托的作品，我感到胸前正中央受到一拳重击。我迷失了方向且不知所措，瞬间感到无尽的伤感和巨大的悲伤。这一拳也打中了丁托列托。乔托的力量无法抵御地压着我，我被画面中那静态的、剧烈的、玄武岩般的人物压扁，他们的姿势精准恰当，神情充满表现力并常带有无尽的温情，正如圣母玛利亚抚摸着死去的基督的脸颊。"[9]

通过对这些美学探索引起的强烈内心情绪的描述，我们不难发现他与父亲的不同。父亲对此这样解释："在帕多瓦看到乔托的作品，首先打动你的是它平静而明亮的构图、崇高与圆润的形式。我们无法摆脱这种内在的真理和直接的目光。我眼前打开了一扇窗，敢用画笔继续创作对我而言仍是充满人性的和可被饶恕的。"[10]

与乔瓦尼的节制谦逊不同，阿尔贝托的激动中伴随着疯狂，他满怀激情又专一地支持"那时对他来说是必需的"的美学形式。

秋季，他第二次前往意大利，这次他是独自一人。他先在佛罗伦萨待了一个月，在那里他常去参观考古博物馆（Musée archéologique），并特别欣赏古埃及展区。"最近几天，我经常去古埃及艺术博物馆，这些才是真正的雕塑。他们舍弃了整个人像身上曾经必要的东西，上面甚至没有可以伸进手的洞孔，然而我们却能非同寻常地领略到其动势和形式。"[11]

他在美第奇小圣堂（chapelle des Médicis）临摹米开朗琪罗的雕塑，还发现了贝尼尼的艺术。古埃及艺术是他雕塑作品的主要参考对象。然而，此次旅途中发现的巴洛克雕像日后也进入了他的艺术"先贤祠"。他还前往阿西西和佩鲁贾欣赏奇马布埃的壁画。在这次游历过程中，他的笔记本中满是让他为之一振的作品的临摹以及他的所思所感。他穿越意大利的城市寻找新体验，还四处打听课程以免学业中断得太久。"我在佛罗伦萨待了一个月，我本想搞创作，但没找到什么机构，于是我经由阿西西和佩鲁贾前往罗马，希望在那里找到一些艺术学院或能基本满足我的业余油画课。很显然，开始那几天，我只是从一个地方跑去另一个地方，一无所获，没有任何结果——艺术学院满员，业余课被中止，晚上的课没法上。简言之，情况和在佛罗伦萨时一模一样。但城市真的很美……在那里，我们能找到想要的一切：博物馆、教堂、令人叹为观止的废墟……那里有很多剧院，几乎每天都有精彩的音乐会……我要暂时留在这里。"[12]

　　贾科梅蒂一家虽生活在乡下，远离各种文化活动，但乔瓦尼和安妮塔很注重培养孩子们欣赏音乐和演出的爱好。在家人之间的信件中，他们经常谈论戏剧演出以及父母和孩子都很喜欢的古典音乐会。阿尔贝托说是因为他一直保留着这个爱好所以在罗马待了一段时间，实际上，他后来在这里待了九个月，1921 年的大部分时间他都一直住在叔叔安东尼奥·贾科梅蒂的家里。让他舍不得离开的还有那里的文化生活和艺术瑰宝：拜占庭的马赛克、鲁本斯的绘画、"拉奥孔"群雕，以及他爱恋的表妹比安卡·贾科梅蒂。他曾请求她为自己当模特。他刚到意大利的前几天就开始参观博物馆，对眼前的一切感到震惊，并画满画册。"这是无尽的财富且常看常新！虽然我没有大量地创作，甚至很少，但我永远不会丢掉这些东西，它们会逐渐在我记忆中重现。而且由于太久没创作，我从未像那时一样渴望画素描、油画和做塑形。"[13]

即便他热情高涨，但接下来的几个月他的作品并不多。他主要画了些油画，还有几幅为伯母和朋友桑热一家几位成员画的技法娴熟的素描，以及做了几件人像雕塑。他用几周的时间为比安卡雕塑胸像，但最终徒劳无功。这位年轻女士对他艺术上的优势无动于衷，不停地摆姿势让她感到厌倦，而阿尔贝托也丧失了在第一次塑形时指引她的手的那种自信。此时在雕塑方面，他在日内瓦艺术学院的写生课上遇到困难。他天生擅长的再现如今却与他作对。"那时我失去了自我，一切都离我而去，在我面前，模特的头如同一团模糊又无边的云……我完全无法将头部的整体形状呈现出来。"[14]那些无果的尝试最终被毁掉或丢弃。这段时光对他来说只有痛苦，当这位艺术家意识到自己想要成为什么时，他要经历的困难是那些满腔热忱又天真无邪的初学者所无法知晓的。

年轻的阿尔贝托将困难告诉父亲，并从他那里得到鼓励。乔瓦尼建议他从那些被现代派误解并忽视的传统艺术家那里寻找支撑，走上自我表达的创作道路。"你如今已见识了这么多事物，应该养成独立创作和产出的习惯，所有时代的杰作都是大艺术家与自然的结合，自然是无尽的灵感来源。"[15]在这些交流中，乔瓦尼借机提醒儿子要当心某些最新的艺术进展，即那些自己评价不高的"形而上的抽象绘画"。"当然,艺术家总会面对新问题,而且艺术是一股不能静止的潮流。每个时代都有属于自己的艺术,艺术家不能也不该拒绝所处时代的精神理念。可我觉得没必要把理论推向荒谬的边缘,最终走到连我们健全的判断力都无法理解的境地。"[16]

在罗马的日子里,他也尝试体验独立的成年生活并开始关注政治问题。他与父母虽然主要谈论艺术探索和个人问题,但阿尔贝托并没有脱离周围的现实世界。他目睹法西斯主义逐渐得势,并对此十分担忧:"法西斯分子逐渐强大并取得一定地位,邓南遮可能也会现身政坛。周日我看到一场法西斯分子的示威游行,场面宏大,好几千人非常紧密地团结在一起,这让我浑身起鸡皮疙瘩。当然,我和我的朋友以及认识的人都尽可能地支持布尔什维克主义和社会主义。"[17]

从多个角度看,两次旅居意大利的经历为他的未来埋下种子。那时的经历都刻在他的记忆里。他在书中欣赏过的杰作真正地呈现在他面前,他形成了一种即刻畅游在不同历史时期与多种艺术风格之间的能力,也拥有了新的生活方式,即城市生活,与朋友在咖啡馆聊天、关心政治。他也谈恋爱、光顾妓院,在那里经历了最初的性体验。他丢掉乡下气的衣服,换上高雅的城市着装。阿尔贝托形成了此后一生被人们熟识的样貌:粗花呢上衣、衬衫、领带,总是手拿香烟。他回到斯坦帕后为自己画了第一幅自画像[18],画中的他便穿着这样的衣服,画笔扬起,目光高傲地望向观众。

第三章

直击死亡

1921年初春，阿尔贝托与同学在帕埃斯图姆和庞贝郊游时在火车上遇到一位博学的老人，并开始与之交谈。那时他还没意识到这次愉快的相遇将在他人生中留下不可磨灭的印记。此后不久，这位荷兰图书管理员范默尔先生邀他从意大利境内的阿尔卑斯山同游至威尼斯，阿尔贝托欣然答应。9月1日，他与范默尔先生会合，一同前往意大利。这次出游刚开始十分顺利，出发前一天他在给父母的信中开心地写道："这位先生心思特别细腻，有修养又博学多识，我们度过了愉快的时光。"[1] 次日晚，他们到达梅拉诺，入住一家很好的旅社。"范默尔先生非常热情且文化修养极高，他经常游历山川，对瑞士的了解比我多十倍！他还熟悉花朵和植物，一直在教我辨认，我学会了他教给我的几乎所有名称！而且他还保护动物，说动物是我们的兄弟，他甚至不吃肉！"[2]

然而猛然间发生了一件出乎意料的事。旅行第四天，阿尔贝托以截然相反的语气给父母写了封信："亲爱的爸妈，我依然满怀惊恐与错愕，我不懂。命运居然如此难以捉摸和可怕，不到三小时前，范默尔先生竟在我和一位清洁女工面前暴毙身亡。这太残酷、太难以理解了。"[3]

年轻的阿尔贝托受到深深的刺激，他详细描述了这场突然的死亡："晚上十点半时他还很好，心情也不错，他高兴地抽着烟，说着接下来想进行的旅行。我曾跟你们说过，他是我见过最细腻最高贵的人，文化素养很高，为人善良，精神境界极高。抵达前一小时，他肚子有点疼，凌晨两点（我住在隔壁），我听到他痛苦的呻吟，然后看到坐在床上的他正被疼痛折磨。这是个可怕的夜晚，七点时我们叫来医生，他看起来没那么难受了，但时常会以痛苦的、恐怖的、无法形容的方式呻吟，接着医生给他打了一针，他便睡着了。"

度过一个平静的早晨后，阿尔贝托发现他的同伴非常痛苦。"我走进房间发现他倒在地上，双目圆睁，非常可怕。我把他抱回床上。他很难受，但意识清醒，并没有谈论死亡。"由于没法联系到医生，被吓坏的阿尔贝托便守着这位临死之人。"范默尔先生是皇家档案管理员，六十四岁，充满生命力与希望。它如此可怕、可怕、可怕，生活就是这样。"

这场死亡由于太过悲惨和意外而显得格外猛烈，第一次直击这样的场面是他人生中的一次决定性的经历，它给这位二十岁的年轻人和未来的艺术家留下了极其深刻的印象。他个性中的矛盾性体现在给父母的信中：焦虑但不惧怕——他毫无顾虑地答应了一个陌生人的旅行邀约——早熟但仍天真且不成熟。第一次意大利之旅结束后，这是他的第二次成年生活经历，带他走出了孩童时期。与第一次充满欣喜和快乐的经历不同，这次是关于生命的激烈课程："它如此可怕、可怕、可怕，生活就是这样。"然而他仍将旅行继续下去，他前往威尼斯，并从父母的积蓄中取得资助，"小心上路"[4]。他走遍城市、咖啡馆和妓院。生活重回正轨，但这次经历让他受到极大伤害，那回忆久久不散。很久之后在一篇描述范默尔先生之死的文章中，他将其描述成自己的艺术传奇旅程中最主要的一步。发表于 1946 年的文章《梦境、斯芬克司和 T 之死》(*Le Rêve, le Sphynx et la Mort de T.*)[5] 讲述了他恢复平静后对某些时刻的回顾，这些时刻被认为在揭示其创作基础方面具有重要意义。文章中描述的死亡与他当时的叙述并不相同，前者赋予那次经历一种审美特质："我看着范默尔先生的头部在不断地变化：鼻子逐渐凸出，面颊凹陷下去，嘴巴张着不动，呼吸困难。接近傍晚时，我正想画他的侧面，却突然惊恐地发现他快死了。"

这篇文章的发表距离事发已有一些年份，阿尔贝托认为应该在文中加注以重申这场特殊回忆的重要性。"1921 年的这次旅行（范默尔先生之死及与之相伴的其他事件）对我而言是生命的一道裂口。一切都变了，这次旅行在我脑海中整整盘旋了一年，我不停地讲述它，常想把它写下来，但总是做不到。"[6] 事后回忆的一些先兆强化了这次具有启蒙意义的考验。阿尔贝托回忆说，他曾在范默尔先生的床边念过福楼拜写给莫泊桑的信：“你是否曾经笃信事物的存在？一切是否仅是幻象？只有事物之间的关系是真实的，即我们感知事物的方式。”[7] 事实上，年轻的艺术家当时并没有立刻领会到福楼拜写的这段关于感知的教导。许多年后他才明白，范默尔先生的死就像他曾在罗马经历的幻灭一样，在他的艺术事业中产生了极大的决定性影响。又经历几个类似的事件之后他才体会到，他的艺术个性正是被这些考验所塑造的。不过，真正开启他创作道路的并非起初模仿时的技巧，而是创作时的困难。

第四章

定居巴黎

  刚从范默尔先生过世的可怕经历中走出来的阿尔贝托，接着又要面对学业上的问题。日内瓦的短暂经历没有给他留下太多深刻记忆，他也绝不会再回去。他在那里倒是交过一些朋友，包括后来在巴黎重逢的库尔特·塞利希曼和汉斯·斯托克。他倾向于选择去维也纳继续学习艺术，父亲则劝他去巴黎。与其进入教学老套的美术学院，父亲更建议他去自由的艺术私校，即后来的大茅舍艺术学院，二十年前乔瓦尼曾在此学习。阿尔贝托决定学习雕塑后，便进入安托万·布德尔的画室。[1] 1922 年 1 月 9 日他到达巴黎。父亲建议他多接近住在巴黎的瑞士艺术家，因为他们能在创作初期给予他一些指导，而他起初结交的朋友也的确多是同胞。刚到巴黎的日子，他养成去卢浮宫和特罗卡德罗民族志博物馆（Musée d'Ethnographie du Trocadéro）的习惯。他常给家人写信，父亲也很快便来探望他。虽然在巴黎过得很幸福，但他仍十分想家，母亲用充满温情的信为他疏解思乡之情。夏季，他前往瑞士服兵役，直到 9

月中旬一直驻扎在黑里绍。他得过且过地应付军旅生活，利用休息时间去圣加伦和温特图尔参观博物馆和展览。返程前，他在斯坦帕稍作停留，全家一起庆祝了迭戈的二十岁生日。[2] 值此机会，阿尔贝托为弟弟画了一幅站立全身像。[3] 这一年他在瑞士度过了五个月的时光，之前他一直过着寄宿生活，回到巴黎后，他终于给自己打造了一间画室——阿尔西品科离开巴黎定居柏林后，将自己租的画室转租给他。他把搬进第一间个人画室的喜悦分享给父母，母亲回复说："我以前总是想象你在自己的画室里，看到你把平底锅底熏黑，周围一片混乱。我很乐意为你整理床铺，可能还会与你争吵，但依然爱你。"[4] 在大茅舍艺术学院，他在写生课上尤其勤奋，其间他画速写和造型。布德尔每周来画室一次，参加学术会议和修改学生习作。他的个性和教学都十分受人敬重。他曾是罗丹的助手，创作风格较罗丹而言更古典、更夸张。他的教学理论基础、扎实，试图借此激发学生的好奇与思考。同时，他的评价也让学生们既期待又担忧。"周四十一点半，有人发出提醒，一辆出租车停在大茅舍街 14 号楼前。长着一双淡紫色眼睛的波兰人飞奔穿过一群群人，他的手指搭在嘴边说布德尔先生到了！老师穿着宽短的灰色工作衫出现了。他艰难地从拥挤的小板凳和穿着工作衫的学生之间穿过。'在修改你们的作品前，我的朋友们，我想跟你们念几句我刚才记下来的思考，题目是："完全理解，便是比肩！"（Comprendre pleinement, c'est égaler!）完全地观察一个物体，并非观察模特的鼻子是否精致，而是要精确地看鼻子在额头下方的位置，看它与眼睛的精确关系，在深层次中寻找事物。总而言之，就是要贴近真理去把握它，而这，这是个巨大的力量。那是智慧的职责。要知道，一个能准确临摹所观察对象的人，（拿着，我刚用手指碾碎的黏土球，）是个伟大的、非常伟大的艺术家。从准确意义上讲，观看事物本身，这需要理性、审慎的观察，这是精神领域的事。'"[5]

布德尔在学生面前赞扬古希腊、美索不达米亚和古埃及艺术，以及非西方的传统艺术。他直接挑战学生们的学院式观念。在一堂课上，他赞美一辆汽车车身的完美外形，这激起了阿尔贝托的愤怒。其实，这位老师的观念比他的行为更加开明，他引领学生们了解立体主义的形式创新："关于立体主义，人们说了多少蠢话！可怜的公众！我们如今的艺术潮流值得用心跟随，它们并非一些迂腐的艺术家的'疯狂举动'，正相反，它们更像是给绘画艺术曾经历的狂热、混乱、奇想踩了一脚刹车……最后，它是针对学院艺术的突然反击，应该感谢立体主义在这方面的贡献。说不定哪天会再来一次文艺复兴！"[6]

与阿尔贝托后来说的相反，大茅舍艺术学院的教育对他的发展是有用的，他从速写课以及布德尔的帮助中受益匪浅。布德尔给了他许多建议和鼓励。"布德尔来到工作室，他对我的作品很满意，因为我们都是瑞士人，其他三个瑞士人也很好，他来到我旁边，边看边幽默地说：'对，瑞士万岁。'"[7]

雕塑家布德尔在艺术学院教的绘画方法很特殊，他将物体进行棱柱式几何拆分，再重新组成多面体，这一方法暂时解决了阿尔贝托在再现上的困难。1922年至1925年，阿尔贝托定期去上课，后来两年只偶尔去。即便他对布德尔的某些观念提出批评，他依然十分期待布德尔的观察意见并把关键的说法讲给父亲听。"我们明天有布德尔的课，他总有新东西讲。"[8] 之后，虽然他选择的创作道路与老师完全不同，但他依然追随老师维护的某些基本价值，即精神活动优先于用手创作、绘画对雕塑家的重要性、对远古艺术尤其是东方古代艺术的兴趣，以及文化记忆的重要性，这些理念一直都贯穿在他的艺术当中。

大茅舍艺术学院的友好气氛让他不那么孤独。巴黎的自由画室汇集了来自世界各地的大学生，他们组成充满生机的社区。阿尔贝托立刻融入由来自塞尔维亚、俄国、克罗地亚、瑞典、丹麦、美国、中国、日本等地的年轻艺术家组成的圈子中。与他关系最密切的是瑞士同学奥托·本宁格尔和阿诺德·盖斯布勒。他后来解释说："对于一个外国人来说，没有什么比跟法国人交往更困难的了。这是一堵墙……我来到巴黎后结识了曾在大茅舍艺术学院学习的人，他们都是外国人，只有一个法国人（我很少见到他），直到1930年或是1928年我一个法国人都不认识……"[9]

阿尔贝托一直保留着很重的口音，这让他感觉自己长期处于所有圈子之外。"我感到非常孤独，可我并不抱怨。"[10] 对于他来说，孤独的回报就是自由。那时他二十一岁，自由地探索生活且不受任何约束。在学院里他不参与同学之间的竞争，而是专注于研究。他的同学布鲁尔·约尔特回忆说："贾科梅蒂与其他所有学生都不一样，他似乎没有跻身优秀者之列的需要，有时会给人懒惰和被动的印象。"[11] 他又补充说："他的棕色鬈发，他的安静内省，以及他哲学思辨的习性，都使他成了不同寻常的人。"[12] 阿尔贝托实则足够融入集体，以至于好几个同学都将他视为偶像。从 1922 年起，他便为同学斯雷滕·斯托扬诺维奇创作的半身像摆姿势，还让盖斯布勒以他的面部创作亡者纪念碑上的一个人像。他给妹妹写信说他为一位"长着黑头发的"[13] 美国女艺术家做了一件胸像。他还以自己为原型画自画像，并完成了"有胳膊和头的半身像"[14] 解剖习作。在这段时间他经常去卢浮宫，也略微接触过现代流派。"那天，正好是秋季沙龙，有些有趣的油画和雕塑，但整体给人一种精神失常者大集会的奇特印象，他们故意表现得天真、半病态，不过总体来说是有趣的。"[15]

然而 1923 年并不顺利，他经历了一段消沉期。这是他第一次不在家过圣诞节。3 月初，他告诉父母自己已非常气馁。乔瓦尼尽可能地帮他打气，信中充满关心与教导："我也经历过消沉与不满的时期，但这对学业来说可能是最有利的时刻。这种时候我们会感觉做什么事都不成功，感觉困难无法克服，接着某一天会突然发现自己进步了，我们登上了这无尽阶梯的另一层，阶梯之上高耸着无法企及的完美。艺术便是这样。它像复杂蜃景（Fata Morgana）[16] 般总在眼前，又不断远去。当然也不能轻易自满，或害怕摧毁重做，但即便以这样的方式，我们依然无法一下子到达山顶，而是喘着气爬过一座又一座山，我们无法在一个作品中达到渴望的完美或近乎完美。因此我认为当你在习作中取得一些好品质时，最好保留试作和这些品质，然后在此前经验的基础上，重新开始新的习作以便走得更远。某些习作可作为比较对象，它们就像小山丘，我们在此停下来喘口气，然后继续踏上那条通向山顶的路。整个一生都是如此。我非常期待看到你的作品。"[17]

2月，由于阿尔西品科前往美国并定居，阿尔贝托不得不离开画室，并在未来一年多的时间里不停更换寄宿地。为了让他振作起来，父母来巴黎陪他过复活节。他们一同参观博物馆，一起去沙特尔待了一整天。之后他与家人一起在马洛亚度过夏季。冬天，他的焦虑感逐渐缓解，又重新投入创作[18]。雕塑不是很难取得进展吗？于是他转向油画。好几周里他都用尽力气专注地画一个头颅。"偶然间，我得到一个头盖骨，是别人借给我的。我特别想画它，于是放弃艺术学院整个冬季的课程。我整天寻找肌肉附着点，一颗牙齿萌出至鼻子附近，我尽最大可能精确地跟随它的整个运动过程，这导致我根本无法画出整个头盖骨，于是我被迫只画次级部位，即嘴巴、鼻子，最多到眼眶，画不了更多了。"[19]

他没有放弃学院的学习，不过养成了经常在校外创作的习惯。他继续与父亲分享对布德尔教学的想法。大部分时候父亲都同意儿子的观点，有次在与老师发生摩擦后，父亲这样回复他："布德尔认为一辆汽车车身可以在艺术美学上与一座大教堂同等重要，这种轻率的言论他自己肯定都没法当真。"[20]12月，阿尔贝托又在被乔瓦尼称为与布德尔的"对话—争执"里加入新篇章。在一次素描课上，布德尔质疑学生们对写生练习的重视。年轻的阿尔贝托实在按捺不住，他反驳了老师并重申自己对艺术与自然之间的内在和绝对联系的坚定信念。"布德尔说：'告诉我，你们对模特感兴趣吗？'因为没人回答，他在等待，于是我诚实地回答'是的'。他说：'我一点儿也不。'我惊讶地张大嘴。他说：'我们用模特做不出任何有趣的东西，它会变得无趣，绝不会变成艺术品。'我说：'但如果艺术家能从模特身上感到美，而且他水平很高，也依然做不出艺术品吗？'他说：'手上功夫强不算真强。'我说：'那是自然，可他真正地在这个形象里看到了有趣的东西啊。'他说：'眼睛是看不到的，只有精神可以。'"[21]

被当场激怒的阿尔贝托如此评价："我的想法还没有幼稚到只配得到如此幼稚的回复，我当然知道看和傻盯着看完全是两回事啊！"他们的对话仍在持续，但师生之间依然不和……乔瓦尼再次支持他说："你的论断是正确的。艺术存在于自然之中，一切都基于懂得如何观察，这是丢勒说的。'艺术在自然之中，它属于知道如何提炼的人'，安格尔在其思想中也重申过这一点。"[22]在交流过程中，布德尔显示出热衷于反驳的性格，这与日后的阿尔贝托十分相似，他想以这种方式促使学生们维护自己的立场。虽然老师持如此言论，他的作品却忠于自然。相比老师挑衅的言论，先锋派所持的新艺术理念更加令阿尔贝托感到不快。在父亲和教父的培养下，阿尔贝托秉持着尊重古典的温和现代性理念。他认识立体主义和抽象派各自的支持者们，而这两个派别与他眷恋的浪漫主义的艺术理念相左。他的理念建立在对自然的观察上，这与其父亲一脉相承，也是他们一家人共同秉持的观念。这一点从他与布德尔发生争执后母亲和弟弟迭戈向他表示声援的信件中便可看出。

第五章

艺术家的生活

阿尔贝托创作了一些彩色雕塑并开始画油画。[1]他对自己在绘画方面的进步很高兴。几个月以来，他的风格变了，以古典绘画技法创作的肖像画让位于更加完整、体量感鲜明的绘画。画面的多面形态与艺术家一开始便采用的体积构建法相结合，形成了新的表达方式的构成特征，也让他明显接近于新立体主义（néocubiste）美学。尤其是他画了一系列自画像，确立了后来将反复出现在他绘画中的某些特征：集中于身体的一个部分，只描绘其中的某些细节，主题在画面中被分离出来，通常被锁定在内部背景的图画中。"有一天盖斯布勒看到它们时表示很欣赏，与去年相比它们没那么成体系。我试图更准确地构建它们，不让它们看上去仅仅是一个抽象物或结构。"[2]

他在马洛亚创作的许多山景素描采用同样的原则。只有当他觉得新作品足够成熟时才会拿给老师看。"昨天，我把素描拿给布德尔看。最近几个月我画了很多画，至少五十多幅。有一段时间我从不把它们拿给任何人看，现在基本达到预期效果，拿给了好几个朋友看，他们都觉得很好。所以我想给老师看，尤其是我已经很久没给他展示过任何作品。上周五他只来了一会儿，也没有修改画作。谈到造型时，他说：'这里没有人知道如何给一个形象准确定出三个点。'接着，他看着我的作品，用手指着它说：'这位先生会。'这让所有美国寄宿生都大为震惊！'我觉得他的画都很好。'——他重复了好几次——'他很会画画，他懂绘画，他有很大的优点，眼光敏锐、分析速度快，等等。'他也说我在雕塑方面不如绘画方面精进，但要知道凭我的优点，我很快会做到的。然而我跟他说我现在几乎无法做雕塑（我们一动都不能动，自然也无法绕着模特走一圈，甚或绕着创作的人像走一圈，我必须找到更好的工作方式）。他明白我的意思，并说他也意识到在这样的情况下创作作品是很困难的。但无论如何，我做的那些造型总能帮到我，我学到很多。他让我保留那些有价值的画作。就这样，我现在被认为是布德尔画室里最优秀的素描画家，如今大家对我都比往常更友善（特别是女生，真的）。"[3]

　　然而一个月后也就是 1924 年 4 月，他再一次经历怀疑期。布德尔的教学常常让他错愕，他抱怨老师信口开河。这位雕塑家在一次高谈阔论中不是声称金字塔是"黑人修建的，古埃及人只是后来将其翻修了一下"[4]吗？古埃及艺术是阿尔贝托心中无比至上的参照系，但他依然开始学习当代艺术。他跟父亲提及在保罗·罗森贝格画廊看到的毕加索的作品。那是毕加索"粉色时期"的作品和新安格尔风格（néo-ingresque）的新作，他赞扬这些画作技法精湛、画面简约。"这些都是直接写生，非常生动。总体而言，它就是不讲故事的艺术。这是我来巴黎后见过最好的现代作品。"[5] 虽然他向家人倾诉困惑，但这并不影响他的创作实践，不过他放弃了令他不满的彩色雕塑。"自从回来之后，我再没碰过那些彩色雕塑。我观察到它们形式还不够好，在重新思考彩色雕塑前，我认为首先需要做到形式上差不多完善。"[6] 他并没有因此丧失对彩色雕塑的兴趣，这种兴趣反而持续出现在他的整个艺术生涯里。"某天，一个在学院工作的日本人跟我说起他们国家鼎盛时期的雕像，我吃惊地得知原来它们都是彩色的。"[7]

他虽然嘲讽大茅舍艺术学院的美国寄宿生——学院很受大西洋彼岸的女性继承者们的青睐——但仍参加他们组织的联谊会。1924 年 5 月 21 日，他在"恋爱鸭"（Canard Amoureux）的私人沙龙参加了卡瑟·克罗斯比的生日晚会，受邀的还有其他十一位宾客，其中包括艺术学院的同学阿塔纳斯·阿帕蒂、野口勇和佐藤朝山。他的社交范围在不断扩大。他还结交了在后来若干年里与他私交甚密的意大利青年画家马西莫·坎皮格利，经此人介绍，他进入同在巴黎的意大利人圈子。他还常去坎皮格利每天光顾的位于蒙帕纳斯的咖啡厅，如圆顶咖啡馆和多摩咖啡馆。阿尔贝托变得更加健谈，喜欢争论政治问题[8]，并且开始关心自己的前途。他萌生离开学校的念头，但首先得经济独立，自己承担生活开销。在一封热情洋溢同时语气坚定的信中，安妮塔建议他摆脱对家庭的经济依赖，尝试售卖自己的作品。[9] 可现实是即便他开始售卖一些小作品，至少未来三年他仍需依赖父母生活。迭戈刚从贸易专业毕业，还没有明确的人生规划，安妮塔也鼓励他尽快进入成年生活。于是迭戈决定年底来巴黎闯荡，安妮塔对此十分担忧，让哥哥多指点弟弟。[10]

1925 年 1 月，阿尔贝托搬进位于弗鲁瓦德沃街一间楼上的画室。月底，他参观了布德尔的私人画室并这样描述他的感想："那里放有很多大型雕塑和青铜雕塑，却不如我期待般令人喜欢。我觉得效果有点矫饰和浮夸。反倒是今天看到的阿里斯蒂德·马约尔的小塑像更令我震撼。"[11]

他认识了奥西普·扎德金，他对扎德金的雕塑很感兴趣，并收到参加其作品回顾展开幕式的邀请。[12] 跟那个时代的许多年轻艺术家一样，他们在巴黎画派内部各种共存的美学旋涡中打转，面对先锋派艺术，他很难为自己定位。"我见到许多现代派的作品，但有点像巴别塔，其中有太多不同的事物，它们朝向各种可能的方向，很难对整体形成清晰的概念。"[13] 看过毕加索不同风格的绘画后，他再次表达对其作品的兴趣。参观完凡·高展，他重燃对绚丽色彩（colorisme）的喜好，这表现在他的风景画和肖像画里，"色彩的力量被发挥到极致"[14]。工作的热情又回来了，为了完成两件在艺术学院时便着手创作的雕塑，他推迟了回马洛亚的行程。他解释说之后他将在自己家开始新的创作。很快，他真的离开艺术学院转而在自己的画室里创作，同时继续上晚上的人体写生课，还把作品拿给布德尔看。[15]他习惯了让人用石膏为作品翻模，这无疑是一项新开支。[16]好几件雕塑都处在制作阶段，其中许多作品，例如他多次提及的大型"坐像"[17]，都需要几个月才能完成。

迭戈年初在巴黎与他相聚。由于阿尔贝托的画室太小，弟弟便住进附近的旅店。[18]但他们经常待在一起，年轻的雕塑家让迭戈像过去一样为他摆姿势。正如迭戈跟父母所言，阿尔贝托的生活非常规律。早晨，他一般会去艺术学院创作全身像，要是请得起模特就在画室做。下午，他做半身像。晚上七点半，兄弟俩会在附近的餐厅用餐。他们几乎从不离开居住的街区，那里有他们习惯的生活和所有艺术家朋友。迭戈说去一趟蒙马特都像一次远行。[19]阿尔贝托则解释说："在仅有的几次坐船游览塞纳河的途中，我像是刚回到久别重逢的巴黎，眼前移动的景物令我欣喜，像第一次看到一样。在这里，我们几乎是……在乡下。"[20]迭戈配合他的生活习惯，结识他的朋友，尤其是本宁格尔、坎皮格利和米洛·米卢诺维奇，他们都是大茅舍艺术学院的学生。他还立刻参与到画室的工作中，将作品运给模型工人或送往即将展出阿尔贝托作品的沙龙。但这些事并不会占据他所有的时间，而且也没有收入。父母担心他无所事事，担忧他会交友不慎。那时的政治和社会局势也令他们忧虑。乔瓦尼说："如今艺术、政治、宗教都普遍失去方向，现在亟须重新找到凝聚轴和能使人平静安心的稳定基础。"[21]5月，父亲来巴黎住了两天，他看了正在创作中的雕塑，特别是阿尔贝托预计在杜乐丽沙龙（Salon des Tuileries）展出的作品。这是艺术家第一次公开展示作品，他将展出的是《迭戈的头》（Tête de Diego）和《无头无臂的胸像》（Torse）。[22] 作为这个新沙龙的创始人和评选委员会委员，布德尔很可能建议过他展出两件作品，一件更学院派，另一件更符合现代美学规范。[23] 阿尔贝托正处于转变期，他在现实的忠诚与革新的愿望之间挣扎。另一则与布德尔相关的逸事很可能与阿尔贝托在现代雕塑道路上的初步探索有关，在一件现代主义风格作品前，布德尔可能这样对他说过："我们完全可以在家做这个，但别展示出来。"[24] 艺术家多年后转述的这句玩笑话是否完全符合大师所言已不得而知，但它的确对应着阿尔贝托创作中的真实一面，即一段时间内同时进行两种不同风格的实践。

整个夏季，在参加新一期兵役之前，阿尔贝托在马洛亚待了一个多月，在此期间他开始创作奥蒂莉娅的胸像和一件花岗岩雕塑。[25] 就像在素描中一样，因为他很难构建整个身体，仅再现身体的一个部分便成了解决之道。"我认为最困难的是从一个模特身上提取出满意的形象，因为我们每天观看模特的方式都不尽相同，总有新事物出现，永远无法知晓他真正是怎样的，我们总是被迫牺牲一件事物而把它做成另一个。但慢慢地，在不知不觉中事物会各归其位，就像罗盘上不断跳动的指针，最终都会停在一个点上。"[26]

在一系列名为《无头无臂的胸像》的作品中他尝试使

用现代语汇。[27] 其中一件被卖给费尔南·莱热的学生，即他的朋友塞尔日·布里尼奥尼[28]，这件作品非常接近1925年他在扎德金的作品回顾展上看到的名为《无头无臂的女性胸像》（*Torse de femme*）的石雕。另一件唯一被保存下来的作品，雕塑家化繁为简只保留了核心要素，从中显示出布朗库西对其的深刻影响。这场向抽象形式的演变过程是逐渐而缓慢的。他在笔记本中为心目中最优秀的当代雕塑家排名[29]，居于首位的是雅克·里普希茨和亨利·洛朗斯。颇有意味的是，他还区分了创作方式依然传统的艺术家，如安托万·布德尔和夏尔·德斯皮奥。他一边闯入现代主义者阵营，一边长期继续创作学院派风格的雕塑，他一直秉持着对现代古典主义代表人物的尊敬。他虽然一只脚已经踏入艺术的竞技场，但还继续去大茅舍艺术学院上了几个月的课。卖给布里尼奥尼的那件《无头无臂的胸像》是人体形态的具象再现，而抽象版的《无头无臂的胸像》则更靠近布朗库西，决定性的一步已经迈出，这使他此后坚定地走在现代派雕塑家的创作道路上。

阿尔贝托已非常习惯巴黎的生活方式。他与许多朋友来往，经常聚会、看电影。他很喜欢美国电影，尤其推崇卓别林。1926年初，第一批彩色电影呈现的画面让他惊喜不已。"这是上映的第一部这类型的电影，太惊人了。所有的颜色都很正，很和谐，画面如油画般有力和精美。居然有这样的东西，真是惊人。"[30] 他又喊道："但这并不妨碍油画的存在！"春天，他饶有兴致地观看让·科克托导演的悲剧《奥菲斯》(*Orphée*)[31]，还开始与大茅舍艺术学院的美国同学弗洛拉·梅奥交往，这是他第一段持续时间较长的恋情。弗洛拉是一位自由又现代的年轻女孩，来到巴黎后谈过许多场恋爱。阿尔贝托之前听说过她作风自由，他正是被这自由所吸引，但他却无法容忍弗洛拉自己承认的一夜的不忠。他们的爱情仍在继续，阿尔贝托的醋意却让关系难以维系。即便弗洛拉依然眷恋着他，愿意与他建立稳定的恋爱关系，他却逐渐离开她。他们的爱情断断续续地持续到1929年，直到弗洛拉出发回美国。[32] 阿尔贝托很受女性青睐，可对他来说谈恋爱并不容易。他对自己的性能力不太确定，容易变心又爱吃醋，常陷入恐惧胜过爱欲甚至爱情的矛盾心理。他曾坦言在性爱方面，他感觉与妓女在一起更自在。"我总觉得自己有性功能障碍。自从1922年我来巴黎后，正是这个原因让我不断逃避爱情，也因此我更倾向于找妓女。当年我认识的第一个女人便是妓女，这解决了我的问题。爱情这个既含混不清又连带情感和身体动作的概念令我不适。和妓女在一起，至少很明确的是在感情之外存在着一种爱情的机械性。阳痿时，跟妓女在一起是最理想的。您付钱，事情成败与否都不重要。和一个'正常'女性在一起，如果动了真感情，而您想一小时后离开，那就难了。她不能理解，失败的话还有需要承担的后果。这便是为什么二十岁时我无法忍受与所爱的女人过夜。可是在'斯芬克司'——那是我心中最美好的地方，不用非得产生欲望。我们可以待在大厅里和朋友聊天。和妓女在一起，我能建立比在正常生活中更良好的关系。我和其中几个人已经四五年没有上床，然而我们依然是朋友。我与其中一位从1921年起就是朋友了。"[33]

多年后，弗洛拉回忆起阿尔贝托充满焦虑的脆弱情感，他无法在另一个人旁边入睡，哪怕是所爱的人。[34]他的爱情体验要么是不幸的，就像他与表妹比安卡的罗马之恋；要么是短暂的，或令人忧虑的，就像与弗洛拉在一起，可能是她对婚姻的渴望使他退却。从他笔记本里吐露的只言片语中能看出，女性形象一直萦绕在他的脑海中，但他也表达了在男女关系方面受到的挫折。"很年轻时我就认为男女之间只有矛盾、战争和暴力。女性只会无奈地被男人占有，男人在强奸她。"[35]所有朋友都说他的某些言论十分极端，他喜欢出言不逊来与自己亲切平和的本性形成强烈反差。而他的夸张言论反倒更凸显出他的焦虑不安。这些言论也揭示出长期影响着他的深层困扰，但无论他如何谵语，他都未曾放弃尝试与他人建立情感连接。

1926年6月，他在多摩咖啡馆的露台遇到里普希茨，于是他毛遂自荐，后来还造访了对方的画室。听闻这位立体主义雕塑家曾注意到并很欣赏他的两件石膏雕塑他十分高兴，当时在杜乐丽沙龙展上，他们的作品正好挨着展出。[36]"下周我要去他家，我认为他是当今巴黎最有趣最卓越的雕塑家。"[37]里普希茨注意到的作品是弗洛拉·梅奥的肖像雕塑[38]和由两个人物组成的新立体主义构成作品《夫妇》（Le Couple）[39]。《夫妇》中的两个人像去除了与模特之间的关联，它们像两块石碑，其性别属性被概括性的形状象征性地加以再现。从背后看，两个人像会变成两颗人头，令人强烈地联想到非洲面具。他常去特罗卡德罗民族志博物馆，经常与定居巴黎的米勒往来，米勒在非洲待过一年后开始收藏传统物件。他在扎德金和里普希茨的画室里看到了一些标本，他起初持保留意见，但最终这些被他称为"异国艺术"的标本引起了他的兴趣。他的桌上很快出现一个新物件：科塔圣物雕像。阿尔贝托从开始收藏民俗物件的布里尼奥尼那里买了这件非洲雕塑。[40] 无论是非洲、大洋洲抑或前哥伦布时期，他对其他地域的再现方式的兴趣在多件雕塑作品中都有所体现。他从中汲取对经典人体造型的更新方法，这使他跨越面对模特时遇到的再现困难。他的现代主义经验有两处来源：在非西方作品及上古艺术的启发下对人像进行概括勾勒，以及受立体主义影响的对体积的结构分解。彩色作品《石碑》（Stèle）受到基克拉迪（cycladique）雕塑的启发，形似图腾崇拜的《蹲着的人》（Personnage accroupi）属于扁平体积雕塑系列。后者颇似"立石人像"（figures-menhirs），展现的是令人费解的简约人物，具有与众不同的非对称姿态：它只有一只睁开的眼睛、一个乳房，体现出大部分新作品特有的不规则及含混不清的特点。

最近两年他发现并熟悉许多与布德尔的风格背道而驰的艺术家的创作。对于这位年轻的雕塑家来说，这段时间他确立了现代艺术家的身份并走出稳妥的学院派大家庭。

为此，他需要拥有一间真正的画室。夏季，阿尔贝托在马洛亚居住期间，迭戈一直忙于寻找不在楼上的画室，以便运送雕塑。这并不容易。弗鲁瓦德沃街一楼的一个房间本要腾出来，后来却白等了。经本宁格尔介绍，他又找到一个大房间，可价格太高。[41] 阿尔贝托回来后，兄弟二人在大茅舍艺术学院的另一位同学布鲁尔·约尔特[42]的帮助下，在其所住街区参观了一间他们负担得起的画室，比之前那间所在的街区稍远，但仍在蒙帕纳斯附近。这间画室虽然很简陋，却符合他的经济状况，也意味着艺术家迈出了独立的第一步。

第六章

伯利特-曼东街

1926 年，阿尔贝托和迭戈搬进日后成为传奇的画室。它位于伯利特-曼东街 46 号一层，楼中间围着一个庭院，四周两层都是艺术家的画室。房间面积只有二十四平方米，外带一个二层小阁楼和朝向庭院的大窗户。除了煤炉，房间里没有任何生活设施。水需要从外面打，厕所也在外面。两兄弟在此度过极其难熬的冬季。"四处的水都结了冰，包括我们庭院里的，我们不得不去公共水槽用泵抽水。早起刚下床就得生火，然后才能穿衣服和洗漱。"[1]

阿尔贝托睡在房间最里面的床上，迭戈则在二层小阁楼。即便喟叹空间逼仄，这位年轻的艺术家依然很高兴拥有这间新画室。后来他还是习惯了，虽然在创作有起色时他也尝试过换新地方，但由于没找到更合适的，于是他直到离开人世都在此工作。之前一直住在旅店的迭戈搬来与他同住。两人一起去咖啡馆，在那里激烈讨论。那段时间时局动荡，气氛紧张。法国的极右派势力"法兰西运动"（Action française）痛斥最近的移民潮，抨击"外国佬"[2]。经济形势恶劣，很多人担心战争爆发。迭戈在外贸公司找了一份糊口的工作，经济稍微独立了一些。但他们依旧要面对生活的困顿，被迫在艰苦的条件下生存，于是阿尔贝托向瑞士当局申请奖学金。等了几个月，他落选了，这令他非常失望。他因此对祖国心怀怨愤，多年后他说那是个无法愈合的伤口。他后来找了份赚钱的零工来改善生活条件：制作商业模特的头像。"我为时尚商店的橱窗模特制作头像，如果做得好，我可以赚足够的钱。我已经开始做了。"[3]这件事并没有持续很久，但这是他第一次在艺术之外进行盈利性活动。

那一年，迭戈回斯坦帕过圣诞节，阿尔贝托则选择留在巴黎的画室。他遵循家庭传统，与一位友人去圣叙尔皮斯（Saint-Sulpice）做弥撒。"那里人潮拥挤，但我们还是留下来了，因为圣歌很美，唱得很好听。比去年在圣犹士坦堂（Saint-Eustache）那一场好，因为他们没打算办成音乐会，也不想用音乐吸引公众。接着我们去了多摩咖啡馆。"[4]

坎皮格利邀请他和一些朋友来家里过新年。收到许多节日活动的邀请他很开心，但也会注意维护内心的领地与平静。"我绝不会邀请大家来我画室玩一整夜。"[5]虽然他偶尔会在那里接待几位亲戚，但画室主要是用来搞创作的，他自豪于保持它的纯净，那里最常来的是制模工人。[6]他的主要社交活动都在外面：白天在艺术学院，晚上在咖啡馆或在同学家。阿尔贝托性格独特，既友善健谈又离群索居。

埃马纽埃尔·奥里斯科特是大茅舍艺术学院的新同学，他吃惊地说："他长相特别，一生都留着铁丝一样蓬乱的头发。他让我害怕。他说话短促、样子粗暴，面对布德尔和画室里的其他同学都显得特立独行。这一切都让我和他之间产生不可逾越的距离。然而他很吸引我。"[7]

阿尔贝托十分在意自己的独立，但他在朋友圈中总占有一席之地。在大茅舍艺术学院拍的许多照片里都有他，尤其是在学校就读时他和其他同学与布德尔一起拍的照片里。在雕塑学徒的集体照中他十分抢眼：他是唯一不穿工作服的人。同样，在他自己画室拍的照片里，也没有一张是他穿工作服照的。他在所有场合都只穿都市风的衣服。学习之余，阿尔贝托保持着与艺术学院几位同学的交往。即便他们当中少有人和他一样走上现代主义道路，但在那些年的学习和适应过程中，他们几乎组成另一个家。虽然在回顾艺术学院的学习以及布德尔的培养时，他都尽量弱化其重要性，可他对这个家却一直都很眷恋。

1927 年开局顺利。1 月，他参加了独立艺术家沙龙（Salon des Indépendants）。他详尽地向父亲描述这个参加人数众多的大型展览，其参展作品都以字母顺序排列。"四千幅绘画中，至少有三千八百幅都很平庸。对雕塑来说，情况也一样。"[8] 但他至少在其中感觉游刃有余，并得到了某种满足感。"无论如何，在某种程度上我是高兴的，因为处在这样一些作品中很容易会被淹没。我的展厅虽不华丽，但被置于中央，人们可以从所有方向观看。我本想展出两件无头无臂半身像，但未经冷静审视就提交刚完成的作品参展是不够谨慎的，我倾向于把它们保留到杜乐丽沙龙展上，这样更好。于是我展出两件较大的构成作品。展出效果很好，我很高兴，因为很多人喜欢它们并对它们很感兴趣。"

他又补充了一个有趣的评论，显示出他对室外雕塑的兴趣："我最近做的作品，也就是正在沙龙展出的那件，我确定如果用石头雕刻效果会更好，再放进花园或庭院中。"坎皮格利在报纸上撰文评述这场沙龙，他在文中赞扬道："这两件抽象雕塑没有被放在应有的显著位置。"[9] 阿尔贝托把文章给父母看，并向他们确保说"抽象"这个词太夸张了，它继续保持着与现实的联系。"我想做的是生动真实的形象。"[10] 乔瓦尼寄给他的一份瑞士展评中，《新苏黎世报》（*Neue Zürcher Zeitung*）评价他的作品是"立体主义奇想"[11]。阿尔贝托对此表示不满："我认识《新苏黎世报》的艺评人，他对绘画和雕塑一窍不通，立体主义这个词没有任何意义。"[12] 然而，如果说那个评价过于简略和贬损，但它并没有错。他的新作品的确表现出"奇想"，即一种不再遵循模特外形的想象性雕塑，他借鉴立体主义的分析构建法，还有塞尚的三角构图，以便在背景上给体块定位。他那时期的新作品甚至连肖像画都受到了这种影响。这些作品使阿尔贝托与大茅舍艺术学院的同学们迥然不同，他们依然遵循着新古典主义和自然主义的美学，阿尔贝托则越来越彻底地走向他自己的道路。他的构成作品显示出新立体主义的灵感来源，是具有体积感（volume）的作品。主题依然存在，但被简化到抽象的边缘，并包含各种异质元素。与独立艺术家沙龙同时期，一个新成立的画廊也表现出对他的兴趣。[13] 他在那儿只展出一件作品——非售卖的"小构成作品"。这位年轻的艺术家已颇为满足，他的作品已经开始受到欢迎。他参加杜乐丽沙龙，第一次展出大型石膏雕塑《匙形女子》（Femme cuillère）。[14] 这个线条简洁的女性人像，其凹陷的宽阔腹部是从非洲人形勺中汲取的灵感，同时借鉴服装模特的图样，使整体接近于乔治·德·基里科的形而上世界。他对作品的展示方式十分赞赏："我的作品位于沙龙里最现代的展厅，今年他们将这个展厅置于正中间，雕塑大厅的隔壁。这个厅是最有趣的，我感觉，最能给人留下整体印象。其中央是布朗库西的一座光滑金属雕塑，旁边分别是扎德金和我的作品。墙上挂着莱热、阿尔贝·格莱兹以及其他人的大型绘画。"[15]

布朗库西展出的雕塑《空间之鸟》（Oiseau dans l'espace）让他印象深刻。他将其画在笔记本上，在《匙形女子》的素描旁边。"布朗库西（已是留着白胡子的老年雕塑家）的作品具有完美的特点，只是做工比重太大，美丽的抛光金属如镜子一般。这是件赏心悦目的漂亮东西，也是展览上唯一成功的作品，是唯一真正让我感到比我的作品更强烈的东西。"[16]

他的新艺术理念已经明确，并写信告诉了家人。他继续保持自然与作品之间的联系，但理念开始占据决定性的地位，是其艺术创作的源头。他得到乔瓦尼的赞同："自然永远是不竭的灵感来源，但艺术作品，就像你感受到的，要有它自己的生命，带着其自身的、脱离于自然的法则。"[17] 他的作品明显与父亲的美学不同，但父亲希望儿子能凸显自我，不仅不会因此批评他，反而鼓励他形成自己的独特性。

7月，他参加了第二届阶梯沙龙（Salon de l'Escalier）。展览在香榭丽舍剧院的建筑内举办，汇集了一小批国际艺术家，其中包括大茅舍艺术学院的日本同学海老原喜之助和意大利画家坎皮格利。他一共展出六件作品，其中包括《构成》（Composition），这是一个由简单线条勾勒的男性形象，灵感来源于非洲艺术。[18] 他的作品被展览手册冠以"未来主义雕塑"之名，此后他将不同种类的作品做了区分：人像、雕塑、构成作品和头像。[19] 他对每个种类都采用简洁的形式，这使他十分接近抽象艺术。画家马里奥·托齐在《新意大利》（Nuova Italia）刊登的展评中列举了他的作品："提契诺州的阿尔贝托·贾科梅蒂展出的雕塑要么源于立体主义原则，要么是未来主义。他主要展出一些抽象作品，这很遗憾，因为当他厌倦于堆砌相互交叉的平面和部分重叠的球体、锥体，当他坚持要做真正的雕塑时，正如这件出众的男子头像，他做出的便是一件具有粗糙感及罕见表现力的作品。这有点让人想到黑人艺术，他的作品展现出如此蓬勃的雄性能量，他对宽大画幅的感知精确度如此之高，而且还要精湛地将之从黏土中提炼出来！"[20]

托齐是被人称作"巴黎的意大利人"的成员，他们组成了"七人组"的圈子，致力于共同办展览。他们当中的许多艺术家，如吉诺·塞韦里尼在战前曾属于未来主义和立体主义的先锋派，此后他们又加入回归艺术史的运动中，一马当先的是让·科克托。[21] 于是他们被列入德·基里科的阵营，推崇原始和古代艺术遗产。在意大利，1918 年《造型的价值》(Valori Plastici)杂志发起这一艺术潮流，其发展以"二十世纪派"(Novecento)的兴起为标志，他们维护"意大利式美学"的主张受到法西斯党的支持。在 1927 年春天的信中，乔瓦尼正好跟阿尔贝托说了"二十世纪派"在苏黎世美术馆举办的展览，此次展览获得巨大成功。[22] 乔瓦尼言辞褒奖地描述了这场意大利新艺术运动，他尤为感兴趣的是他们的美学与他周围好几个瑞士艺术家的美学很接近。坎皮格利在未来主义者圈子里短暂停留后，开始练习极具建筑感的人物形象。布鲁诺也为展览做宣传，他仰慕阿梅代奥·莫迪利亚尼、德·基里科以及坎皮格利的作品。[23] 瑞士再次表现出对"二十世纪派"的兴趣，并于 1929 年在日内瓦的摩斯画廊举办大型展览，"巴黎的意大利人"中的许多人和坎皮格利都参与其中。阿尔贝托虽与坎皮格利、塞韦里尼都是朋友，还多次与"巴黎的意大利人"一同展览，但他并没有参加此次运动，也没有加入"七人组"。因为他还受后古典主义"秩序的召唤"的影响，从他的几幅现实主义肖像画中能看出相关痕迹。[24] 但这些写生作品对古典主义手法的运用是间歇性的，这在他与家人居住时创作的作品中尤为明显。

这位艺术家同时面对多种造型选择，但他拒绝彻底地选用其一。在马洛亚度过的整个夏季里，他集中精力雕塑一系列的头像，并尝试多种美学风格。他受邀于秋季与乔瓦尼一起参加在苏黎世的阿克图阿里斯画廊举办的展览，夏季他在马洛亚为这次展览专门创作了多件作品。他展出三件胸像[25]，旁边是乔瓦尼的画作[26]。在他夏季创作的一系列父亲头像中，他跨越的形式范围很大，从古典式再现到简单的线条勾勒。他在抽象道路上最彻底的尝试是雕刻一尊大理石头像，其面部几乎被抛平，最后被塑造成只留些许人脸特征的浅浮雕。乔瓦尼的朋友尤利乌斯·亨布斯与表现主义艺术家恩斯特·路德维希·基希纳经过马洛亚时为我们留下一则趣闻："为了拜访贾科梅蒂，我与基希纳一起从怀尔德霍登开到了圣莫里茨和马洛亚，我们没见到他，却正好碰到他儿子。阿尔贝托·贾科梅蒂向我们展示了他的作品。他让我们看放在桌上的一块石头，其形状和大小像一枚鸵鸟蛋，他跟我们说那是他父亲的肖像。经过更仔细的观察，我们才看出他如何用最简单的手法捕捉到头部特征。他还跟我们说山顶有块岩石，经他雕刻后才呈现出目前的形状。创作这样一个不含一丝商业利益想法的雕塑，应该能让艺术家获得最大的心理满足吧。"[27]

第七章

立体主义与超现实主义之间

　　较之写实肖像，与"巴黎的意大利人"的亲缘关系在他的现代主义风格作品中表现得更加明显。这一点在他受新立体主义启发的个人创作语汇的探索中亦可窥见，在"构成"系列作品中尤其如此。他选择这些作品参加1928年的阶梯沙龙，此次展览汇集了"二十世纪派"中暂住巴黎的成员代表[1]。他还展出了《夫妇》和新的"构成"作品，包括陶塑《舞者》（*Danseurs*）。使阿尔贝托与这些艺术家较为接近的并非古典主义风格或对"意大利式"文化的诉求，而是他们对前现代主义再现体系的兴趣以及观看方式的复杂变化。发现伊特鲁里亚艺术后，坎皮格利于1928年开始采用正面像（frontalité）和图形概括法（schématisation），这与阿尔贝托的艺术探索不谋而合，尤其是在"石碑人像"（figures-stèles）方面。德·基里科对"夸张透视"的热衷，就像阿尔贝托·沙维尼欧的"怪诞变形"一样，也与阿尔贝托的"构成"系列异曲同工。其中一件是相拥的两个胸像，由简单线条勾勒的头部表现出的结构近似于形而上的构成作品。人体一直是他最钟爱的主题，但这位艺术家会对它进行几何变化，将每个元素都变成谜一般的形状。在构成作品中，"符号人像"（figures-signes）遵循着既定的绘画规则：女性人体变成波浪线，男性变成硬朗机械的元素。好几件作品都包含两个或三个人物，只有熟悉雕塑家创作语汇的眼光才能将其辨别出来。其他作品中，主题的变化来自对体积的拆解。这些作品更接近莱热或约瑟夫·萨基运用的立体主义简化法，他们通过将形式简化成立体、圆锥体和球体以抵达抽象。

阿尔贝托与聚集在蒙帕纳斯的多国艺术家群体相当熟悉，他的思想在 1920 年下半年多种艺术美学并存的局面中逐渐变化着。他与父亲都钦佩塞尚，他对表现主义持保留态度，这些都使他更倾向于归属立体主义的构建世界，而非抽象主义。他更愿意加入与主题保持有机联系的新立体主义，就像里普希茨与洛朗斯所做的，而非皮特·蒙德里安和特奥·凡·杜斯堡的抽象理性主义。这两人也住在蒙帕纳斯，跟他一样常去多摩咖啡馆。阿尔贝托借鉴原始艺术的形式，不是要为作品注入粗粝的造型力量，不是像毕加索在《亚威农少女》（Les Demoiselles d'Avignon）中做的那样，而是要让他的艺术具有永恒形式的力量。非洲艺术、新赫布里底艺术或是古埃及艺术、苏美尔艺术都具有这一特质，成为他构图的灵感来源。经历早期先锋派的激进之后，20 世纪 20 年代，他的艺术创作核心是综合。从塞韦里尼[2]与安德烈·洛特倡导的立体主义和古典主义的综合，到1925年国际装饰艺术展推动的现代主义与装饰艺术的综合，在那个时代他探索的是和谐与一种共通的语言。阿尔贝托在这两端之间找寻自己的道路，同时彰显个人语汇。父亲写信说想来参观装饰艺术沙龙（Salon des arts déco）[3]，而他却没什么兴趣。虽说他极力向里普希茨和洛朗斯看齐，但他追寻的是超越形式变化的更加新颖的艺术维度，《匙形女子》便是很好的例证。阿尔贝托达到了只有布朗库西的作品才具备的符号性（qualité iconique）特征。在作品的简单与明晰感背后隐藏着错综复杂的参考系，其中包含许多原始艺术的特点，尤其是科特迪瓦的丹族的拟人化的勺子。他的作品与里普希茨的《拿曼陀林的小丑》（Arlequin à la mandoline）也有明显的相似性，曼陀林的凸起部分正好等同于女性曲线。在笔记本里的试作中，画家对正面绘制的女性形象加以简化，从中逐渐显现出胸部和腹部的几何形状。正如我们所见，这幅作品也体现出与德·基里科笔下模特的形而上世界的共鸣。从这件雕塑到其后的作品，这位艺术家的确在其中积极运用并合理安排了多重参考系，使这件综合作品具有丰富的诠释力。终其一生他都喜欢保持作品的神秘感，拒绝揭示其背后的灵感来源或引导诠释的方向。

直至这一时期，阿尔贝托创作的所有雕塑都是单一对象：头像、胸像、躯干或足像。"构成"系列开始呈现多个人物和主题。由于这位艺术家喜欢在形式的模糊性与参考系的多元性方面做文章，于是对作品的诠释越发重要。在一些立方体的雕塑中，他采用多重观察视角，使作品的每一面都可以有不同的阐释。主题被转变成视觉符号，所有主题交织在复杂布局中。"构成"系列中有一个作品便是例子，它似乎完全脱离对人体的再现，而是由各类元素组成：中心图案的形式像一个散热器，一只简略勾勒的大手很像卢浮宫苏美尔艺术展中的一个古地亚塑像，被装饰过的立方体类似于沙维尼欧绘画中的建筑玩具。但通过与扎德金的当代雕塑《手风琴手》（L'accordéoniste）做比较，该作品又能产生另一种诠释。从正面看，会出现一个手风琴演奏者的形象，一旦你围绕雕塑转圈，这个视觉形象便会消失。阿尔贝托的这个作品可以被视为向扎德金的致敬，扎德金本人正是一位手风琴演奏者，但这个所指对象被小心地隐藏在一种视觉画谜之中。

他在阶梯沙龙展出的作品引起人们的关注，其同年在独立艺术家沙龙展出的两件作品也是如此。[4] 里普希茨见过他几次，对他称赞有加并支持他在艺术上做转变。从1925年起，这位波兰雕塑家开始创作一些"透明"雕塑，他在作品中使用的空白具有构建作用。阿尔贝托在他的新作中汲取经验，次年他在《躺着的梦中女人》（Femme couchée qui rêve）中选用了《抱吉他的裸体》（Nu couché avec guitare，1928）的结构，直接向里普希茨致敬。作为立体主义雕塑的主要倡导者之一，里普希茨那时正处于探索期。扎德金主要用木头、石头创作，并致力于在密集的团块中雕出形式，与他不同的是，里普希茨探索青铜的特质来创作线性和开放的雕塑。他也从新的创作灵感中汲取养分，与作为现代主义运动的新生代即超现实主义艺术家们一样，他对梦境和怪诞景象充满兴趣。里普希茨于 1925 年购买了两幅十六世纪的变形画，阿尔贝托在他的画室里看过它们。我们在年轻艺术家的构成作品中能发现这些"变形画"的痕迹，这些画于 1929 年在《文档》（Documents）杂志上重现。[5] 阿尔贝托也开始创作在空间中将各种元素搭建在一起的集合艺术（Assemblage），这些作品的石膏版本十分脆弱，之后都要翻模铸成青铜件。在他一贯使用的并置或互相嵌套的条形、格子、勺子、波浪与球形组成的创作语汇中，他的想象力得以施展。男性身体被简化成细棒的简单组合，上面通常是勺形的头。他的作品没有放弃对人体的指涉，只是更加隐晦难懂，以至于经常被认为是完全抽象的作品。为了应对这个问题，艺术家第一次给他的某些作品取了标题，如《男人与女人》（Homme et femme）、《斜倚的女人》（Femme couchée）、《三个画外人物》（Trois personnages dehors）。这些新作品不属于任何既有的艺术风格，使得一些朋友难以理解，他解释说："可以说我没有走向任何一个特殊方向，正相反，我与之距离很远，我只做应该做的，别无选择。即便它不是传统的（至少人们通常这样理解），我也无能为力。"[6]

一则负面评价曾抨击他作品的"走红"。这个评价对阿尔贝托而言反倒是个褒奖，自从与布德尔发生争执后，他致力于超越手工的精湛，与形式和理念紧密结合。

　　于是他的创作跨越了一个新的实验阶段。他对主题的处理方式变得自由，在形式中以及在与之相对应的象征内涵中都是如此。色情元素悄悄出现在他的"构成"作品中。在《夫妇》中，他已经开始利用简略图形的歧义内涵：以杏仁形为主的图案出现在一个又一个形象中，它可以被理解成一只眼睛、一张嘴巴、一个女性性器官。男性的一只眼睛与女性性器官对称放置，同时，男性性器官的对应位置是女性的一只眼睛。他的作品通常不表现肉欲的情色，而是具有以幻想和暴力为本质的象征性再现。插入与窥淫癖是两个重复出现的主题，但它们都在抽象层面被加以处理，未被提前告知的观者往往察觉不到。在笔记本中，他更具提示性地指出《躺着的梦中女人》是"女人与某人在床上"，在细柄勺的"目光"注视下，两个波浪形的平面上下叠放，并被平行穿过它们的细棒连在一起。这件作品强烈暗示着窥视者的主题，其他几件作品则更直白地予以表达，艺术家有时在题目中便指明了第三个人的存在。观看者的眼睛被表现为勺子的凹陷部位或向空间投射的球体，也是融入之前的几件构成作品中的第三种元素。有时象征性的暴力也对应着性暴力，《男人与女人》便是一例。其中男性人物又长又尖的"螯针"极具侵略性地对准女性的"花托"。奇特的是，他在笔记本中写道，这件作品原本是一幅画着骑士手持长矛的素描。这位雕塑家沉浸在儿时对战争的幻想世界里，以便从中汲取具有暴力色彩的性场面。作品的理性构建从美学上掩盖并超越了对冲动和欲望的原始素材的使用，这一倾向很快便将他带向超现实主义。

第八章

决定性的相遇

　　1928 年冬季期间，阿尔贝托将"石碑人像"的创作推向更加深入的层次。他的简化达到极致：与之前的石碑不同，这些被他称为"平板"的扁平人像不再具有任何起伏，而是仅用极其概括性的符号暗示人体。在一系列题为"女人"的作品里，他再次运用已经在《匙形女子》中使用过的体积倒置原则，将女性的面部与腹部表现为凹陷形。刻在雕塑表面的简略小符号被几近稚拙地加入某些解剖细节：胳膊、头发或腿。父母途经巴黎时，他把作品拿给他们看，还把其中一件送去参加 1 月份的独立艺术家沙龙。"自从你们走后我虽然工作很努力，但两天来我只完成了一件参展作品，我不想展出旧作。就是最后一天你们看到的那件宽大扁平的人像，不是金字塔形的那件。很多看过的人都很喜欢，尤其是米勒觉得它很不错。"[1]

　　里普希茨也喜欢这些新作品，并建议用"硬质"材料把它们做出来。[2]的确，那时阿尔贝托展出的主要是石膏作品。他采纳这个建议，后来用大理石创作了若干个"平板人像"（figures-plaques）作品。刚刚开始的 1929 年将是相遇之年。他的创作使他在艺术家和重要收藏家的圈子里受到关注。当时，米勒在为一件胸像摆姿势，那是他给阿尔贝托下的订单，经米勒介绍，阿尔贝托认识了让·阿尔普。4 月份，他又遇到安德烈·马松，之前在西蒙画廊他曾看过马松的展览，并评价道："我认为他是年轻画家里最厉害的一位，而且他对人非常非常友好。"[3] 马松对他的雕塑抱有的热情令他高兴，当他被介绍给马松时，对方立刻表现出的兴奋也同样让他感到喜悦。事实上，这位画家尽了最大努力组织人去伯利特-曼东街参观阿尔贝托的画室，希望借此机会帮他进入自己所在的画廊。阿尔贝托惊叹道："神奇的是正巧他与阿尔普对我感兴趣，因为我也正好对他们很感兴趣。"[4] 马松是一位脱离团体的超现实主义者。虽然他曾与安德烈·布勒东一起开创这场运动，但与超现实主义"教皇"的不合导致了他的离开。后来他与乔治·巴塔耶交好，从此成为超现实主义背弃者中的一员，并向他们引荐新朋友阿尔贝托。"我在一次展览中认识了马松。当天我还认识了一大批朋友，而且我们至今依然要好，除了马松还有乔治·巴塔耶、米歇尔·莱里斯、罗贝尔·德斯诺斯、雷蒙·格诺等很多人。"[5] 这个非正式的团体立即接纳了他，它由一群尊崇尼采和陀思妥耶夫斯基的艺术家和知识分子组成，他们与巴塔耶一样都迷恋僭越的情色（érotisme transgressif）。[6] 团体成员中还有后来与阿尔贝托成为挚友的胡安·米罗，其画室位于布洛迈街，紧挨着马松的画室。

那个年代，马松的绘画中总萦绕着一种病态和暴力的想象，主题通常是交配或野兽的吞噬和变形。他刚为萨德的《贾丝汀》（Justine）以及巴塔耶的新书《眼睛的故事》（Histoire de l'œil）绘制插图。这种暴力的色情和相应的影射物成为他逐渐远离布勒东团体的主要原因之一，因为布勒东对此不以为意。马松把阿尔贝托介绍给德国艺术评论家、非洲艺术方面的专家卡尔·爱因斯坦[7]，此人刚来巴黎不久，两人一见如故。马松喜欢帮他的新朋友展出作品，但几经斡旋，这位年轻的雕塑家最终也未能进入西蒙画廊。[8]尽管如此，马松还是说服了画廊老板丹尼尔-亨利·坎魏勒去看阿尔贝托的作品。这位专营立体主义作品的知名画商途经画室，当时阿尔贝托不在。他留下字条说以后有新作品时联系他。[9]事实上，坎魏勒是在犹豫是否要为画廊引入新雕塑家。另一个机会出现了：里普希茨所在画廊的经营者珍妮·布赫来画室拜访她。她刚为坎皮格利举办了作品展，并对阿尔贝托手头的雕塑很感兴趣，于是建议他拿两件作品在他朋友的展览上一并展出。"坎皮格利在那里有个展，开幕式当天就卖出十四幅画作，她建议我带两件作品过去，因为她还有两个漂亮的空位。我不想去，但没有别的办法。里普希茨曾在那里展出过，他跟我说最好去参展。现在两件作品都放在那里，布赫女士还要另一件。"[10]

于是他展出一件"人像"作品，也是他所有"平板"作品中最抽象的一个，即《观看的头》。他形容这是"所有

作品中我最喜欢的一件"。根据他许多作品中的不对称原则
推测，平板上刻的两条凹槽描绘的可能是眼睛或鼻子，抑
或是一只闭合的眼睛和一只睁开的眼睛。[11] 吸引人的是雕
塑谜一般的外表和它的独特性。很快，阿尔贝托便成为人
们讨论的年轻艺术家。大收藏家及先锋艺术赞助人诺瓦耶
子爵和夫人买下《观看的头》。[12] 阿根廷重要的收藏家约瑟
菲娜·阿尔韦亚尔夫人亲赴画室并买下与原作有略微出入
的翻制版本。让·科克托在画家克里斯蒂安·贝拉尔的陪
同下参观了布赫画廊的展览。[13] 科克托对平板人像上雕琢
的沟槽和划痕非常好奇，于是在笔记本里写了一段评论，
第二年发表在《鸦片》（Opium）上："通过贾科梅蒂，我
感到雕塑如此坚固、如此轻盈，像鸟儿在雪地上留下的爪
印。"[14] 他跟阿尔贝托说自己当时很愿意购买一件雕塑。皮埃
尔·勒布是当时为超现实主义者办展的画廊主，贝拉尔跟
他谈起此次展览，他立刻联系了阿尔贝托。接下来的事便
顺理成章："勒布来到现场，但没让布赫女士觉察出他的兴
趣。他立刻去找贝拉尔要我的地址，但是布赫女士不想给
他。勒布便四处寻找，他又回到之前遇到布里尼奥尼的妹
妹的那家画廊。他让别人把他的电话号码给我，让我立即
打给他。周六晚上十点，我打电话给勒布，然后他约我于
周日四点见面。第二天他和弟弟以及画家贝拉尔一起来了，
他们都很热情。等其他两个人离开后，勒布给了我一份合
同，我立刻打电话给爱因斯坦。晚上八点半，爱因斯坦与
夫人过来找我，并建议我接受这份合约。"[15]

这位艺术家采纳爱因斯坦的建议，接受了画廊主的邀请。"勒布拿走所有雕塑、素描和油画。他支付了所有创作费用，包括青铜、石膏、石料，总之支付了雕塑所需的一切。每件作品他都要制作五六件带编码的样品，每次会免费给我一件，我可以把它卖掉。此外，我还能租一间年租金八千法郎的画室，他承担一半费用，每月还定期给我一千五百法郎。"

阿尔贝托立刻向勒布交付了待售雕塑，这些雕塑都未曾参加过艺术展。他与珍妮·布赫虽时而发生矛盾，但又会很快和好，他也会给她一些可供售卖的作品。诺瓦耶夫妇在皮埃尔画廊买下《舞者》。[16] 在子爵的记事本里，这件作品被称为"坐在椅子上的男子"（Homme sur une chaise），由此可见诠释这些谜一般的构成作品是有多么困难。

年轻的艺术家立刻进入创作的上升期。《艺术手册》（Cahiers d'art）的创刊人克里斯蒂安·泽尔沃斯也十分欣赏他在布赫画廊展出的作品。阿尔贝托的社交范围在不断扩大，他写给父母的信里提到的全是新朋友的名字。他还结识了马克斯·雅各布，并兴奋地介绍说那是毕加索的挚友。特罗卡德罗民族志博物馆副馆长乔治-亨利·里维埃也来画室拜访他。[17] 与巴塔耶、莱里斯一起，里维埃和爱因斯坦也参与了《文档》杂志的创办，这本杂志成为超现实主义背弃者们的阵地。第一期杂志于4月出版，其创刊理念是将艺术史、考古学与民族学的研究领域相结合。在9月出版的第四期杂志里，莱里斯撰文评述阿尔贝托的作品。钟情于民族学的莱里斯将阿尔贝托的作品比作"我们可崇拜的真正偶像"，他写了一段诗意的描述："他的某些雕塑呈凹陷状，像锅铲或被掏空的水果。其他一些作品则是镂空的，空气可从中穿过，是内外之间动人的铁丝网，是被风啃噬的筛子。"尤其是他找到一种十分个人化又极具启发性的语言来再现雕塑家的个性："有一些我们可称之为'危机'的时刻，它们也是生命中唯一重要的时刻……我喜欢贾科梅蒂的雕塑，因为他做的一切像是将某一个危机时刻石化，像剧烈的冒险被迅速捕捉，然后雯时间被凝固，像是见证这一切的里程碑。"

之后，像是为了证实莱里斯的解读，这位艺术家亲自谈起这些"打动人心"的作品，还说起那段岁月和之后的日子。莱里斯的敏锐感知立刻揭示了阿尔贝托作品中的精神体验与艺术创作之间的互动关系，他的艺术创作与他的文字作品一样，其新颖之处来自对根植于个人内心的古典素养的质疑。他的谈话也透露出柏格森对其的影响，柏格森认为"内在危机"是引发个体内部生命意识的心理机制。这篇文章还配有马克·沃为画室拍摄的照片。作者专门在一张照片上同时展示了三个"平板人像"作品以及《男人与女人》。三件雕塑组成一个半圆形围绕着《男人与女人》，这个小型场景让其中所有雕塑都具有了仪式感，在白色"平板"的静穆与神秘中引入暗示情色的尖叫声。莱里斯因此归纳出对这位艺术家作品的诠释，这一诠释将艺术家与巴塔耶的朋友们、萨德和洛特雷阿蒙的崇拜者们的精神联系在一起。马松周围的朋友有收集非洲艺术的罗兰·蒂阿尔、诗人雅克·普雷维尔、美国摄影家曼·雷，以及与莱里斯关系要好、后来成为其亲信的加斯东-路易·鲁，阿尔贝托经常与他们来往。从此他进入由知名艺术家和知识分子组成的圈子，他与这些人平起平坐、平等交往，这是他与扎德金和里普希茨那一代艺术家交往时未曾企及的。新的社交激发了他的思想，使他的创作快速成长，越来越贴近个人表达。

阿尔贝托已经卖出少量作品，并且逐渐开始有人向他订购作品。马松正在为收藏家皮埃尔·达维德-魏尔创作两幅装饰画，分别叫《互相吞食的动物》(*Animaux se dévorant entre eux*) 和《变形》(*Métamorphoses*)，这是他迄今为止最大的两幅画作。达维德-魏尔是拉扎德银行的一位创始人的孙子，他将自己公寓的设计委托给多位艺术家，其中有马松、里普希茨和让·吕尔萨。马松建议达维德-魏尔让阿尔贝托制作一个浅浮雕来为整体做补充。这位年轻的雕塑家对此十分高兴，他终于可以把自己在构成方面的探索用大尺寸作品表现出来。他近期的创作都是专门用于空间的线性结构，空间中潜在的内容具有性感与暴力色彩。因此有了《阿波罗》(*Apollon*)——一件概括性的男性人体作品，其灵感似乎直接来源于非洲艺术，也可影射被套在枷锁里的死刑犯；《三个画外人物》，运用了接近网格结构的抽象几何表现法，其中的三人组被赋予强烈的情色内涵。浮雕于10月交付，作品融合了他的线条勾勒人体和马松推崇的变形主题。他在墙上展现了一个半女性、半蜘蛛的主题作品，画面充满怪诞又可怖的情色。里维埃也向他订制了一件放在客厅中的青铜浮雕。此人是玛丽-洛尔·德·诺瓦耶的挚友，痴迷于民族学和异国艺术，是个非比寻常的家伙。莱里斯将他描述为一个"长着蓝眼睛的猛禽，萨德小说中身上无毛、骨瘦如柴的人物，受到不知哪个冥府诱惑的苦行僧"[18]。这样一来，阿尔贝托便可以让想象自由驰骋。于是，这件大型镂空浮雕也是以情色为主基调，上面是一个人和昆虫相拥的场面。这些作品成了巴塔耶在"无定形"（Informe）中发现的去神秘化力量的表达，它们似乎直接呼应了《文档》杂志中巴塔耶写的那篇激起反响的挑衅文章："声称宇宙不像任何东西，而仅仅是无定形的，等于在说宇宙就像蜘蛛或唾液。"[19]

莱里斯也成了阿尔贝托的熟人，后来几年两人过从甚密。在《文档》杂志上，莱里斯不但撰文写他的艺术家朋友，也写爵士乐和美国电影。他对红磨坊歌舞厅上演的刘·莱斯利的《黑鸟》（Blackbirds）中的"黑人歌舞"以及这位新朋友的雕塑都同样着迷。莱里斯是巴塔耶社交圈里的成员，但他并没有和超现实主义阵营的朋友们决裂。他与阿尔普关系密切，并在杂志上撰文称赞他在格芒画廊举办的浮雕展。阿尔贝托写信给父母说马松和阿尔普正是他感兴趣的艺术家。除友情之外，他把在创作和想象方面截然不同的两位艺术家相提并论，并大加赞赏，这揭示出根植于他内心的双重性。他的新作品中充满许多相互矛盾的倾向：抽象的形式下，他对性与暴力的想象依然清晰可见；与此同时，许多作品又都体现出孩童精神，简略的形式中隐藏着一丝游戏甚至逗乐的意味。那座长着圆眼睛、细脚伶仃的大理石人像，还有一件被涂成蓝色的形似幽灵的人像，或是那些将立方体与木质细颈瓶相结合的"构成"作品[20]，这些都为他的作品增添玩具和游戏色彩。同一时期，阿尔普创作的浮雕依然受达达主义的启发，以幻想和幽默的方式融入一些人体元素：眼睛、胡子、肚脐……阿尔贝托欣赏这些作品，他的"平板人像"雕塑《三只眼，两条胳膊》（Trois yeux, deux bras）的名字应该是取自阿尔普的作品。他先以异见人士的身份接触超现实主义，后来很快遇到围绕在布勒东周围的正统支持者，这使他能调和这两种不同的倾向。超现实主义宣扬的诗意自由与梦境为他的作品中表达的孩童式幻想提供精神氛围，无论这些作品具有游戏性还是情色感。

爱因斯坦是他作品的忠实支持者。在《文档》杂志上，他撰文评论年末时由泰里亚德在贝尔南画廊筹办的现代雕塑展，阿尔贝托也应邀参展。在一篇旨在复兴雕塑的檄文中，他提及这位年轻的艺术家："真是受够了这些正面的维纳斯，它们是被曲解的古典主义的范例，只有那些培训外省女孩的机构里仍在教授。太多矫形手术般的半身像在与古典时代晚期破碎的圣物抗衡。我们在凿棱角上一点都不现代，还会让另一边鼓起来。我们乘着致命的贡多拉，做着伪立体主义艺术，徜徉在老掉牙的色彩对比中。太多古罗马晚期考究的比例。我们想念阿尔普，这位流行歌曲的诗人。然而我们见过太多把布德尔设计的壁炉顶端的多棱雕塑搬移到肮脏现代性里的作品。我们推崇里普希茨、洛朗斯、布朗库西和贾科梅蒂。雕塑家需要有影响力的收藏家以及能帮他们创造市场的经理。请找他们订购！"[21]

年轻的阿尔贝托拿出两件作品参展：一座"平板人像"男子石膏像和青铜雕塑《三个画外人物》。恰逢此时，他生平第一次遇到亨利·洛朗斯，从此洛朗斯成了他心目中最有趣的雕塑家。他对师承过的老师们的评价比爱因斯坦更加苛刻："里普希茨的大型构成作品完全是失败的，我一点都不喜欢。德斯皮奥和马约尔就别提了，布朗库西做得还行，但也就是那样。洛朗斯是最好的，但他总展出小型人像，真可惜！扎德金嘛，总是没意思的老一套。"[22]

如今他坚持要脱离以前所受的影响。后来他与洛朗斯成了真正的朋友，他对洛朗斯的崇拜也许是因为他极少受其影响，而且他那时的创作与这位兄长完满的世界和肉欲的和谐截然不同。他虽然没有完全斩断与曾经欣赏的雕塑之间的关联，却已经走上全新的创作道路，并导致日后的迅速变化。

第九章

新阶段

　　虽然生活中阿尔贝托经常与朋友们来往，但他依然十分牵挂家人。1928年秋，迭戈去意大利和埃及旅行了好几周。因为太习惯有弟弟在身边，阿尔贝托对他的归来感到轻松又愉悦。1929年5月，两兄弟和妹妹欢聚巴黎。但由于迭戈再次失业，于是他前往意大利和巴塞尔碰运气。秋季，阿尔贝托取得成功，这让他心生一念：弟弟过去总在画室里帮忙，完全可以成为他的助手，更何况画室的工作量也与日俱增。[1]他把"平板人像"翻制成不同材质的成品，有白色石膏、彩色石膏、陶土或大理石，还有正在做的青铜雕塑。继达维德-魏尔和里维埃之后，刚刚认识的诺瓦耶夫妇也向他下了订单。这个项目非常重要，是为诺瓦耶夫妇位于耶尔的新别墅制作摆放在花园里的大型雕塑。[2]这件室外雕塑的制作耗时两年多，成为他在"人像"探索上的关键时期。10月，就在诺瓦耶子爵向他发出订单几天后，他建议迭戈回到巴黎给他当助理。

　　阿尔贝托对未来的生活十分期待，不仅因为他将得到帮助，还因为他深爱着弟弟。有弟弟在身边，他能够安心。他职业生涯中那出乎意料的巨变和令他自己都吃惊的迅速成名，这一切在令人振奋之余又的确干扰了业已形成的规律生活。家人都很担心迭戈，因为他一直没找到生活方向。阿尔贝托也为此担忧，并希望弟弟能自食其力，可他也是出于个人原因才把弟弟叫到了自己身边。他那时来往于两个世界，虽然结交了许多新朋友，但依然感到孤独。新朋友还没熟络，沙龙生活也让他难以习惯，与此同时，他对自己开展创作活动的惯常环境也不再满足。他把这些倾诉给弟弟布鲁诺，当讲到那些社交邀请时，他补充道："总之，我没时间烦恼，至少白天是这样，但有时晚上也没空。我已经受够了蒙帕纳斯，但其他区更糟，我不知道要去哪儿，而且我不能总待在家里。我想找个适合我的女人，之后也许一切会好转。明天，我将和巴黎最漂亮、最高雅的女人共进晚餐，但由于她身高一米八，我觉得挺绝望。再说吧。在咖啡厅，我们总是在相同的地点看到相同的面庞，总是这样。"[3]

他还将这位身高一米八的女人的逸事讲给父母，以此来缓解一个令人苦恼的情况：阿尔贝托已经进入上流社会，他认识了一些特别有趣的新朋友，但同时也在寻找新的平衡，这对他的创作和心理状态都十分必要。在情感方面，没人能代替当年已回到美国的弗洛拉·梅奥。夏天时，他在马洛亚又遇到表妹比安卡，两人重修旧好。此后他们的爱情虽时断时续[4]，但对他而言，那段旅居罗马时的爱情已变成充满爱意的友情。他依然经常光顾妓院，特别是"斯芬克司"，他在那儿找寻一种气氛并观看表演，那些女人在舞台上毫不扭捏且毫不羞耻地暴露自己的身体。他喜欢咖啡馆和小酒馆里夜晚时的平民氛围，在那儿，他与夜猫子和妓女们聊天，流连忘返，直至破晓。他的新朋友都是资产阶级和贵族，在文化上，他与这些人具有共同点，但在生活方式上却没有。"周六我去了一位侯爵夫人家，她住在一座拥有巨大会客厅的宫殿里，我没想到会有如此奢华的生活。"[5]他跟母亲解释道。他讲述到上流社会做客的经历，去诺瓦耶夫妇家——"超乎想象的宫殿"——和其他富有的赞助者家。"周日我参加了一个酒会，那里聚集了许多最顶尖的名流，我很开心，尽管我只是待在一个角落里喝鸡尾酒。"[6]乔瓦尼温和地跟儿子打趣道："我们急不可耐地想听阿尔贝托讲他的新朋友，以及他在王妃和女侯爵家里的经历。我们也会戴上白手套来迎接他。"[7]瑞士作家查尔斯-阿尔贝特·辛格里亚在文章中形容阿尔贝托是一位引人瞩目的年轻艺术家："多年以来，我对一种持续发生的偶然事件感到十分惊讶，它让我遇到一个年轻人，他长着与'伊特鲁里亚人小塑像'一模一样的脑袋。我那时完全没想到我面对的是'阿尔贝托·贾科梅蒂'，他是一位非凡的雕塑家，现在整个巴黎都在谈论他。另一位知名人士，我更愿意不要持续地提及他的名字——让·科克托，他好像最近才向我们示意过此人的存在。然而还有一位知名人士已领先于他，那就是超现实主义诗人米歇尔·莱里斯（像其他许多人一样，他已不再是超现实主义者）。"[8]

作家还在一封信中描述过这位"非凡的雕塑家"是"格劳宾登-伊特鲁里亚人"（Grison-Étrusque），他很快成了巴黎的新宠。甚至大音乐家伊戈尔·斯特拉文斯基都对他的创作感兴趣，还邀他见面。

阿尔贝托的交际圈在不断地扩大。他十分喜悦和自豪，但也感到难以适应新状态。"我被介绍给一位伯爵夫人和一位王妃，等两天之后再见到她们时，因为没认出来，我居然没跟她们打招呼。我觉得我给人家留下了很差的印象，尤其是我记得她们其中一位还曾买过我的作品。"[9]

阿尔贝托一直都习惯于过着简单的生活，无论是时间安排，还是单一的粗茶淡饭或衣着，他都已经学会通过维持生活各个方面的固定习惯来驱散内心的焦虑。此后他虽受到各方邀请，但依然保持绝大部分时间都待在画室里。因此当迭戈下定决心再次定居巴黎时，他带着无比轻松和愉悦的心情迎接弟弟于12月份的到来。"一天，吃完早餐后我回到画室，十分欣喜地看到迭戈在那里，他容光焕发，心情很好，我们一起度过了那个季节最美好的日子。他就住在画室里，并在制作大型雕塑时为我提供很多帮助，当然还包括其他事，我俩几乎形影不离。"[10]

阿尔贝托用一笔新收入租下附近"春天"小旅馆里的客房。为达维德-魏尔创作的浮雕进展顺利，这位艺术家想用青铜材质来制作，上面再涂一层中国漆。他还为这间公寓设计了一对外观奇特的壁炉架，形似一条咆哮的狗。

为了这个订单，他与室内建筑师德斯尼密切合作[11]，两人后来成为朋友。此人还指望通过美国客户的订单延续他们的合作。

　　与里维埃和爱因斯坦的交往拓展了他对非欧洲艺术的了解。这位德国批评家在国际杂志上多次为他撰文，已成为他最有力的支持者。身兼记者和艺术出版商的爱因斯坦还教他如何通过优质的摄影来提升作品。阿尔贝托当时已经认识主要为巴黎画派艺术家们进行拍摄的摄影师马克·沃，他还与趋近超现实主义风格的摄影师曼·雷、雅克-安德烈·布瓦法尔和罗吉·安德烈来往密切。阿尔贝托从未碰过摄影器材，不过他很快就知道用新颖的摄影手段烘托作品的好处。他也意识到自己对于摄影师们来说所具有的诱惑力：尽管他谨慎持重，却很乐意给他们当模特。在大部分照片中他都纹丝不动，紧盯着镜头，完美展现了专注于思考、庄严又神秘的艺术家形象。曼·雷回忆说："贾科梅蒂像个受虐的灵魂。他对自己的作品总是不满，要么觉得做得不够深入，要么相反，认为做过头了。他把它往拥挤的小画室里一丢，便开始创作风格完全不同的另一件作品。他敏锐又健谈，能精彩地谈论很多话题。我喜欢在咖啡馆里坐在他旁边，看着他，听他说话。他的面庞非常清晰，面色浅灰，犹如一尊中世纪雕像，这使他成为完美的肖像摄影的对象。"[12]

第十章

加入超现实主义

1930年，阿尔贝托与米罗、阿尔普一起第一次在皮埃尔画廊办展。他展出一些平板雕像，包括《观看的头》的大理石版本，还有一件标志着他创作及职业生涯转向的新作品：《悬浮的球体》（*Boule suspendue*）。萨尔瓦多·达利十分欣赏这件作品，他从中看到"象征性功能物体"（objets à fonctionnement symbolique）的原型，这是他为超现实主义者们提出的新概念，以替代几乎被过度使用的"自动写作"（écriture automatique）。[1] 一根细绳将带有宽大凹槽的圆球悬挂在金属框架里，圆球底部轻轻接触一个立在薄平台上的月牙。即便人们从中能看到阿尔贝托位于斯坦帕家里的"日月"钟的轮廓，但作品的确包含着强烈又明显的性暗示。达利在《为革命服务的超现实主义》（*Le Surréalisme au service de la révolution*）杂志中如此描述这件作品："一根细琴弦悬挂着带有女性凹槽的木球，下方的月亮用棱边轻触底洞。观看者下意识地迫使自己想象球在棱边滑动，可绳子的长度却只能实现这想法的一部分。"[2]

这位年轻的加泰罗尼亚画家[*]正试图将其病态情色的想象强加到正在寻找新情感冲动的超现实主义中，此时贾科梅蒂作品中隐含的暧昧与挑衅正好为他所用。安德烈·布勒东立刻表现出对作品的兴趣，并前去拜访雕塑家。阿尔贝托也惊叹于布勒东的领袖魅力和超现实主义者们身上共同的闯劲。秋天伊始，他定期参加他们的聚会和集体活动，这对他的职业生涯来说翻开了决定性的新篇章。从此他又交了新朋友：安德烈·布勒东、萨尔瓦多·达利、特里斯坦·查拉、马克斯·恩斯特、伊夫·唐吉、路易·阿拉贡、乔治·萨杜尔。他以不设限的方式极大地拓展自己的艺术面和朋友圈。当朋友指责他与"冠冕堂皇"的超现实主义关系密切时，他会小心地不予争辩。即便后来他加入超现实主义团体，也并未因此断绝与《文档》杂志的超现实主义背弃者们结下的友谊。

1930年春，他与装饰艺术家让-米歇尔·弗朗克开始了具有决定性意义的合作。这位装饰艺术家以细腻经典的现代主义风格为特点而深受巴黎知识分子阶层的喜爱，他建议阿尔贝托制作一些物品和灯具。[3]阿尔贝托对此很有兴趣，弗朗克的个性也让他着迷。这位装饰艺术家是诺瓦耶夫妇的朋友，他为他们翻修过私家公馆，还曾被弗朗索瓦·莫里亚克称为"丢弃美学"（Esthétique du

---

[*] 即萨尔瓦多·达利。——编者注

Renoncement）的开创者，他此时正处于职业生涯的转型期。弗朗克刚被任命为夏农公司（Chanaux & Cie）的艺术总监，此后他一直与建筑师一起工作，如埃米利奥·特里，还有愿意设计装饰品和物品的艺术家们。他还专门加入一个名曰"新浪漫主义"的小团体，克里斯蒂安·贝拉尔也在其中。贾科梅蒂和弗朗克成了朋友，二人开始长达十几年的合作，且成果丰硕。"我们经常见面，他是我喜欢的人。"[4] 阿尔贝托在 1931 年给父母的信中这样写道，还说弗朗克很有可能在瑞士旅居期间来马洛亚探访。在迭戈的帮助下，阿尔贝托为巴黎时尚富裕的精英们制作了灯具、壁灯以及室内装饰品。他为达维德-魏尔和里维埃做的两件浮雕近乎"构成"作品，虽然二者有着相似的灵感来源，但他在装饰品和艺术品方面调动的想象力是完全不同的。阿尔贝托继续着他在装饰艺术方面的创作，即便他知道这种以赚钱为目的的行为在超现实主义者看来值得怀疑。另外，虽然他运气不错，可维持日常生活并不容易。世道艰难，经济危机开始波及艺术品市场。米罗在皮埃尔画廊什么也没卖出去，达利也需要仰赖弗朗克的订单追逐资金。

　　参观完皮埃尔画廊的展览，阿尔贝托感觉身体不适。他肚子痛得厉害，躺在床上动弹不得。于是他向布勒东的熟人、常与超现实主义者往来的泰奥多尔·弗伦克尔求助，但这位医生并没能立刻诊断出疼痛的原因。他得的是阑尾炎，手术于 7 月份在一家瑞士医院进行。[5] 雕塑家因此长时间身体虚弱，无法工作。他的朋友和家人都纷纷行动，给予他关心和所需的钱。[6]迭戈一边照顾他一边操心做了一半的作品。这场疾病来势汹汹，但聚集在他周围的人却给了他莫大的鼓励。此外，在手术前不久，另一件突如其来的事发生了：阿尔贝托又有了新恋情。这次不是热爱艺术的美国女孩，而是一位经常与他出入同一家酒吧的年轻女孩。丹尼丝·迈松纳夫出身工人家庭，流连于夜生活，靠挪借为生。他们曲折的爱情充满了分分合合。丹尼丝在感情上反复多变，喜欢借酒消愁，让阿尔贝托饱受嫉妒之苦。他自己也会反复地忽而勃然大怒，忽而保持距离，忽而又重燃爱情之火。他不敢将这段艰难的恋情告诉父母，于是只跟迭戈以及像爱因斯坦和弗朗克这样的挚友说起过，不过这段关系还是持续了多年。这段时期，这位艺术家陷入感情和职业的旋涡中。他向刚认识不久的特里斯坦·查拉倾诉衷肠，查拉为这位年轻小伙子给人留下的孤独印象而担忧。"我的生活现在乱七八糟的，真的，而且你比他人更有体会，但我也没有您想象的那么孤单。有时候，独处于我而言是因各种不同的事而产生的需要，其中很大程度是因为女人，但并不是因为缺女人，或是对一个理想女人的泛泛找寻。自回来后，我一直喜欢一个女人，很多年没有这样了（不是上面提到的被我称为朋友的那个），这份爱没有仅仅停留在感觉的层面，正相反，可这一切在我看来于昨天早上结束了，我现在虽然有点迷失方向，昨晚也是这样，但这件事就该到此为止了，我要忙别的事了。"[7]

就像跟查拉吐露心声时说的那样，他好多次都认为与丹尼丝的关系彻底结束了。他们的关系本身就是这样缠绵繁杂，虽屡遭挫折，却依然能继续。不过在任何情况下，创作永远是他人生的核心与关注的焦点。

加入超现实主义团体和与新朋友聊天都能激发他的创作灵感。认识布勒东后的几个月里，他尝试了新的创作形式。1930 年 10 月 22 日，他参加了路易斯·布努埃尔和达利的电影《黄金时代》(L'Âge d'or) 的私人放映。这次活动汇集了超现实主义的"正统派"和"背弃派"。诸多艺术家悉数到场，其中有布朗库西、毕加索、乔治·布拉克、杜尚、米罗、唐吉、恩斯特。[8] 在他看来，米罗是"极少数真正能做出让我感兴趣的东西的人"[9]，想与他一较高下。"米罗从西班牙回来了，带了一系列木质构成作品，上面有钉子，还上了点色，与我夏天在马洛亚做的作品很接近，但他的作品非常成功，我很喜欢。"[10] 其实他也做过一些构成雕塑实验，如简略木板人像和布满钉子的图腾，但这些作品很快就被毁掉了。他并没有完全放弃这类创作，只是用一系列如《悬浮的球体》这类可归为超现实主义的作品与新立体主义雕塑所探究的问题拉开距离。《笼子》(Cage) 再次运用立体方的"构成"原则，其组成元素之间的连接是通过观看者的运动实现的：一些具有生物形态的形状，如植物荚或昆虫胸廓，在两只惊恐凸出的眼球的注视下，被带刺的爪子威胁着。这件作品应该属于集合艺术而非雕塑，其组织方式和某些主题都让人联想到毕加索和朱利奥·冈萨雷斯创作的铁制焊接构成雕塑。1930 年，阿尔贝托硕果累累。除了一些新的成品，他还用各种材质对先前的作品进行翻铸。根据与勒布签订的合同，阿尔贝托让匠人将许多雕塑作品做成青铜版本，如《夫妇》《阿波罗》《男人与女人》。由于材料费高昂，再加上经济危机的影响，画廊主无法按照合约支付全部作品的翻铸费用。而且，由于镂空构造复杂，这些青铜雕塑还需要这位艺术家和迭戈进行枯燥的再加工。因此，他通常倾向于将其用石膏或陶土翻制。最终，除了用其他材料翻制出来的成品会产生一些实际问题之外，艺术家其实更偏爱石膏的白色。拍摄前他专门让人给石膏再涂一层白色[11]，甚至把某些青铜雕塑涂白，例如《躺着的梦中女人》。

1931 年初，阿尔普介绍他认识一群从事几何抽象艺术创作的艺术家。2 月 15 日，他参加了"抽象—创作"团体（groupe Abstraction-Création）成立大会，会议在特奥·凡·杜斯堡位于默东的宅邸召开。他遇到了让·埃利翁，此人后来证实说："这里有质朴又爱幻想的阿尔普，梳着爱尔兰式发型、性格激烈的贾科梅蒂，他拒绝加入我们。他那会儿是超现实主义者，但一直反对非具象化的理念。"[12]

与同时加入超现实主义和抽象派的阿尔普不同，阿尔贝托拒绝听从抽象派的诱惑，这从他的多件前超现实主义作品中可以看出。他不再花时间考虑形式问题，而是思考象征物体。他让木工和金属构件师做了木质版本的《悬浮的球体》，布勒东后来从他那里买走了这件作品。他用相同的方法制作了木质游戏盘《男人、女人和儿童》（*Homme, femme, enfant*）[13]，上面摆着用金属材质简约勾勒的"一家三口"。三角形薄片代表的男性是不能移动的，而张开双臂的女性和由一个简单的小球代表的孩子被放在滑动装置上，可以活动。他以此为灵感做了几个不同版本的游戏盘，并对这样的变化感到高兴。"我做了些能移动的雕塑！在我生病期间，迭戈做了三个，然后我再加工。这些作品更加轻快，画室因为它们而焕然一新，制作过程让我乐在其中，简直像在做游戏！（我很好奇它们被展出时的样子，一定不是一场沉闷的展览。）我完全不知道下一个作品将是什么样子，这是种非常愉快的体验。我呼吸着轻盈的空气！"[14]

此外，他还创作了更像雕塑的作品，它们营造出动感但不能真正地移动。阿尔贝托看了雷蒙·杜尚–维隆和翁贝托·薄邱尼的作品，还在画室接待了路易吉·鲁索洛。对他而言，雕塑的运动问题与空间和平面的相互渗透有关。他将象征基调与造型分析相结合，创作出比从前更令人费解的作品，如《要扔掉的令人不愉快的物体》（*Objet désagréable à jeter*）。外表抽象的雕塑实则暗示着空间中的移动，代表地面的平板被一个尖锐的形状穿过并抬起，而这个形状在艺术家看来是一个人。一件类似的木质作品的题目更加明确：《跛行人像》（*Figure boiteuse en marche*）。通常他极少评论自己的作品，但仍解释这个灵感源自他在街上看到的一个跛行者。字面上虽如此解释，作品的情色内涵却一目了然。他一整年的创作都是这种类型，奇特又含义模糊，具有明显的情色感，往往还有暴力色彩，它们将超现实主义者惯用的黑色幽默融入具有多重意义的形式之中。极具暗示性的《令人不愉快的物体》（*Objet désagréable*）让人联想到青豌豆荚、阳具、非洲仪式物品、巨型护身符，或是从侧面看而显露出的变形的头盖骨。他还做了一个较小且光滑的大理石版本，它被奇特地冠以《胚胎》（*Embryon*）之名。他对画谜和具有双重意义的图像的偏好在之前的作品中已初露端倪，加入超现实主义解放了他的想象力，于是这种喜好便愈加强烈。他在这些物体中发展出的图像观接近马松的变形说，类似于达利的"双重影像"（images doubles）。他坚定地选择较少的叙事性、更多的神秘感，同时将具有叙事和隐喻色彩的内容注入稍显抽象的形式之中。他还会采用创作意图更为弱化的方式，如《回路》（*Circuit*）这类模仿游戏盘的作品，或将小人儿置入场景中的作品，首件此类作品名为《小绝望者》（*Le Petit Désespéré*）。他的画本里满是极具想象力的图画，就像在某些未成型的物体创作计划中都是些动态人体和动物形体的奇特结合，我们在其中能再次看到他对荒诞的偏好。在这些以超现实主义为灵感的画面中，他向让·科克托和曼·雷的"电影诗"（cinépoèmes）精神或雅克·普雷维尔的幽默感靠近，他曾在伯利特-曼东街的画室让普雷维尔及其妻子西蒙娜留宿。[15] 阿尔贝托对他的电影项目很感兴趣，以至于布鲁诺一度认为他本人很想一试身手。[16] 事实上，即便他常表现出对电影的兴趣并让最优秀的摄影师为作品拍摄，他却从未想过尝试这些新的艺术手段。虽然他常将具体制作委托给他人，雕塑却一直是他的首要创作对象。"游戏盘"中的几件作品被送往乔治·珀蒂画廊参加青年艺术平台展。[17] 他将多件"物品"和"游戏盘"聚集起来绘制成图画，再以《动态静默物》（*Objets mobiles et muets*）为名，于年末刊登在《为革命服务的超现实主义》杂志上。[18]

　　一年来，艺术家与迭戈在共同制作诺瓦耶夫妇订购的纪念性雕塑。1931 年 1 月，阿尔贝托赴勃艮第寻找合适又美观的石料。他原先想创作一组三人群像——男人、女人、孩子——还在马洛亚画了真人大小的草图，但最终确定做单体雕塑。他选用了一块两米四高的"完美"[19] 白色软质石料。春季，在画室做好泥稿后，兄弟俩前往勃艮第开始创作。[20] 雕塑先在采石场粗加工，然后被运往耶尔。一年后终于完工。这件高大人像呈石碑状，扭腰动作为其增添了动感，正上方立着几乎呈立方体的头部，其外形再次采用之前在马洛亚设计的一件人像的形状。自从依照首幅草图创作的作品完成后，他开始综合人物的面部线条，使其通过观察视角的变化呈现出或男或女的样子。雌雄同体和双性性格一直是超现实主义幻想的来源，长久以来，阿尔贝托对此也很有兴趣。类型不确定的《蹲着的人》和《夫妇》都分别具有怪诞、跛足的象征暗示，两件作品已成为无性别差异的例证。在为诺瓦耶夫妇制作的大型塑像中他运用多重观察角度技法，这在他的"构成"作品中也被使用过，此法能引导观者逐渐感受初看简单实则复杂的形式。秋季，艺术家亲赴雕塑的摆放地点，以便精确地为其选择朝向。

迭戈为这次漫长又费力的创作倾注了心血。作品虽形式独特，但依然采用竖立在花园中的雕塑的经典样式。这个项目回应了艺术家内心深处的渴望：创作室外空间作品。

阿尔贝托同时酝酿着其他更具实验性的纪念性雕塑项目，即《广场计划》（Projet pour une place）。作品最终虽未完成，但他为其制作了小型和中型雕塑稿。在一片散落在地上的组成元素中，游戏的概念被再次采用。雕塑家希望用石料将这些元素加工成大件摆放在公共空间里，他在画室里长期保留着这些元素的雕塑稿。表面抽象的形式各具象征内涵：石碑和锥体暗示着男性特征，空心半球则可代表女性的怀抱，"之"字形让人联想到蛇的粗略形态——对整体的解读于是被引向现代版的伊甸园。[21] 形式上故意保留的古老特征暗示着更原始的灵感来源，让人想起源自诸多文明的神秘矗立石像。他本人没有提供解读这些图像的任何线索，但他指出散步者可以坐在不同的模块上，甚至猜测某个元素是在地面上直接开凿的。在他的素描中，形式如面部的各个部分那样排列，只有通过俯视才能看到面部全貌。介于几何与有机形态主义之间的简单立体物，让人联想到 1928 年毕加索的《浴女》（Baigneuses）中的人体组合。他之前并不欣赏这些作品的雕塑感[22]，可还是将它们临摹在画本里，他内心对宏大感的渴望如今在这些作品的帮助下找到了答案。

同一时期，他在超现实主义启发下设计了另一个纪念性雕塑项目。《通道工程》（Projet pour un passage）被设计成一件介于雕塑和建筑之间的作品，其内部被打通，他还为此制作石膏模型。雕塑的大体形状像一个躺卧的女人，透露出一种插入式幻想的三维再现。从此，阿尔贝托在作品、素描和记事本的记录中让梦幻与烦忧自由发挥。对于这件作品，他重新选用曾经流行于巴洛克花园的拟人化景观（paysage anthropomorphe）样式。许多古老版画通常都用变形来描绘这种拟人化图景。巴蒂斯塔·布拉塞利的矫饰"怪异"版画便是一例，他在记事本中也临摹了这类版画的某些作品。《通道工程》类似于布拉塞利的"拟人城市"中的人物—建筑，他的大型石膏雕塑《风景—卧躺的头》（Paysage-tête couchée）也属于这一类。与达利一起，他也期待能设计一个完全是超现实主义风格的花园，也许特意为诺瓦耶夫妇设计。他们二人的草图显示，花园由小山丘和受达利灵感启发的人工洞窟组成，洞窟上方和内部摆放着阿尔贝托的雕塑，如《悬浮的球体》。然而，创作纪念性雕塑的憧憬和梦想一直处于图画或被视为作品模型的阶段，并未真正实现。

第十一章

情色与暴力

　　阿尔贝托加入超现实主义行列时正值该运动历史上的一段复杂时期，布勒东的团体和围绕在巴塔耶周围的前超现实主义者之间发生着激烈争执。布勒东因为将许多人逐出团体而给自己招致许多忌恨，连《文档》杂志也不放过他。1929 年末，布勒东在最后一期《超现实主义革命》（*La Révolution surréaliste*）杂志上发表了《第二次超现实主义宣言》（Second manifeste du surréalisme），其中他将矛头直指巴塔耶，奚落他的"低俗唯物主义"（bas matérialisme）概念。一个月后，巴塔耶和他的朋友们通过题为《尸体》（Un cadavre）的文章发起反攻。在文中，巴塔耶将布勒东比作一只"被阉割的狮子"，还将超现实主义视作宗教，而布勒东则是自封的先知。他揭露布勒东的理想主义，抨击这是一场脱离社会现实的运动。新成员阿尔贝托也被卷入这场潜伏许久的纷争中。年轻的雕塑家陷入与达利相似的境遇。这位加泰罗尼亚艺术家最初的艺术倾向更接近于巴塔耶而非布勒东，但他仍然加入超现实主义运动并希望能代表一股新气象。就这样，他彻底背离巴塔耶，而那些超现实主义新朋友们有时并不能理解他，他们都不太倾向于选择他的"偏执狂—批评"（paranoïa-critique）法。阿尔贝托不如达利足智多谋，也不想以理论家自居，他试图超越分歧，让不同派别达成共识。他与几位主要的"正统"超现实主义者关系密切，如米罗、保罗·艾吕雅、阿拉贡、恩斯特、唐吉，他也非常钦佩将他带入新思想空间的布勒东，然而他还保留着在《文档》杂志小团体中的位置。事实上，他的作品汲取了以布勒东和巴塔耶为代表的两种超现实主义倾向：一方面是对游戏与梦境的探索；另一方面是乖张违逆。他以最佳方式将二者综合运用在充满诗意与挑衅、崇高与邪恶的作品中。

他也越来越关心政治问题。超现实主义者自称这是一场"革命"运动，但其内部却因与共产主义的关系而分裂。大部分成员于 1927 年加入共产党，但矛盾纷争越来越多，而且共产党对这些资产阶级知识分子所从事的活动也表现得非常谨慎。观点随即产生分歧，形成拥护"完全超现实主义革命"的派别和支持共产主义革命的派别。阿尔贝托更倾向于阿拉贡、艾吕雅和勒内·克勒韦尔这一边，他们尽力将自己的艺术理念与共产党的方针路线相协调。他的父母对此颇为担忧，安妮塔写道："我希望阿尔贝托早日厌倦与这帮共产党员的来往。"[1] 他其实并没有加入共产党，就好比即便他每天读《人道报》（L'Humanité），他也不会成为激进分子。他虽参与了由阿拉贡、艾吕雅和唐吉策划的反殖民展览组织，却并没有在超现实主义的"反殖民展览会"宣传单上签字。他只简单写信跟父母说："我参观了由阿拉贡举办的反殖民展览，比殖民展览有趣多了。"[2] 5月，莱里斯加入由马塞尔·格里奥尔率领的达喀尔-吉布提（Dakar-Djibouti）民族学考察团，赴非洲进行为期两年的考察。尽管阿尔贝托对民族学的物品很感兴趣，但他仍批评朋友参加的游历属于殖民主义逻辑。他虽然对政党的清规戒律态度谨慎，但他的政治观点却十分明确。他很早便对这些话题很感兴趣，这进而直接决定了他与某些人的交往。多年后，他甚至声称自己之所以被超现实主义吸引是源于好奇心的驱使，他想跟阿拉贡和萨杜尔多来往，因为二人都去莫斯科旅行过。

从刚到巴黎的那些年起，毕加索便是阿尔贝托敬佩的大师之一，即便年轻的雕塑家偶尔也会发表些批评言论，但毕加索依然是他心目中现代艺术家的典范。因此，1931年12月，他非常高兴能见到毕加索。"明天吃完午饭，我将和米罗去毕加索家，我很高兴能认识他，看看他正在做的东西。"[3] 从《动态静默物》开始，他的作品与毕加索在油画中运用的图像处理法便有诸多相似之处。如爱因斯坦在第一期《文档》杂志中分析过的毕加索在迪纳尔画的那些浴女，特别是他在布瓦吉鲁别墅的创作，画面中的身体由一些简单的立体形器官自由拼合而成。阿尔贝托沿用毕加索对可巧妙处理的女性身体的想象，这是一种将占有欲与毁灭欲相融合的客观呈现。他那将性与暴力紧密结合的想象力与西班牙斗牛爱好者遥相呼应。和毕加索一样，作品是这位艺术家情绪的地动仪，尤其体现艺术家当时的恋爱质量。阿尔贝托与丹尼丝动荡的爱情在他那些超现实主义作品中找到共鸣。他在恋爱初期体会的痛苦并未消除，正好相反，丹尼丝既是缪斯又是烦忧，她的出现与缺席都成为对艺术家内心平静的威胁。可无论什么也无法结束这段失衡的关系，哪怕这位年轻女士不断向他要钱。丹尼丝的不忠、变化无常又抑郁的性格让阿尔贝托的作品产生了关于女性与恐慌、性与伤痛之间的联想。得益于超现实主义，艺术家找到象征暴力与不安的艺术灵感。这些极端情绪启发他创作出一系列日后成为经典的作品。《女人、头、树》（Femme, tête, arbre）和《笼子》将人类、动物与植物的影射物融入情色的戏剧场景中，而《夜晚房间里焦虑的女人》（Femme angoissée dans une chambre la nuit）则是性与恐慌的融合。几个月后，相同的融合在具有鲜明暴力色彩的《被割喉的女人》（Femme égorgée）中被推向极致。后来发生了一件让他精神受到打击的事，加剧了他的不安全感。1932 年 4 月初，他与超现实主义朋友们在多摩咖啡馆度过一夜后，他被一小群朋友带去一间公寓里吸食大麻。阿尔贝托当场睡着，第二天早上醒来，他惊恐地发现同伴中那个躺在他身边的年轻人罗贝尔·茹尔当因吸食过量而身亡。他的第一反应是逃跑，回到伯利特-曼东街的画室去。很快他被警方传唤，可他们并未展开细致的调查工作。这个完全突发的状况，让他再次感受到了范默尔先生死时他内心产生的悲痛。头脑中挥之不去的这位年轻人的尸体，激发了后来出现在他作品中的病态想象。

经济危机的影响在法国进一步扩大。阿尔贝托不得不放弃更换画室的念头，他也再没去酒店住宿。"没有特别令人高兴的理由，形势格外严峻，我真不知这样继续下去该如何是好。弗朗克一直什么活儿也没有，雕塑界的形势也不好。勒布说他一年都没活儿干了，除了亨利·马蒂斯买的一件雕塑，他什么也没卖出去。"[4]

然而满足感很快便超越物质上的困境。"总之困难只是囊中羞涩。在此期间，我们继续创作，而且我会开始尝试新东西。"[5] 他经常与爱因斯坦见面，爱因斯坦在自己刚出版的著作《二十世纪艺术》(L'Art du XXe siècle)中将他置于核心位置。像他的许多艺术家朋友一样，阿尔贝托也尝试写作。他用类似于"自动写作"的方式为《动态静默物》的图画配文，而在记事本中草草写下的诗歌则是日常生活与梦境的集合。他还记录在妓院里听到的只言片语。在与弗洛伊德的信奉者、拉康的追随者，即超现实主义者们的交往中，他开始探索无意识世界。他的写作是在性幻想中生发出的自由联想。这场运动提出的向内探索法与宣扬的创作自由完全符合他那时期的蜕变，可他与团体之间的关系却并不简单。《第二次超现实主义宣言》引发的争执过后，又爆发新一轮论战。"阿拉贡事件"(L'affaire Aragon)只是这场运动引发的政治余波中的偶然事件之一。作为一名坚定的共产主义者，阿拉贡在共产党内的亲布尔什维克主义阵营与超现实主义对艺术自由的捍卫之间不断摇摆。他那首亲共产主义的诗歌《红色阵线》（Front rouge）一经发表便被指控提倡暴力。超现实主义者们分发传单为他申辩，阿拉贡却拒绝了其中的措辞。接着，布勒东撰文《诗歌的惨况》（Misère de la poésie）阐述自由创作的必要，抨击那种迎合外界需求的艺术。至于阿尔贝托，他与团结在共产党周围的超现实主义者关系密切。1932 年初，他与布努埃尔、恩斯特、唐吉参加第一届革命作家和艺术家协会会议，并为阿拉贡的政治文章创作插图。他用笔名"费拉什"发表了极其尖刻、反法西斯和反宗教的讽刺画，还创作了几件政治雕塑的实验小作，表现一位挥舞着旗帜的革命者形象，但之后他没有继续进行此类创作。他并不反感让艺术直接服务于政治理念的想法，但前提是这种创作不能与自由的艺术实践相违背。3 月，当超现实主义者内部爆发论战时，他在给布勒东的一封信中为阿拉贡辩护，还批评了《诗歌的惨况》。"我也为《战斗》（La Lutte）画过画，主题一目了然，我想我会继续下去，我将在这方面尽我所能来为阶级斗争服务。这与我的雕塑和研究之间没有任何矛盾。"[6]

两个月后，他却在一封新的信件中改变看法。他解释说，他曾以为可以在不改变艺术探索的纯正性的同时从事政治艺术，但经验证明这是无法兼顾的。"这是一种妥协，而非解决方案，经过一些事实我发现这种妥协对我来说是不可能的，而且很耗费时间。"[7]他的一些朋友，如弗朗克，曾提醒他要提防被卷入政治斗争中的危险，但他却很珍惜自己在超现实主义团体内部刚占据的地位。1932年到1935年，他继续为阿拉贡合作创办的杂志画画，比如《反宗教和工人阶级斗争》（*La Lutte anti-religieuse et prolétarienne*）、《公社》（*Commune*）和《反帝国主义联盟》（*La Ligue anti-impérialiste*）。阿拉贡在一篇专门探讨他的文章中想起这些特意匿名创作的绘画："辨认出创作者正是这位仍不太知名的雕塑家并无大用。他与装饰艺术家弗朗克创作过一些装饰物品和家具，弗朗克的买主曾引发过丑闻，完全不适合给这些人展示贾科梅蒂写的传奇故事《肮脏野兽》（*La Sale Bête*）中的场面：一只头顶十字架的猪把嘴插进一个被它的蹄子破开肚皮的男子的内脏；抑或一个婴儿躺在满是钉子的摇篮里，十字架插进他的囟门，旗杆穿过他的肚子。我和乔治·萨杜尔都觉得这些画面极其残忍，但他们却不以为然。我们的朋友布努埃尔居然认为我们太腼腆！我们一贯坚持更理性的创作主题，就像长着凯门鳄脑袋、手指着旗杆的将军们，还有红衣主教们拿着带钩子的十字架刺杀十几个站在类似巴黎公社社员墙前的男男女女。我有一幅用蓝墨水画的草图，一个日本兵一脚踩日本，一脚踩中国，双手各握着一把弯曲的军刀，步步紧逼苏联的国界线。设计初衷是为了在一场游行示威中佩戴，可后来我们什么也没做。"[8]

他的新闻画凸显的残忍以另一种方式在他的超现实主义作品中表达出来。阿尔贝托没有跟随阿拉贡与超现主义运动分道扬镳，他所做的是在保持友谊的同时不染指团体内部的纷争。他虽然拒绝与布勒东一起完全地介入社会，但也不希望同他决裂。接下来的几个月里，他们的关系反而更深了，二人结成真正的友谊。

他与皮埃尔画廊只签了一年的合约，期限一到，艺术家便打算结束合作。"勒布只关心订单，我不想继续这样。我可以应付那些订单，可还是想换个环境展示我的雕塑。"[9] 几个月里，另一家画廊向他发出邀约。画商皮埃尔·科勒与弗朗克的圈子走得很近，而且是马克斯·雅各布的至交，他于 1931 年 2 月开了一家新画廊，并建议为阿尔贝托举办个人雕塑展。阿尔贝托花了几个月才觉得准备好了，展览于 1932 年 5 月举办。与此同时，他终止了与勒布的合约，但继续通过勒布以及布赫女士售卖作品。他遮遮掩掩地跟父母谈论新创作，因为预感到会有负面反馈。乔瓦尼的确对这条新道路表示不解，但他承认自由对儿子的艺术发展来说是必要的。后来，几件超现实主义作品于马洛亚制作完成，如《我们不再演了》(On ne joue plus)。[10] 科勒画廊的展览于 5 月 4 日举办，第一位参观者是毕加索。"他看着，像孩子一样说很漂亮。他对材料很感兴趣，但从来不提意见，不过他向来如此。"[11] 阿尔贝托不无失望地说。展览包含十五件作品，其中包括几件旧作，他对效果十分满意。"完全达到了该有的效果，非常多样化，同时又完全统一，展厅也很好，墙上空无一物。"[12] 泰里亚德在《强硬派报》(L'Intransigeant) 的专栏文章中这样描述他的作品：

"雕塑、物品甚至玩具都表现出内心真正忧虑的不同阶段，这是年轻雕塑家试图在他那一代人的造型混沌中找寻自我表达的忧虑。"[13] 而新浪漫主义的捍卫者瓦尔德马-乔治则更具批判性："贾科梅蒂的作品表现出与亚历山大·考尔德的相似性，就是些机械装置、动态雕塑，可由于它们都不能活动，整体演示就没那么有趣了。这些奇特的作品体现出某些被明显扩大的阳具属性，贾科梅蒂一定认为应该把它们呈现给艺术爱好者欣赏。"[14]

克里斯蒂安·泽尔沃斯针对展览撰写了一篇非常正面的专题文章，于年末发表在《艺术手册》上。他并不掩饰阿尔贝托的新作让一些人目瞪口呆进而引发批评的事实，但在他看来，这反倒让阿尔贝托成为年轻一代艺术家中的佼佼者。他尤其赞赏这位艺术家将更新雕塑的强烈愿望与不朽的艺术形式相结合的做法："贾科梅蒂认为对外部世界进行忠实还原之后，我们应该尝试更多脱离自然主义暴君的形式变化。他同时认为过去的经验有其价值，我们也需要遵守造型规则，他很快就意识到这样做的好处是非常稳妥，只不过需要从长远来考虑。"[15]

他发现贾科梅蒂和阿尔普的作品都在回归"内心、个人情感、力量以及细腻感受"。各路艺术家都前来观展，这体现出阿尔贝托在不同领域里的发展。"许多人都会来，我的好友和旧友们，我的敌人们，如里普希茨，当然，这些人都避免在开幕式上露面！"其实，除了毕加索，来看展的还有洛朗斯、里普希茨、贝拉尔、曼·雷、爱因斯坦和阿拉贡。阿尔贝托解释说，阿拉贡原本也希望以匿名的方式展示他的政治画，"但我觉得现在没必要挑事"[16]。达利的朋友、喜欢购买超现实主义作品的美国画廊主朱利安·莱维也是众多参观者之一，他提出次年由他来办展。[17]

最后几个月，艺术家创作了好几件新作品：《尖头指眼》（*Pointe à l'œil*）、《手指抓手》（*Main prise au doigt*）、《痕迹的时刻》（*L'Heure des traces*）、《即便双手》（*Malgré les mains*）。他指称这些作品时不再用雕塑，而是用物品。与超现实主义的"象征性功能物体"不同，他的作品不是现成物品的组合，而是由他制作或让他人完成的各部件的构成。每件作品都有强大的暗示力，它们不去叙述，而是充满了意义和强烈的情感内涵。正如后来他本人所言，大部分作品都与童年的模糊记忆有关，但他对此没做任何解释。因此，《手指抓手》展示了一只被齿轮上的皮带卡住的手，这可能暗指迭戈小时候发生的一起事故。此事据阿尔贝托的朋友说是迭戈年幼时为了挑战，故意把手放进农机齿轮里，结果两根手指被切断。迭戈一生都在隐藏被截断的手指，这成了他最隐秘的创伤。但这件作品不仅只有悲剧内涵，它还让人想到这位艺术家当时对机械形象的痴迷。《即便双手》的标题后来改成《轻抚》（*Caresse*），它与原标题为《跌落到图上的身体》（*Chute d'un corps sur un graphique*）的变形风景《风景—卧躺的头》属于一类作品。艺术家在诗意的标题和描述性的标题之间犹豫不决，这源于他不想揭示作品深层动机的想法。大腹便便且身体与头部位置颠倒、放在身体两侧的手也许是对岩石壁画的呼应，对史前艺术的喜好引导雕塑家多次前往圣日耳曼-昂莱（Saint-Germain-en-Laye）的国家古迹博物馆（Musée des Antiquités nationales）。但阿尔贝托同样也很重视爱情的小仪式，比如丹尼丝描述的："我吻你三次，手紧紧贴在你的脸颊上（像你知道的那样！）。"[18] 于是作品成了私密记忆与旁征博引的组合。泽尔沃斯参观完他的画室说，阿尔贝托总在追寻纯粹性，不惜通过逐步减少细枝末节的方式来达到这一目的，现在又打算去除刻在材料表面的双手。[19] 这段话也没什么问题，但阿尔贝托却因这位批评家言语中的暗示而生气，他觉得这种说法将他的作品简化成形式主义。[20] 像是为了强化他的观点，阿尔贝托将这件雕塑的一个翻版送给泽尔沃斯，还用大理石做了件一模一样的成品——雕上双手——送去拍卖，用来缓解《艺术手册》遭遇的经济困境。《痕迹的时刻》的笼子上立着一个简略的男性人物，里面挂着一颗心，暗示恋爱关系——一种被笼罩在威胁与死亡下的脆弱关系。他的作品与考尔德的某些当代构成雕塑十分接近，二者的区别是阿尔贝托的作品具有能激活不同组成元素的情色原动力的潜质。艺术家在这些作品中显示出惊人的想象力，他充分挖掘最简单的形式中蕴藏的象征和隐喻潜力。其中最引人入胜和最具象征意义的是《尖头指眼》。曼·雷曾拍下所有的雕塑作品，他用图像捕捉到这件作品的魔力和残暴：一个只剩下骨架的小人，他的头部被置于一把射向其眼睛的长尖刀的威胁中。阿尔贝托最初称之为《不愉快的关系》(*Relations désagrégeantes*)，描述它是"威胁着头盖骨上的眼睛的尖头"[21]。同时期，他画了幅画来描绘被超现实主义者们奉为圭臬的洛特雷阿蒙的名句："缝纫机和雨伞在解剖台上的偶然碰撞。"事实上，在摆着尖头与头颅这两个物体的木托盘上挖出的凹槽与解剖台上的凹槽很相似。对于将视觉画面置于艺术创作中心的艺术家来说，这件俄狄浦斯式的物品具有强烈的个人色彩，它也符合当时超现实主义的想象。受伤的或被挖去的眼睛像是残忍情色的展现，是当时艺术家和作家们十分钟爱的主题。各种插图都给人们留下深刻印象，如马松为巴塔耶的《眼球的历史》(*L'Histoire de l'œil*)所画的一幅脱轨的眼球在身体中漫游的图画，达利和布努埃尔的电影《一条安达鲁狗》(*Un chien andalou*)里剃须刀切割眼球的著名场面，维克托·布劳纳在《摘除了眼球的人像》(*Portrait à l'œil énucléé*)中展现的一只被挖出的眼球。这段时间布劳纳是他的邻居，住在与他画室毗邻的绿磨坊街，唐吉在那里也有间画室，三位艺术家经常见面。达利和布努埃尔虽闹得不愉快，但他们都是阿尔贝托的熟人。

　　诺瓦耶夫妇也很欣赏这个展览，阿尔贝托经常去他们家吃饭。1932年4月，阿尔贝托和迭戈最终将大型雕塑安置在了诺瓦耶夫妇位于耶尔的别墅花园里。雕塑正式完工用了两个多月的时间。这对夫妇又下了另一个订单：制作一个有趣的装置，为他们举办的一场音乐晚会制造惊喜。他为此全力以赴，布努埃尔也参与进来，二人设计了一只画在木板上的高大长颈鹿。长颈鹿的斑点由可拆卸的面板制成，下面是布努埃尔写的充满诗意的句子。4月20日，两位艺术家在客人到达前将它安置在别墅花园里。布努埃尔说："晚餐前，客人们受邀踩着小板凳阅读斑点里的诗句。他们纷纷听从指令，似乎很喜欢。喝过咖啡，我和贾科梅蒂一起回到花园。长颈鹿不见了。它完全消失了，没有任何解释。'《黄金时代》丑闻'[*]发生后，他们是否认为这件长颈鹿装置是丑恶的？我不知道长颈鹿后来怎样。诺瓦耶夫妇在我面前从未给过任何暗示，我也不敢问突然丢弃它的原因。"[22]

也许是因为布努埃尔写的句子被认为对于在场宾客的身份来说太过挑衅？诚然，这位电影人已经丑闻缠身。他与达利合作拍摄的两部电影既反传统又渎神。诺瓦耶夫妇曾经是布努埃尔于1930年创作的第二部电影《黄金时代》的艺术赞助人，他们不得不承受这部反叛的、饱受保守派阵营攻击的电影带来的后果。在达利渎神的性格中，布努埃尔又注入激进共产主义式的社会介入。阿拉贡是第一批在巴黎接待他的人之一，他与乔治·萨杜尔、皮埃尔·乌尼克尔是最介入式的超现实主义者，他们都坚定地支持《红色阵线》的作者。也许是这一点引起麻烦。诺瓦耶夫妇逐渐与超现实主义者中最具政治倾向的一群人拉开距离。

---

[*] 1930年7月，《黄金时代》在法国首映，但因其包含对宗教和资产阶级的强烈讽刺与嘲弄，招致右翼激进分子的攻讦与抗议，最终遭到长达五十年的禁映。——译者注

但这并未影响他们与阿尔贝托的关系，他们通过弗朗克向他订购各种装饰艺术品。

因为觉得不够完善，阿尔贝托在画室里留了几件他不愿在科勒画廊展出的作品。在写给父母的信中，他惊讶于他和迭戈都不满意的两件作品反而引起朋友们的兴趣。[23]泽尔沃斯在文章中就曾提及其中的《夜晚房间里焦虑的女人》："贾科梅蒂对雕塑技巧的执着在最近偶然完成的女性人像中得以彰显。这件特别的人像能给观者施展神奇的魅力。它透露出某种撒旦式的东西，给想象带来猛烈冲击，在精神上产生近乎痛苦的感受。通过其表现力，这件人像必然会博得观众的注意，并给艺术家带来赞扬或猛烈的批评。贾科梅蒂只是不满于任何让他的作品具有矫揉造作之气的东西。于是他倾向于再次完全选用这件人像，在最和谐的形式中继续完善其造型。他坚持不懈地对人像加以提炼，让形式臻于完美。"[24]

泽尔沃斯对作品充满热情，可他违背了阿尔贝托的精神。即便作品保留着与立体主义构建形式的关系，并与抽象派艺术有过短暂契合之处，这位艺术家通过对身体和情绪的不断召唤，仍注意保留作品的心理维度。"绝非通过形式、造型或美学，正相反，是反对这些的，彻底地反对。是游戏／是情色／是不安／是破坏者"[25]，作为对批评者的回应，他在笔记本里这样写道。雕塑家将内心的不悦一吐为快："别让我受影响，任何东西都不行。"自从被列入先锋派，阿尔贝托便对极端观点十分敏感，不论它是形式主义的还是反形式主义的，他都不加入任何一方的极端选择。就这样，他遇到曼·雷的老朋友杜尚，并对其创作很感兴趣，但他自己并不采用"现成品"（ready-made）概念。同样，他看得出蒙德里安作品的独特之处，但又与抽象派若即若离，他批评抽象派与现实的割裂。

接下来的几个月，他完成了两件风格迥异的女性人像。第一件名叫《行走的女人》（*Femme qui marche*），泽尔沃斯的文章发表时他已经在创作了。[26] 这是一件没有头和胳膊，被精雕细琢的瘦削人像。她那庄严呆板的姿势和略微前置的左脚，让人想起古埃及的人像。作品流露的庄严感及其风格与艺术家着手创作的另一件再现女性的作品《被割喉的女人》[27] 大相径庭。后者属于遭强暴类的人像，破损的四肢被平铺在地面上，其外形是动植物的混合体，四肢解体而无确定形态，这个颈动脉被割断的女人更接近于昆虫而非女性形体。《笼子》的形式变化已经显示出这种混合特征，笼中发生的场面可被解释为一只螳螂正向其猎物发起攻击。在超现实主义物品之外，这位艺术家以两种完全不同的方式回到人物身上，每种方式对应着一种关于女性的观点。这两件作品对女性的再现与其说是一种现实毋宁说是一种观念。一个是女神，另一个是不可控的恶魔，都采用象征的表现手法。从中依稀可见年轻的阿尔贝托与女性之间暧昧不清的关系，不过"女人—女神"与"引起阉割情结的女性"的二元性也是超现实主义想象的惯常主题之一。达利便是这样将自己对昆虫的恐惧与女性形象相结合，同时把"行走的女人"神化成格拉迪瓦[*]的浪漫形象。恩斯特、马松、唐吉以及毕加索（他很钟爱毕加索后期的作品）都表现过各种如螳螂般具有威胁性的女人。阿尔贝托创作《被割喉的女人》前画的草图显示，作品的主题虽源于一副因痉挛而弯曲的女性骨架，可叙述主题却发生了转变。其中一幅暗示着自慰场面，另一幅中人像的盆骨被木桩穿过。性与罪的对等关系也是超现实主义作品中的恒定元素，这在巴塔耶及其友人那里得到最极致的彰显。含冤昭雪的萨德与洛特雷阿蒙的作品不断激发着诗人与艺术家对残酷情色的想象，《文档》杂志刊登了多个传统社会里残酷仪式的例证。在巴塔耶那篇关于中国古代凌迟制度的知名文章中，他竭力指出受刑者的面部表现出介于享受与痛苦之间的"矛盾神情"，其中还夹杂着宗教狂喜般的激烈情感。《被割喉的女人》便是这种类型的形象。强奸、死亡和享受同时存在于难以诠释的画面当中，或许达利的"偏执狂—批评"法可以解释。在阿尔贝托这一时期的作品中，身体和性关系与害怕和不安紧密相连。他随手写在笔记本里的小诗便是一例："女人吃儿子 / 儿子吮乳汁 / 男人进入女人 / 女人耗尽男人 / 同属一类。"[28] 这种感觉在诸如《被割

---

[*] Gradiva 是拉丁文，意为"行走者"。格拉迪瓦原是公元前 4 世纪罗马时期的一座具有后雅典风格的浅浮雕上的人物，其呈现的是一位穿长袍的妇女正提起裙边向前迈步的姿态。德国作家威廉·延森（Wilhelm Jensen）以她为原型创作了一篇小说，后因弗洛伊德对小说的分析而更广为人知。——译者注

喉的女人》这类雕塑中以能与观者共享的方式被表达，或在《行走的女人》所运用的古代造型的庄严形式中得以中和与消除。在上述两种情况下，阿尔贝托均采用象征的方式。在第一种情况下，他不表现性犯罪，只予以暗示：被割喉的女人的颈部和头部更像小提琴的柄。同样，《行走的女人》不是模特写生，而是一种女性形象的范例。

第十二章

物品与装饰品

　　与弗朗克的相遇标志着阿尔贝托与他密切合作和长久友谊的开端。多亏这位装饰艺术家,阿尔贝托的艺术活动又增加了物品与装饰品的创作,这为他奠定了直到 1960 年所需的资金基础。在继续这项艺术活动方面他得到重要支持:他将自己创作的这些物品告诉了父母,他们都支持他,而且对装饰品艺术没有丝毫蔑视。多年来,他的主要作品包括壁灯、落地灯等灯具和花瓶。迭戈是个勤勉热诚的雕塑匠,他确保作品的具体完成,对作品进行各种翻制,用不同材质对哥哥设计的款式加以转换。与弗朗克独一无二的创作风格一致,这些装饰艺术作品故意保留未经打磨的粗糙感,显得简朴又高雅。其中的考古学灵感十分明显,甚至决定着材料具有不规则的外形。乳白色或彩色的石膏高脚杯或落地灯让人联想到丧葬用品。至于电灯和落地灯则受到各种影响,既包括古代文化、非洲艺术和基克拉迪艺术,还有对布朗库西的主题堆叠的呼应。他使用一组色彩时,这组色彩接近贝拉尔在室内装饰中引入的淡雅柔和的颜色。

　　阿尔贝托有意识地将应用艺术方面的创作活动与其艺术作品相区分，当二者在形式上接近时，他会立刻警觉。即便他极力抑制并真切地为此担忧，装饰艺术显然让他有机会试验各种形式，而且这些试验与他在雕塑方面的尝试十分相似。自《广场计划》后，他便萌生出进入建筑领域和公共空间的愿望。他希望能为多件作品制作宏大版本，例如《男人与女人》或《笼子》。1933 年他展出了在原作基础上扩大版的《笼子》。但这类项目花费高昂，需要特殊的订单。在给诺瓦耶夫妇创作《人像》(Figure) 时他才唯一一次实现愿望。他将自己对艺术和建筑之间的联系的兴趣第一个告诉了马松——对于这位曾受罗丹影响，后又师从布德尔，并沉迷于古埃及和苏美尔考古遗迹的艺术家来说，这种联系是很自然的。遇到弗朗克之后，阿尔贝托兴奋地在笔记本上画满灯具和物品的款式以及墙面装饰。他为室内装饰创作了很多草图，这使他得以投身建筑空间。他先后通过与德斯尼和埃米利奥·特里的合作，打开在该领域的视野，这引导他发明了雕塑空间化的新形式。他于1931 年为弗朗索瓦·施皮策的公寓会客厅创作装饰品，他在墙面上压印出凹陷，从而凸显出生物有机形态组合的立体感。装饰品让他得以探索大尺寸的形式对比以及在"平板人像"中使用的凹凸倒置法。诸多草图显示，他希望通过棱柱结构或植物形曲线使整个墙面生动起来。可惜的是，除了为利斯·德阿尔姆的沙龙画的设计图，其余没有一张真正被付诸实施。经过一系列创作阶段后，1934 年他设计了一个布满整个墙面的装饰背景：白色叠加白色，墙壁上的石膏元素在空间中呈现出半抽象、半植物的组合形态，植物形态由壳斗 * 和藤本植物构成。其形式十分接近阿尔普和唐吉的超现实主义的有机形态作品，整体笼罩着一层暧昧不明的情色意味。1930 年初绘制的多张草图中，鼓胀的植物形灯具表现出与他同时期雕塑作品中潜在的相同的情色含义。这两项艺术活动事实上是分开的，尤其因为超现实主义者指责他为上流社会创作这些艺术作品，可即便如此，二者似乎能相互滋养。因此，他于 1932 年至 1933 年为弗朗克创作的形状奇特且具有性暗示的石膏花是他将超现实主义想象融入装饰品领域的直接证证。当时记事本的笔记中明确指出这种关联："为弗朗克创作花朵前先做两三件完全不连贯、不规则、不可控的雕塑。明天完成落地灯，接着在出门前立刻开始创作充满幻想的、颤动的，带着血与肉、生命与迷狂的不洁之花。"[1]

他也在弗朗克那里出售一些属于雕塑的物体。例如《空一口袋》（Vide-poche），与名字不同，它是一件非实用物，基本可视为与《动态静默物》风格相同的作品。

1932 年 1 月初，戏剧导演博里什·科奇诺夫请他创作舞台背景。他的许多朋友都曾与戏剧合作，首先是毕加索，他为俄罗斯芭蕾舞团创作的舞台背景曾引起轰动。此次还

---

* 某些植物果实特有的一种外壳，如包在栗子外面的有刺硬壳。——编者注

是俄罗斯芭蕾舞团，科奇诺夫为他们创作的新剧目《儿童游戏》（*Jeux d'enfants*）将在蒙特卡洛演出。他接受邀约并开始设计舞台背景和服装。画了许多草图后，他感到很难迎合订单要求，于是突然放弃合作。1月14日，他写信给戏剧导演："我为芭蕾舞剧画了张非常详细的图，现在基本完成了彩色草图。请告诉我您的想法。"1月26日他又解释说："亲爱的博里什，就像我昨天说的，我无法为芭蕾舞剧创作。我心中的一切现在都与之相违背。"[2]导演确实曾要求他做大的改动，但他并不打算接受。[3]在这次交流中能看出年轻艺术家固执己见且不容置疑的性格特征。阿尔贝托不愿改变自己的决定，舞台背景最终由米罗创作。然而他并没有因此放弃创作舞台背景的想法，从他同年创作的《凌晨四点的宫殿》（*Le Palais à 4 heures du matin*）中我们能感受到他对这个想法的呼应。其他作品也透露出他在设计演员舞台服装时的灵感来源。在芭蕾舞剧的设计项目中，他将人物比拟为棋盘上活动的棋子。在《我们不再演了》那些具有概括性又有些诙谐的人物形象中，他再次使用"人物—棋子"（figure-pion）模型。他还在另一件独特另类的作品《小绝望者》中使用同样的模型，这是一尊小型铜质人像，双臂张开，上方有一个倾斜的石膏平盘。尽管艺术家有所迟疑，弗朗克依然获准将这件作品纳入他为戏剧《豌豆花》（*La Fleur des Pois*）设计的舞台背景中。这次为朋友做出妥协后，艺术家再也不与戏剧项目合作，除了他创作生涯末期的唯一一次破例。

通过弗朗克的斡旋，他也为一些时尚设计师创作作品，包括伊尔莎·斯奇培尔莉和吕西安·勒隆。因此，他也开始设计珠宝、纽扣以及店铺和秀场里的装饰元素。迭戈参与了全部创作过程，他负责监督工匠们的制作。这些物品的创作手法不断变化。石膏和青铜仍然是首选材料，但有些作品也会使用大理石、雪花石或陶土。1932年期间，迭戈也为乔治·布拉克工作，协助他创作。这位艺术家是兄弟俩的朋友，备受阿尔贝托的敬仰，也一直是他的艺术参考对象之一。1935年3月，弗朗克与合伙人兼高级细木工阿道夫·沙诺在圣奥诺雷街区开了一家店铺，阿尔贝托在此长期有作品展出。这里成了弗朗克及其亲密合作者们的创作展示窗口，这些人包括特里、贝拉尔、达利、保罗·罗多卡纳基和阿尔贝托，店铺于20世纪30年代末停业。阿尔贝托的作品是店铺里被展出最多的，他是最受弗朗克优待的合作者，而展出最少的是经装饰艺术家修改后不再包含其花瓶或灯具的作品。弗朗克总要求拿出新作品，敦促阿尔贝托给他建议。在一封信件中，他加入以下附言："所有来这里或去画室的人在您的作品前都如痴如醉——这是大家唯一喜欢的东西——如果您做其他款式，或许我会给自己买套西装。别把我要的给忘了：灯具、花瓶。家具什么时候交呢？桌子、椅子、扶手椅、床、沙发，等等。"[4]

阿尔贝托定期交出新款式，但是从来不逾矩做家具。除了超现实主义阶段之后他为订单所创作的仅有的几件装饰元素（主要是1939年为阿根廷博恩家族的大件成套家具所做的装饰元素），他一般只设计灯具和装饰物品。战后他还继续这类创作，并且从不弱化其价值。他重新使用旧款式的版本再创作出新物品，风格较之以往更接近他当时的雕塑。1930 年末，迭戈开始设计他自己的家具产品，并在阿尔贝托过世后继续开发哥哥的装饰艺术作品系列。

第十三章
《凌晨四点的宫殿》

1932 年末，阿尔贝托创作了一件迄今为止最令人费解的作品，它将超现实主义物品中出现的不同元素加以综合。他为《凌晨四点的宫殿》赋予自传的内容，将布勒东崇尚的奇美表达与巴塔耶进行的爱欲向死亡的翻转相结合。平静的表面下蕴藏着浓缩的情绪，这为作品注入一种罕见的诗意力量。在铁丝搭建的不稳固的"宫殿"模型中，站着一个女性人物和三个鬼魅的存在：一根脊椎骨、一副鸟骨架、一个伸展开的神秘花托，花托里含着一颗球。阿尔贝托只在一篇文章中解释了创作初衷，并提出一种诠释："这件作品直到 1932 年夏末才逐渐成形。它在我心中是慢慢变清晰的，整体中的各个部分逐步拥有了它们的确切形式和具体位置。秋天到来时，它显示出如此强烈的现实感，以至于我只用了一天便在空间中完成它。毫无疑问，它与我一年前经历的人生阶段相关，在那段长达六个月的时间里，我每时每刻都与一个女人在一起，她将一生都凝聚在身上，每一刻对我来说都是极致美好的体验。"[1]

在阿尔贝托发表的所有具有个人色彩的文章中，他会将现实改造，使其具有超越现实的意味。这篇文章与其他的一样，对他来说首先是文学性的而非纪实性的。虽然他有意在写作中悄悄运用超现实主义的书写模式，将思想或梦境自由地诉诸笔端，但从诸多草稿中可见阿尔贝托在锤炼文字。在接下来的阶段中，他关心的不再是打磨文风（反而在写作中保留了自己口语的特殊句法），而是将现实转换到象征性的叙述风格中。他指涉的恋情是他与丹尼丝维系三年的关系。他们的恋情从未有过他文章中描述的诗情画意，哪怕在他所说的早期阶段。关于这段爱情，他于1932年在记事本中写道："与丹尼丝在一起最幸福的日子，也是因她而变得最残酷的日子。"[2] 即便他们的关系一开始便出现纠葛，可阿尔贝托每每想到要永远地失去这个女人，便会出现因爱而生的惊恐。两人对彼此都不忠诚：丹尼丝与一个叫伯纳德的男人有染，阿尔贝托常流连于妓院。写这段文字时，与他所言相反，他们的关系并未终止，但他那时却与一位叫伊德加德的女人恋爱了。他在记事本中说恋情使他身处纷乱之中。他为自己记下当时的各种情感状态，从决意彻底分手到炙热的爱情宣言，甚至包括与这个年轻女人一起生活的计划。刚开始，丹尼丝会偶尔在伯利特-曼东街留宿，阿尔贝托在马洛亚时就把钥匙给了她。1931年的整个夏季，他与弗朗克一直住在瑞士，在这期间他和丹尼丝多次互相通信。丹尼丝先跟他讲了在父母家度过的假期，回到巴黎后，她常去画室并给他带去消息。她不满弗朗克受到的优待，也就是他被认为配得上被带去贾科梅蒂家。"当心！别忘了画室所在街区的那位博物馆馆长。你也知道，我开玩笑的。这并非出于嫉妒心。"[3]丹尼丝并不担心阿尔贝托拜倒于弗朗克的魅力，只是从他释放的各种信息中，她攫取到一种超越他们爱情的友谊，因而心生醋意。除了没被带去瑞士的苦闷，她还表示很难改变自己的生活并服从于工作的束缚，在这些方面，阿尔贝托都曾给予她鼓励。她多次尝试从这段煎熬的关系中解脱出来。1932年事情发生了，阿尔贝托在日记本中写道："丹尼丝，1932年7月21日，一切都结束了。"他在瑞士创作的《我们不再演了》是否是这场分手的写照呢？"我创作《我们不再演了》时，中间是个小坟墓，墓中有副骨架，两个彼此孤立的人像被置于类似碗形的凹槽内，一动也不能动。"[4]然而，尽管这段关系已表现出许多分手的前兆，二人还是重归于好。对于他们彼此而言，未来在一起生活是不现实的。阿尔贝托并不真正想与一位伴侣共度人生，而且他深知父母永远不会接受丹尼丝及其家人。迭戈有这方面的经验，他与一个名叫纳莉的女人生活了二十年，她却从未在斯坦帕和马洛亚被其家人接受。曼·雷或布勒东这样的超现实主义者朋友往往都和一些妓女或模特有过公开恋情，与他们不同，阿尔贝托对父母非常孝顺，他不愿迫使父母接受一位条件与他的家庭不匹配的女子。被文学光彩美化的爱情与那些最病态的幻想一样，都被写入他的艺术传奇中。丹尼丝成了这个传奇的主角之一，她在其中诠释了布勒东赋予至高美德的"疯狂之爱"。

"我们在夜里建了座奇幻宫殿（日夜同色，好似一切都正巧在破晓前完工，其间我没见到太阳），那是座用火柴搭建的脆弱宫殿——稍有不慎，整个袖珍建筑便会轰然倒塌；我们要一直不停地将其重建。"[5]

在这段被美化过的描写他与恋人共度良宵的回忆中，阿尔贝托透露了一些真实的细节，尤其是这段恋情主要涉及他的夜生活，白天他在画室是完全不受干扰的。同样，具有暗喻性的火柴游戏也对应着真实回忆，因为他喜欢捣鼓小物件。他后来表明作品的题目与真实情况相关：作品大概是在凌晨四点设计的。[6] 然而他的描述主要是一种艺术信条，目的是将其创作过程纳入超现实主义模式。艺术家表明其创作是在无意识支配下进行的，从而出现了他也不懂其真正含义的形式。"我不知道为什么笼子里满是脊椎骨——脊椎骨是一个女人卖给我的，就在某个夜晚我与她初次相遇的大街上——那根骨头是她当晚看到的一堆鸟骨架中的一根，第二天早晨我们便在一起了——凌晨四点，在一片惊呼声中，鸟骨架高高飞翔在宫殿大厅的水池之上，清亮碧绿的池水中还游弋着纤细白皙的鱼骨架。"[7]

这段对作品本身的描述既像梦境故事也像是过去经历的隐秘阐述，它被置于精神分析的解析中。《文档》杂志在重要版面刊登过弗洛伊德和荣格的理论，艺术家对此并不陌生，他故意将阐述引向这个方向。"正中央竖立着一个仿佛尚未完工的塔楼的脚手架，它的整个顶部可能已经塌陷、破碎。另一边摆着一件女性雕像，我在它身上看到自己的母亲，她在我原初记忆里的印象如此深刻。那及地的黑色神秘长袍让我困惑。它似乎是身体的一部分，让我感到恐惧和不安。其余的一切都逐渐消失殆尽，从我的心神中离去。"[8]

在《凌晨四点的宫殿》中，阿尔贝托用梦境般的视觉效果调和了他对在乎的女人感到的矛盾心态，无论是母亲还是情人们。诱惑与恐惧再次紧密地交织在一起，面对所有女性，这位艺术家内心都存在着复杂的情感。作品第一次展现了母亲安妮塔的性情。她充满母爱和保护欲，对贾科梅蒂家的所有孩子来说，她同时也是一个不容置疑的权威者。孩童时期，他们对母亲既怕又爱。后来，母亲一直是监护者的形象，她的评价让所有孩子畏惧。阿尔贝托在某些超现实主义色彩的文章中发泄过针对母亲形象的暴力甚至谋杀的欲望，但这不过是文学意义上的行为，巴塔耶、莱里斯或达利早已先于他成为这种僭越风格的先行者。然而与上述几位公开表达个人悲惨过往的艺术家不同，阿尔贝托在文中所持的违抗性的自由并不适合他与父母之间的关系。他与父母分享自己在艺术方面的转变，哪怕这些超现实主义物品会令他们不悦，但凡涉及私生活和爱情，他都会尽力小心掩饰。爱情和性关系的平庸现实以夸张的文风被掩盖在超现实主义的神话阐释背后，而现实本身却在咖啡馆的闲聊中被公开和挑衅地谈论。[9]

这篇讨论《凌晨四点的宫殿》的文章为理解他的超现实主义作品的创作方式提供了线索。他解释说这些作品事先都是无意识的构思，他只需通过雕塑的物质性将它传递出来。"我近几年只创作在我头脑中完全成形的雕塑，我仅限于在空间中将它们制作出来，而不做任何改变，也不问它们意味着什么（只要我修改一个部分或试图寻找一个尺寸，便会令自己完全迷失，让整个作品毁于一旦）。"

他将这些在无意识支配下的创作称为"情感雕塑"，并补充说："作品一旦完成，我便会开始在其中寻找那些已经变形和被移动的图像、印象、曾深深打动我的事（通常是无意识地）、一些我觉得与自己非常接近的形式，即便我常常无法将它们一一辨识，也正因此，它们看起来更加费解。"[10]

《凌晨四点的宫殿》的整体构造像戏剧舞台背景。阿尔贝托曾经放弃了创作真正的舞台背景，于是他将这个模型转换到自己的领域（即雕塑）内。他在这个迷你剧院里上演了关于恋情的两个模糊回忆：两副活动的装在笼中的鸟骨架，简略得就像国际象棋中皇后棋子的母亲形象。艺术家本人也在场，但外形很费解。"关于放在红色小木板上的物体，我不知该说什么，我把它当作自己。"[11] 这个"小木板上的物体"是一个球，是巴塔耶式的利用外在于身体的器官进行投射的惯用主题。从"构成"系列起，这个球便可被理解为一只眼睛。艺术家自视为一只眼睛，它是偷窥者的，也是先觉者的，这在他的艺术理念中占据中心地位。他解释当时作品里的主导思想时所用的词汇也可被用来描述他的恋爱心理："想在饱满、宁静、尖锐和激烈的事物中寻求解决方法的欲望。"[12] 在这件作品中，爱人形象与鬼魅骨架的相似性显示出损害他所有爱情的病态不安心理，即便被形容为幸福的爱情也难逃一劫。既引诱他又击退他的暴力经常超越平静。到目前为止，阿尔贝托的所有恋爱都很像这座火柴搭建的宫殿，日复一日地被摧毁、被重建。这个隐喻最贴近他与丹尼丝的感情。他们俩最起伏跌宕的时期是 1933 年到 1935 年，期间两人多次长时间分手。家人仅知道他与前任弗洛拉·梅奥的恋情，至少他从未在跟父母的通信中谈及他和丹尼丝的关系。令人费解的是，阿尔贝托因个性独特而极具魅力，可他在上流社会的交际和朋友间的交往中却没有遇到爱情。艺术家喜欢的是不干扰他的生活自由和夜生活习惯的女人。然而，1932 年，一位富有的意大利籍艺术品收藏家——玛迪娜·维斯孔蒂伯爵夫人经常造访画室，阿尔贝托由此心生爱慕。他为她画了肖像画和两幅在画室里创作的绘画以纪念这些时刻。然而伯爵夫人不是那么容易被俘获芳心的女人，他们的相遇并无下文。直到那时，贾科梅蒂家的兄弟姊妹还没有一个人结婚，但形势很快发生了逆转——奥蒂利娅于 1933 年 3 月成婚，两年后轮到了布鲁诺。这位艺术家奇怪地选择将独特的石膏原作《要扔掉的令人不愉快的物体》赠予新婚夫妇。阿尔贝托和迭戈成了家里仅剩的两个单身人士，他们都过着放荡不羁的生活。之后他与丹尼丝彻底分手，四年前他在查拉面前做的忏悔依然适用："我现在很想和一个女人在一起（当我与她在一起时，我却只想要自由）。"[13]

第十四章

父亲过世

经历了初期错综复杂的关系，从"阿拉贡事件"后他与布勒东和解直至 1935 年初，阿尔贝托与超现实主义团体的相处进入和谐期。[1]1933 年 6 月他在给父亲的信中写道："整个冬季，我每天都与布勒东见面，一起度过大部分的晚间时光，这对我极为有利。他是我认识的人当中最聪明、最感性的，也是唯一一个教会我许多事的人。"[2]

阿尔贝托经常参加团体聚会，地点在蒙帕纳斯的布朗什广场咖啡馆，或是在布勒东位于方丹街的家。他还参加布勒东组织的"物体非理性认知研究实验"。他回答发表在超现实主义杂志上的该领域的各类主题"问卷"。[3]无论是在科勒画廊，还是计划于 1933 年在超独立沙龙（Salon des Surindépendants）举办的超现实主义展，他都有专属位置。超现实主义阵营中与他关系最密切的是勒内·克勒韦尔。阿尔贝托曾主动接近这位反叛者，他十分欣赏其尖锐的思想和促成超现实主义与共产主义和解的愿望。这位诗人与达利、查拉以及艾吕雅也是朋友，还是第一批赞扬阿尔贝托作品的人之一，在他为加泰罗尼亚画家辩护的作品《达利或反蒙昧主义》（*Dalí ou l'anti-obscurantisme*）中，他赞扬了阿尔贝托的《悬浮的球体》。他也是弗朗克朋友圈中的一员。10月，阿尔贝托参加了克勒韦尔的情人托塔·奎瓦斯举办的"新室内装饰艺术"开幕式，受邀宾客中还有弗朗克、特里、达利及其夫人加拉。在这些朋友中，克勒韦尔是唯一敢给阿尔贝托取外号叫"小巴克"并用嘲讽语气与他交谈的人。1932年初，克勒韦尔让阿尔贝托为他正在筹备的作品集《鲁莽草率》（*Les Pieds dans le plat*）设计封面。这位诗人内心充满激情与狂热，却身患疾病，从小就得了肺结核。他在贾科梅蒂老家所在大区的圣莫里茨疗养，1932年冬到1933年夏，阿尔贝托曾多次去疗养院看望他。在探视过程中，诗人给他念了作品的前几章，它们听上去越来越像绝望的论战文章。书的封面刻以线条的纹路，融合了两种元素：一只优美纤细的海马和被关在多面体笼子里的悲惨男人。这两个形象都指涉克勒韦尔遭受的疾病。后来几年，阿尔贝托参与了所有关于这位诗人的追悼活动。

第五期超现实主义杂志《为革命服务的超现实主义》刊登了艺术家的一篇重要文章[4]——《昨日，流沙》（Hier, sables mouvants）。其中包含前文曾提到过的关于艺术家的童年故事，本该充满诗情画意的故事被他热爱想象和违逆的性格变成一则超现实主义宣言。在这篇带有心理分析色彩的文章中，他在真实鲜活的童年回忆里融入充斥着残酷想象的病态故事。在超现实主义问卷里，他加入十分晦涩难懂的文章以及两首视觉诗和一篇散文。文章整体以诗意的内涵、美化的回忆以及剧烈的尖叫三者的结合为特征。6月，在科勒画廊举办的超现实主义展上，他展出两件作品。《模特》(Mannequin)是《行走的女人》的翻版，他在原作基础上增加了胳膊和小提琴琴柄的头部，以便让它显得像一个超现实主义模特。《桌子》(Table)是一件石膏作品，风格介于他的装饰艺术品与纯艺术品之间。在这件作品中，桌子的四条腿设计得各不相同，上面放着一组令人费解的物品：一个围着面纱的女性头部、一个多面体、一只盛放油膏的乳钵、一只手。在那之前不久，他回答过超现实主义团体的"先知水晶球"问卷[5]，他说放在桌子上的象征物暗示着占卜术。这件作品后来以《走廊中的相遇》(Rencontre dans un couloir)为题被复制刊登在《为革命服务的超现实主义》杂志上。[6]这场展览本该以达利的文章为引言，但其后来未被采用，恩斯特和阿尔贝托对这一弃用表示不满，但无果。阿尔贝托的作品获得巨大成功。"所有人都只谈论我的作品，从周二我将它们拿去展览直到昨晚，我只听见了一阵阵的赞扬。"[7]毕加索也很乐意参与这一时期的超现实主义展，他也是科勒画廊展出的艺术家。除了布勒东，他是阿尔贝托最乐意交往的艺术家之一，其次还有达利、艾吕雅、查拉和克勒韦尔。[8]他后来逐渐与上述朋友疏远，除了洛朗斯和布拉克，他与这两人一直关系很好。他写信给父亲说："我那天遇到洛朗斯，他很喜欢我的东西。毕加索和布拉克也一样。"[9]在克勒韦尔的建议下，诺瓦耶夫妇买下了《桌子》。

时年六十五岁的乔瓦尼·贾科梅蒂身体抱恙。他住进位于格里昂的一家疗养院，这里由他的医生兼收藏家朋友经营。1933 年 6 月 25 日，乔瓦尼在此突发脑出血过世。在那几天前，他还在为《鲁莽草率》所受的不公而抗议，并计划与阿尔贝托一起展览。这个突如其来的消息瞬间将阿尔贝托击垮。他与迭戈一起回到瑞士，由于极度消沉，他不得不卧床休息。他甚至没有力气离开格里昂参加父亲的葬礼。兄弟姊妹中年纪最小的布鲁诺操办了所有事宜。回到马洛亚的家中，阿尔贝托依然为丧事而深感痛苦，被抑郁情绪压垮的他一连几个月都无法完全恢复。布勒东是他的知己。"我的病情几乎痊愈，但依然疲惫。最近几周发生了太多事，我无法让思绪停下来去思考任何事。"[10] 他匆忙回到巴黎，可 8 月又重返瑞士，途中经停苏黎世为父亲筹备纪念展，他在此度过了整个夏季和一部分的秋季时光。在这个充满悲痛与迷惘的夏季，他与布勒东频繁通信。二人缔结的友情对那时的他来说十分重要。"我很想念你，我从未这样难以割舍巴黎。我每天都想去你家，在方丹街待一会儿或一起去某个地方吃晚餐。"[11] 他用"零度以下"来形容自己的状态，这是他失去自我统一性之后的映照。"这八天来，我一直都这么支离破碎，现在我能存在了，也许还能看到散落的部分在哪里，再尽力稍微把它们连接起来。"他的负面情绪总是很重，日常生活压得他不堪重负。"我点起烟，听钟表声，人们带着两匹马在牧场劳作。刚才不得不出门的时候，我极不舒适地顺着石子路往前走，我得留心看或至少要看到，天空，云朵，草地，石头，等等。晚上出门更惬意，周围只有夜空里的黑色轮廓。" [12]

他尽量创作，尤其是画油画，但未获成功。"我的创作计划和在巴黎做的其他事都失去了坚实的基础。" [13] 不在身边的丹尼丝重新占据他的思想。"我做不了与丹尼丝无关的任何事，哪怕是画条线或做一件雕塑。两天以来，我为她作画，那是我唯一活着的时刻。" [14] 阿尔贝托还有些空想的爱情，他在信中提过一位转瞬即逝且神秘的年轻女子，这引起了《娜嘉》(Nadja) 作者*的好奇心。他催促布勒东来马洛亚与他共度假期，但由于个人财务和情感问题，布勒东没有赴约。于是他用阅读填补空白时光，大量阅读超现实主义推崇的作家。他听从布勒东的建议，读阿尔尼姆的小故事，进而重读少年时阅读的浪漫派作家，接着开始读萨德。"昨天我激动地读了萨德的作品，我想继续读，我基本就做了这些事，另外还做点持续时间不长且能接连完成的小事。" [15]

10月，阿尔贝托回到巴黎，生活重归正轨，但他此后的创作总萦绕着对死亡的想象。游戏观不再起主导作用，取而代之的是具有感伤情怀的指代物。《桌子》已经提供虚空画 (des vanités) 经典范本的现代诠释。围着面纱的人像周围有诸多物体，其中包含一个多面体，它是对丢勒的

---

* 即布勒东。——编者注

铜版画《忧郁》（*Melencolia*）中那个难解之物的直接引用。1933 年夏天，在与布勒东的通信中，阿尔贝托说《忧郁》的形象仿佛被植入他的想象之中。"我想到某天在一本德国杂志中读到的关于土星的文章，有一些让我十分惊奇的小知识！石头和木头都属于土星物质，形状不规则的多面体则是土星的标志。我正想把这一相同形式展现在石膏桌上，在我看来，桌子与死亡，或者说与一切事物和运动的绝望消失十分相关。"[16]

父亲过世后，阿尔贝托的创作以更纯粹的方式延续这种充满感伤的调式转变。于是，极其简略的《头—头盖骨》（*Tête-Crâne*）根据观察角度的变化，时而像活的，时而像死的。这个构思在《立方体》（*Cube*）中体现得淋漓尽致。起先他为作品定了些难解的题目：《亭台》（*Le Pavillon*）和《雕塑局部》（*Partie de sculpture*）。作品被简化成完全抽象的大型不规则多面体。鉴于丢勒画作中在女子凝视下的多面体的比例，阿尔贝托将自己的多面体放置在灵感源于非洲脚凳的基座上。这个呈几何状矿物外形的作品并不规避对表面下隐藏的人体的指涉。《鲁莽草率》的封面插图像许多草图和版画一样，都暗示着人体外形可被限定在多面体隐晦沉默的表达形式中。后来，艺术家将自己的自画像刻在了《立方体》的其中一面上。

在这段艰难的时光中，阿尔贝托依然活跃在超现实主义团体中，参加他们举办的集体活动。他还参与撰写了一本合著之作——《维奥莱特·诺齐埃尔》（*Violette*

Nozières），这本书极具挑衅性地献给一位社会新闻的当事人，她因谋杀亲生父母而出名。他写了首没被采用的诗，还画了张插图。[17]他与阿尔普、恩斯特一起去画室探望梅雷·奥本海姆。前一年在多摩咖啡馆，贾科梅蒂介绍曼·雷认识了这位刚从瑞士来巴黎学习艺术的年轻女孩，后来她给曼·雷的一系列裸体像当模特。[18]三位朋友建议她加入他们的队伍，并帮她参加了第六届超独立沙龙的超现实主义分展。阿尔贝托在展览上展出扩大版的《笼子》，取名为《寂静的鸟》（*L'Oiseau silence*）。他还结识了一位最近刚加入超现实主义的艺术家克劳德·卡洪，她给他寄了自己的书《投注已开启》（*Les Paris sont ouverts*）。[19]这个年轻女孩和他都是革命作家和艺术家协会的第一批成员。他一直与这个协会关系密切，虽然他也属于7月被布勒东开除的"离群"超现实主义者之列。[20]他写的关于《凌晨四点的宫殿》的文章于年底发表在最后一期《弥诺陶洛斯》（*Minotaure*）上，他很高兴布拉萨依为此来给画室和作品拍照。伯利特-曼东街的画室也有了新变化，迭戈在对面有了间自己的画室。装饰艺术品的创作仍在持续，同时他还做新款式。第二年初，由于画室需要空间，他请马克斯·恩斯特帮他寄存些作品，其中有扩大版的《笼子》和石膏版的《宫殿》。朋友间达成的协商最终却导致了糟糕的结果，因为包含这两件作品在内的许多作品都不幸遭到损毁。[21]

　　1934年1月，阿尔贝托需要在苏黎世待一个月以筹备父亲的作品展。他花了很多时间在这件他很看重的事情上。他还为父亲的墓碑绘制了一幅图案，墓碑于葬礼后数月才竖立。那时他为数不多的几封信都是写给布勒东的，他说到最后参加的几次超现实主义活动，喟叹自己被排除在团体之外。布勒东非常深情地回复他：

"我亲爱的孩子和朋友，你知道的，你是我最思念的人。你不在，便没有了青春、光明、游戏，也没有了智性上的确定感，更别提晚上我们在咖啡馆等的人，若等的不是你，那大概不会是任何人。与你重逢将是别样的快乐，你必须早日归来。"[22]

诗人打算与他这位朋友一起创办新的超现实主义杂志《国际超现实主义》（*Surréalisme international*）。他也尽量避免阿尔贝托就他与达利最近发生的不愉快表达负面看法。继"阿拉贡事件"后又发生"达利事件"：布勒东控诉达利为希特勒主义辩护，抨击他为学院派绘画"唱颂歌"。在一次充满纷争的会议上，他让人当众宣布将这位加泰罗尼亚画家逐出团体，然而达利却趁此机会将矛头直指布勒东。运动首领心里很清楚，达利和贾科梅蒂是超现实主义重新焕发生机的主要新生力量，但达利不断发表的出格言论破坏了布勒东确立的准则。布勒东跟阿尔贝托解释说，达利被逐出团体后没几天便公开书面道歉。然而，施加给达利的惩处遭到艾吕雅和查拉的批评，布勒东大概因此担心阿尔贝托也表达不满。"我不打算跟你一个又一个地详细说那些决议，昨天关于杂志日后方向的讨论，所有身在巴黎的同志一致表决，最终在所有观点上都达成完美的统一，尤其是政治方面。"[23]

回到巴黎后，阿尔贝托又开始创作，他忙着做一件新的女性人像，可制作环节令他不满。他塑造的身体纤细优美、线条简单，和《行走的女人》属于同一类型，但他不满于过于具有古典美学风格的头部。布勒东途经画室时见证了这件作品的演变和阿尔贝托的犹豫。他在《疯狂之爱》（L'Amour fou）中加以描述："那时贾科梅蒂在创作一个女性人物，本书中有这个人物的复制像。这个人物虽于几周前已清晰地呈现在他面前，并且几小时内便在石膏中拥有了形体，但在创作过程中又被他几经修改。不过，贾科梅蒂对人物的手部动作和支撑在小木板上的双腿显然未经半点犹豫。整体虽历经多次调整，但用完好车轮表现的右脚和用破损车轮表现的左脚都未曾变动，决定手部和胸部关系的胳膊的长度以及面部剖面的处理手法却一点儿也不果断。"[24]

两位友人在逛跳蚤市场时解决了这个问题。他们猛然发现一副金属面具，它具有超现实主义者们在"拾得物"（objets trouvés）中苦苦寻觅的陌生感和神秘感。阿尔贝托在这个带有几何切面的面具中找到不同于以往的造型解决方法，若埃·布斯凯后来还在其中看到"一战"时的一副面具。这个女性身体的腿部折叠弯曲，坐在王座结构上，上方的几何形头部上有一张三角形嘴巴。作品中的一切都充满奥秘：风格上借鉴了古埃及艺术和某些非洲丧葬雕塑；

面具与布勒东搜集到的物品和考古学、民族学的物品都似出同源；眼睛中的虹膜是车轮形状；塑像双手张开、靠拢在一起的姿势像是端着一个东西。双腿前方的长方形板子强化了整体的丧葬感。模型经历了很长时间的调整，10月前都没定型。布勒东尤其钟爱这尊人像，它浓缩了散落在艺术家其他作品中的超现实主义特征。然而对于阿尔贝托来说，这件作品更意味着一个时期的结束，而非新创作欲望的开始。他在近期作品中选择的道路，无论是抽象的还是具象的，最终似乎都走向死胡同。像《立方体》一样，他后来将作品《手持空白》（Mains tenant le vide）命名为《隐形物》（L'Objet invisible），这两件杰作引领他在想象性雕塑的创作经验方面抵达了可能达到的最深入的境界。这两件作品都带有忧郁色彩，也让他远离曾一直坚守的目标，即捕捉现实并激发情绪。他与布勒东的亲密友情暂时掩盖了一段时间里他对自己创作变化的迟疑。超现实主义道路，即完全源自想象的创作道路，是否真的是他愿意继续走下去的道路呢？从1932年起，雕塑家便在实践中重新引入人体形象。他在《行走的女人》中放弃使用超现实主义物品的表达语汇以便再次引入对模特的再现。为此，他运用超现实主义友人可接受的对模特的参照，并让雕塑具有永恒和梦幻色彩。但这件雕塑却让他再三犹豫，而接下来的一件更甚。在《手持空白》中，他又遇到雕塑的再现和特殊方法的使用问题。由于拒绝再现模特，于是他转而在艺术史尤其是古埃及艺术中寻找问题的答案。面对复杂的问题，表面简单的答案让这件雕像成为经典。阿尔贝托对此很清楚，但他仍不满意，并将担忧一吐为快。这样不就把自己限定在一个可能会导致重复的体系中，进而形成一种学院派风格吗？1934年的整个夏季，他最后一搏创作女性人像，却以失败告终。"几天以来，不太冷的时候，我就待在画室里做石膏像。期间可能出现过新的女性形象，或者不过是近几年多次出现过的形象。它逐渐显现出来，但还是很模糊，会再次消失。如今，我认为它更具体了，它开始有了眼睛、嘴巴，尤其是肚脐，几乎还有手。我会带它去巴黎，如果它到那时仍存在的话。"[25]

这尊人像被命名为《1+1=3》，是尊半抽象的石头立像，雕塑家将其视为纯想象性雕塑最后一次无果的尝试。[26]他将内心的疑问讲给朋友，并写进笔记本中。他继续参加超现实主义活动，同时在画室的私密空间里重新开始创作自画像。

第十五章

决裂

经历父亲过世和随之而来的灰暗日子后，他与超现实主义者的友情似乎进入最浓烈的时期。1935 年，阿尔贝托邀请马克斯·恩斯特来马洛亚避暑。他带朋友参观了自己成长的地方，二人一起在大花岗岩上雕刻，用被冰河抛光的小鹅卵石做了些小件作品。8 月，布勒东与雅克利娜·朗巴结婚，他们相识于那年春天，阿尔贝托和艾吕雅是婚礼见证人。《国际超现实主义》杂志没能问世，布勒东转而投身于一年前由阿尔贝特·斯吉拉和泰里亚德创办的《弥诺陶洛斯》，也因此被他的几位超现实主义朋友挖苦，这些人谴责这本杂志很奢华。阿尔贝托不与嘲笑者为伍，他很高兴自己的作品被刊登在这本有丰富插图的杂志上。布勒东写了一系列赞颂雅克利娜的诗，还请他为诗作配上插图。夏季末，艺术家在马洛亚一直打不起精神，于是他欣然接受这个提议，立刻开始创作。他绘制了一系列图画，刚到巴黎就将它们雕刻出来。不同于他往常的风格，这些配图更梦幻，更具象征性，类似童话故事里的插图，也许是为了迎合布勒东定义的奇美。他常去威廉·海特的画室参观，此人为版画的创新做出了巨大贡献并吸引许多现代派艺术家，自那以后，他对版画作品也产生了兴趣。1932 年，阿尔贝托在蒙帕纳斯设立"17"画室，在那里与毕加索、达利、米罗、考尔德、恩斯特会面。除了为布勒东的书《水之气》(L'Air de l'eau) 绘制插图，他还在此为自己的新作品创作版画。他专门创作了一幅具有《隐形物》特点的漂亮版画，画面中的"隐形"物以多边形和几何构造呈现出来。6 月，布勒东在布鲁塞尔的一次会议上发表了题为"什么是超现实主义？"(Qu'est-ce que le surréalisme ?) 的演讲，他给阿尔贝托寄去一份文稿，题献这样写道："什么是超现实主义？是阿尔贝托·贾科梅蒂对隐形天使的反抗，这位天使约他在开花的苹果林中相见。"[1] 雕塑家开始名扬海外。除了超现实主义者们策划的展览，他的作品还被借去在一些国际性的集体展览中展出。10 月，他寄了十二件雕塑给苏黎世美术馆参加"抽象派绘画和雕塑"展，参展的艺术家还有阿尔普、米罗和恩斯特。年底，朱利安·莱维画廊在纽约为他举办了第一场个展。[2] 这场展览继达利展之后举办，展期很短，两位艺术家的作品被同时展出。与他的朋友达利不同，阿尔贝托虽然受邀参展但他拒绝前往美国。[3] 他寄去了十一件超现实主义作品，其中包括《我们不再演了》、《尖头指眼》、《圆盘上的人体》(Figure sur un disque，又名《小绝望者》)、《痕迹的时刻》以及《隐形物》。达利就作品在美国市场的接受情况向他转达好消息。

他还写信给艾吕雅："我和贾科梅蒂（你知道我是第一批崇拜他的人之一，至今依然崇拜着他）的展览均获成功。"[4] 然而从商业角度上讲，展览是失败的，因此没能达成与莱维的定期合作。画廊主归还了作品，但保留了《我们不再演了》以及石膏版的《隐形物》，很久之后，这些作品于1943年被罗伯托·马塔收购。[5]

阿尔贝托于年底回到巴黎，恢复了日常作息。此时，超现实主义者团体内部批评他的声音甚嚣尘上，原因是布勒东于2月13号力邀他参加一场晚会，之后却变成批判大会。与本杰明·佩雷、唐吉、马塞尔·让一同在咖啡馆用过晚餐后，晚会在乔治·于涅的家里继续进行，雕塑家在那里遭到超现实主义同伴们的批评。[6] 就像在达利事件中一样，批评声既涉及政治又涉及美学。他们指责他为有钱的客户创作装饰艺术品，指责他重新按照模特来创作的想法，以及整体上他不够遵守超现实主义纪律。与达利不同，阿尔贝托不是那种在批评者面前可以嬉皮笑脸的人，被批评声伤害的他毫不示弱地予以反击。第二天，五位超现实主义者共同签署了针对他的驱逐令。他们对他的批评主要集中于他不服从集体命令以及"他对达利近期所作所为的深刻敌意"。面对"达利事件"，阿尔贝托之前的反应可能与查拉一致——查拉对达利收回前言的做法非常愤怒。[7] 超现实主义团体还表示："将对他今后的艺术活动持谨慎态度。"与达利一样，他被要求"承认错误"[8] 以重归集体。阿尔贝托惊呆了。第二天，他在给布勒东的信中自责没有对一些本可以不造成严重后果的问题作出回应，同时对这位友人的态度表示失望："我觉得你我之间缺乏一种人性层面的东西，我们的交谈在这种缺失中进行，太可怕了。"[9]几天前，布勒东还刚给他寄了这样的题献："献给阿尔贝托·贾科梅蒂，他令我吃惊地 / 在生活中 / 让那些模糊镜子中的迟疑形象 / 一跃而起 / 令人难以忘怀 / 安德烈·布勒东 /1935年1月。"即便如此，阿尔贝托在信中的语气依然十分友好，他袒露自己内心的慌乱以及由可能发生的决裂所带来的痛苦。之后几天，他经常与布勒东会面，但与超现实主义团体的关系破裂了。阿尔贝托虽试图维系这段他一度非常看重的友情，但并不因此放弃内心的坚持或写信公开道歉。他与布勒东、超现实主义团体坦诚讨论过的艺术问题已不可避免地将他引向与该运动渐行渐远的方向。后来讲到这段被驱逐的经历时，他强调布勒东不能理解他重新依照真实模特进行创作的愿望，他一直对此记忆犹新。"一个脑袋，所有人都知道那是什么！"[10]诗人当时很可能带着轻蔑的口吻这样回应雕塑家。他不认同"再现"这一问题对朋友来说重新变得至关重要。然而，阿尔贝托仍尽力挽回他们的关系，他解释说："我最不愿接受以决裂作为最终的解决办法。"[11]同时请求为下一期超现实主义公报绘制插图。虽然接下来的几个月双方都释放出友好信号，但雕塑家不再参加团体聚会，他与布勒东的关系也逐渐疏远直至结束。他在艺术方面的转向更加彻底：超现实主义灵感熄灭，面对模特，雕塑家直击再现问题。在与超现实主义团体发生争执之前，他已经在寻找新的具象美学（esthétique figurative），他向母亲描述说它既非马约尔的自然主义，亦非大茅舍艺术学院同学们的学院派。被驱逐前不久他已经解释过："我的艺术探索与抽象派、超现实主义者，当然还有本宁格尔式的雕塑毫无相同之处。"[12] 他放弃了想象类雕塑，转而回到面对真实模特的创作。"今天我创作了模特（迭戈）的写生胸像（几年前便开始创作这件作品），我要完成它，因为我现在觉得，越是能准确再现现实便越能继续深入。但为了做到这一点，我得重新回到之前的创作中，一切都是必要的。"[13]

他的第一个模特当然是弟弟迭戈。迭戈耐心地摆姿势，就像在超现实主义时期之前那样。"我最要紧的是完成迭戈的胸像，你一定觉得我现在做的事才更正常！"他刚与超现实主义决裂后便这样说，"要达到我想要的也许还有很多事要做，但我已经准备好做许多年。"[14]

第十六章

重返模特

　　1934 年 4 月，阿尔贝托在皮埃尔画廊参观巴尔蒂斯展时被深深震撼。巴尔蒂斯展出了一系列表现年轻女孩们的画作，包括非常色情的《吉他课》（*Leçon de guitare*），它在另一个展厅被一道帷幕与其他作品隔开。然而，当年与布勒东、艾吕雅和于涅一同参观这位年轻画家的画室时，他们看到的画作却只引起超现实主义朋友们的嘲讽。他与超现实主义分道扬镳后，在瑞士与巴尔蒂斯偶遇，两人此后结下长久的友谊。他还认识了同在皮埃尔画廊展出作品的安托南·阿尔托，后来又接连认识了既非超现实主义亦非抽象派的艺术家们。在与新朋友的交往中，艺术家越发坚定重返模特的信念，在形象再现的道路上继续琢磨"头部"塑造的老问题。无论是赞成"回归工作"的艺术家还是亲共产党的艺术家，具象化都是现实问题，在阿拉贡的斡旋下，共产党希望使社会主义现实主义（Réalisme socialiste）美学在法国落地生根。他还结识了新势力派（Forces nouvelles）的皮埃尔·塔尔·科阿，这个派别主张将现代与传统合二为一。革命作家和艺术家协会揭露了先锋派的精英主义，并提出一个重要问题："绘画该往哪个方向发展？"阿尔贝托用一张高举拳头的革命者的简略插图予以回应。他还参加了由阿拉贡和克勒韦尔在文化馆策划的相同主题展，并展出如今已丢失的作品《两个被压迫者》（Les Deux Opprimés）。阿拉贡为此发表了文章《转型中的绘画》（La Peinture au tournant），文中指出雕塑家"如今宣称他曾经的作品是对现实的逃离，并轻蔑地谈论曾溜进他作品中的神秘主义"[1]。据马塞尔·让回忆，阿尔贝托的这个态度在几个月前便已初露端倪："1934年末，我们听他宣称自己迄今为止的所有作品都只不过是空想，他目前没有别的目的，只想做出一个头部雕塑。因此，他开始整日忙于创作弟弟迭戈的胸像。"[2]

阿尔贝托虽然选择了重返模特，但并未因此归于社会主义现实主义，他不赞同那种自然主义美学及其肖像主题。阿拉贡对此了然于心，他将自己撰写的捍卫现实主义流派的著作送给阿尔贝托，并在题记中写道："赠予阿尔贝托·贾科梅蒂……他的朋友和不称职的顾问，阿拉贡。"[3]

1935年，几出重大事件轮番上演，第一件显然是与布勒东的决裂。第二件更让人揪心，是朋友勒内·克勒韦尔于6月自杀。这与他的疾病恶化有关，但此前这位诗人曾拼尽全力希望超现实主义者与共产主义者和解，斡旋失败后便发生了这一绝望行为。此事犹如一阵惊雷在阿尔贝托经常往来的社交圈中引起轩然大波，并标志着一个时代和一个共同体的结束。1931年，克勒韦尔曾满怀热情地描述《悬浮的球体》："昏昏欲睡时，布勒东写道：'词语，最后还是词语在做爱。'如今，如果说物体能勃起，这完全不是一时'性'起的暗喻。它们不会在虚空中勃起。它们互相爱抚，互相吮吸，互相进入，它们在做爱啊！"[4]

四年后是幻灭之时。6月，克勒韦尔以"给画家的讲话"为题将自己给艺术家们留下的最后几句话发表在《公社》杂志上，文章体现出诗人与雕塑家针对超现实主义的批评观点很接近："很明显，想要为了求新而求新，丑闻形式的欺诈，不顾一切地疯狂追求新颖，无论在理念上还是在情感上都没有现实根基，这一切最终将艺术引向无聊的废话。这里只有竞相攀比的无稽行为，丝毫没有新发现……学会逆流而上*是重要的，然而前提是这个'逆流'不会沦为'退步'。"[5]

第三件大事完全在另一个层面，因为发生了新恋情。这本是一个幸福的事件，却让艺术家陷入一段情感波动期。在圆顶咖啡馆，他认识了英国女孩伊莎贝尔·尼古拉斯——大茅舍艺术学院的学生兼模特。这个年轻女孩曾在伦敦给雕塑家雅各布·爱泼斯坦当模特，也在巴黎给包括安德烈·德兰在内的一些艺术家摆姿势。阿尔贝托在咖啡馆主动与她攀谈，她讲述说："从那时起，我们每天下午五

---

* 克勒韦尔此处影射的是超现实主义作家于斯曼（Huysmans）的作品《逆流》(À rebours)。——译者注

点都会见面。几个月之后，他请我去画室摆姿势。那时我就知道他会永远地改变我的人生。"[6]

年底她开始为他摆姿势，其间诞生了一尊具有特殊美学风格的胸像，融合了伊莎贝尔和纳芙蒂蒂*著名胸像的特征。他们对文化和历代大师有共同喜好，一起参观博物馆，尤其是卢浮宫。散步时，阿尔贝托带她去那时正为罗丹制作《地狱之门》(Porte de l'enfer) 的铸造工那里。他随后用类似大师的风格为伊莎贝尔创作了第二件肖像雕塑。如果忽略掉这个年轻女孩自由不羁的个性，那么这场沉浸在艺术、智性和友谊中的纯美爱情将堪称完美，因为艺术家在爱情中经常出现的压抑心理与之格格不入。他们的关系就是一场阴差阳错，贯穿着未了的心愿和情感的挫折。伊莎贝尔已经有情人，但这并不阻碍她发展新恋情，只是艺术家的排他个性与之不符。她于 1936 年与伴侣塞夫顿·德尔默结婚，于是几年间，她与阿尔贝托的关系降至普通朋友。阿尔贝托继续流连于妓院，他竭尽所能维持与伊莎贝尔的爱情友谊。他生平第一次长时间与一位和他有相同爱好、文化和朋友圈的女人交往，这场新鲜和丰富的经历足以给他留下深刻的印记。

他虽然不再自视为超现实主义者，但并未因此断绝与依然从属于该流派的朋友们往来，他与恩斯特、唐吉、米罗仍十分亲近。米罗已定居西班牙，莱里斯、马松也住在

---

* Néfertiti，古埃及第十九王朝法老王后。——译者注

那儿。可他与阿拉贡及其捍卫的艺术—政治观却渐行渐远。"他搞政治时太过艺术、文绉绉，作起文学和诗歌又太过政治。"[7]

他在超现实主义展中仍占有一席之地，并参加了1935年5月在特内里费岛举办的展览。他虽有过激进言论（"我与超现实主义的分歧越来越多，等等"[8]），但并不否认1930年以来的创作，并继续展出它们。夏季，梅雷·奥本海姆做了一尊小型超现实主义雕塑《阿尔贝托·贾科梅蒂的耳朵》（*L'Oreille d'Alberto Giacometti*）向他致敬。第二年，他在夏尔·拉通画廊举办的超现实主义物品展上展出多件作品。[9]他甚至重新使用《行走的女人》的形象，以便将其完善后参加由罗兰·彭罗斯策划的在伦敦举办的国际超现实主义展。他依然和抽象派朋友阿尔普、埃利翁来往，以及一些英国朋友如本·尼科尔森与威妮弗雷德·尼科尔森。威妮弗雷德曾向他购买过雕塑作品，即1928年创作的一件"石碑人像"，还打算拿他的作品与本进行交换，但没有下文。1936年5月，他参加了由勒布策划的"抽象派画家和雕塑家"展，展出了《头—头盖骨》，旁边是汉斯·哈通、阿尔普、埃利翁、瓦西里·康定斯基和索菲·陶伯-阿尔普的作品。他的部分作品已不止一次在展览中显示出与抽象派之间的亲缘关系。3月，纽约现代艺术博物馆举办了名为"立体主义与抽象派"的展览，他的多幅作品都被归于"超现实主义中的抽象派"。[10]展览手册这样介绍他的《头—风景》（*Tête-paysage*）："从超现实主义角度讲，它是个完满的形式性文字游戏，也是个精彩的生物形态抽象派（abstraction biomorphique）作品，它还为雕塑家们近期关注的孤立形式的构成问题提供解决之道。阿尔普曾在他的浮雕作品中予以暗示，贾科梅蒂在《广场计划》中对此进行更加深入的探索。在其他作品如'构成'或'笼子'系列中，贾科梅蒂将悬挂物与静止物相结合，有些是抽象的，有些是写实的，都具有精湛的想象力。"[11]

他很排斥被归为抽象派，不过那时的旁观者的确言之有理。他虽刻意与抽象派保持距离，因为他们拒绝作品主题，这正好与他对主题的捍卫背道而驰，但他却常常与阿尔普和考尔德所进行的生物形态抽象派作品十分接近。他与超现实主义的决裂也标志着与这种艺术潮流的分道扬镳。他在《立方体》中浅尝辄止使用的抽象法已不再是作品追求的手法。8月，画室迎来一位重要的参观者：阿尔弗雷德·巴尔——纽约现代艺术博物馆的年轻馆长。[12]他钟爱阿尔贝托的作品，是个热情的支持者，还助力他进入美国公众视野。在他的力推下，这家纽约美术馆购买了两件重要作品：巴尔在伦敦看展时见过的《凌晨四点的宫殿》和《要扔掉的令人不愉快的物体》。纽约现代艺术博物馆先将他纳入年初举办的抽象艺术关联展，接着又在12月以奇幻与超现实主义艺术为主题的展上再次展出他的作品。[13]

阿尔贝托又结识了画廊主皮埃尔·马蒂斯，这对他日后的艺术生涯产生深远影响。[14]作为亨利·马蒂斯的儿子，皮埃尔·马蒂斯也曾就读于大茅舍艺术学院，但他们那会儿未曾谋面。皮埃尔·马蒂斯后来移居纽约并起家当了艺术商。他曾看过阿尔贝托早期在巴黎的展览，但二人真正的会面却是在 8 月初皮埃尔·马蒂斯造访阿尔贝托画室之时。画廊主立刻向他发出合作邀约。[15] 阿尔贝托对此次合作的前景表示乐观，认为它能够抵消他与莱维在商业合作上的失败。艺术家立刻清点可被展出的作品。由于他在新创作方向上只有为数不多的几件完善的作品，于是他向皮埃尔·马蒂斯推荐了一些前超现实主义和超现实主义作品。画廊主购买了阿尔贝托以更写实的方式重新改造的《行走的女人》。阿尔贝托秋天的大部分时间都用来去掉雕塑胸部上那个神秘的洞，以及重塑背部和胸部，年底才将这些部位修改完成，接着他便将雕塑寄往纽约参加一个画廊举办的集体展。他写信给母亲说："这显然是我迄今为止最好的作品，早在 1932 年我便着手创作，再一点点地将其精雕细琢。"[16] 他甚至还想用石头再做一件。[17] 然而时隔不久他特意跟皮埃尔·马蒂斯说："但是我能看到所有缺点，所有它不具备成为真正雕塑的东西。我希望最近能有进展。"[18] 这件石膏作品很快被卖给佩姬·古根海姆，曾在伦敦的超现实主义展上展出过该作品第一版的罗兰·彭罗斯也订购了一件。虽然作品受到一致好评，但它并未促使艺术家沿着超现实主义灵感继续此类创作。阿尔贝托从此踏上新的创作征程，之前作品的成功也无法扭转他的决心。在 1938 年的国际超现实主义展上，他答应布勒东展出《隐形物》。但他要求以"前超现实主义雕塑家"的名义参展，并特别要求以此称谓出现在由布勒东和艾吕雅为展览手册编撰的《超现实主义简明词典》(*Dictionnaire abrégé du surréalisme*)中。

在他选择的这条道路上遇到的重重困难并没让他灰心，即便他会用好几个月去寻找表现模特的最佳方式。除了迭戈，又有一名叫丽塔·盖菲耶的职业模特每天来摆姿势。创作的肖像都无法令他满意，可他并不泄气，因为他确定自己的方向是正确的。他不知疲倦地在画室里创作，却并不展示最新的作品。"我下定决心不去展示最新的作品，不急不躁地为自己创作，不去考虑公众或成功，因为这对继续创作来说是最重要的。"[19]

即便阿尔贝托的创作方式已深刻地改变，但他依然忠诚地为弗朗克创作，这能保证他有相对稳定的收入。他又创作了新式落地灯和壁灯，还有花瓶、具象浮雕和珠宝。他还继续与伊尔莎·斯奇培尔莉合作，为她创作香水瓶。1937 年，圆群派(groupe Circle)在伦敦举办了一场展览，他展出一件纯粹抽象的花瓶。[20]这件作品在展览上的出现成为一个范例，以揭示他由抽象艺术引发的艺术与装饰艺术之间的模糊界限。[21]

应曼·雷的请求，他为一系列时尚摄影创作背景浮雕，一个是振翅的飞鸟，另一个呈鱼形。由于弗朗克的业务受到经济危机的影响，阿尔贝托便转而寻找美国的成套家具订单。1938 年，他承接了房屋翻修的监理工作，包括纳尔逊·洛克菲勒的美国公寓，以及豪尔赫·博恩与玛蒂尔达·博恩夫妇在阿根廷的房子。这些订单都需要新颖的艺术款式甚至孤品，于是接下来的两年内他的工作量激增。他在雕塑作品中经历的蜕变并未表现在为室内设计创作的装饰品或浮雕中，这些作品的灵感依然源于古代东方文化，特别是古埃及艺术，其中几件作品依然保留与超现实主义的相似性。应阿拉贡的请求，他答应为新闻摄影师格尔达·塔罗创作墓碑。这个年轻姑娘死于 1937 年 7 月，她曾与伴侣罗伯特·卡帕一起赶赴西班牙并亲历西班牙战争。阿尔贝托为她创作了一块朴实无华的纪念碑，上面只有一只鸟和一只盛水盘。他为父亲做过同样的墓碑。迭戈受哥哥的鼓励开始和弗朗克一起为娇兰的店铺创作一些动物装饰品和树叶形壁灯。"这些都是以我（迭戈）的名义做的，我简单签了自己的名字，这样就不会混淆了！"[22] 旅居巴黎的伊莎贝尔已是画室常客。"我开始经常去阿尔贝托和他弟弟位于伯利特-曼东街的画室。我早上将近十点到达，在那儿坐大约两个小时，中间时不时休息一会儿，这时，阿尔贝托便用非常小的工具以很不寻常的方式创作头部雕像。我们说很多话。这个小房间里的气氛既催眠又稀松平常。对面，隔着一条小路，迭戈也在创作。迭戈会按照阿尔贝托的素描负责具体的实施工作，但他也会做自己的作品。"[23]

　　阿尔贝托的朋友圈有了些许变化，出现一些新面孔。毕加索与他的友谊变深了，他常来伯利特-曼东街，有时还和新女友摄影师朵拉·玛尔一起来。雕塑家对她很熟悉，因为她也活跃在巴塔耶的朋友圈里并创作过一些画室摄影。阿尔贝托的超现实主义作品传递了死亡与性对他的困扰，这种备受折磨的身心状态拉近了他与毕加索之间的距离。分解的身体、混杂的器官以及爱欲与死亡的关系是他们二人于1931年到1935年共同的创作特征。1937年，雕塑家去毕加索位于奥古斯丁大街的画室拜访，受西班牙战争的启发，毕加索正在那里创作巨型画作《格尔尼卡》（*Guernica*）。两位艺术家有着相同的政治观点：反殖民主义、反法西斯主义、亲共产主义。虽相差二十岁且性格迥异，但他们结下真正的友情。二人都正在经历人生和艺术上的转折期，他们交流彼此探索的问题。在艺术方面，一些根本特征将他们拉近：精神与创作上的巨大自由，不懈的探索以及内心不断涌动的拓展再现边界的欲望。同一时期，阿尔贝托与安德烈·德兰也关系密切，他欣赏德兰的作品。此外他还经常与刚在附近画室安顿下来的年轻具象画家弗朗西斯·格吕贝交往。他遇到再次定居巴黎的作家萨缪尔·贝克特[24]，二人后来互相影响。在这个新的智性氛围中，艺术与生活的关系是核心问题。阿尔贝托向贝克特分享无法探寻人类本质的经验，这也奠定了他日后的艺术根基。这位艺术家让他的模特忍受长时间的摆姿势之苦，却只集中再现头部。他的新作品都有比现实尺寸小的特点，有时还小很多。在超现实主义创作的纯熟期，作品的整体形象会预先在他头脑中形成并引导创作过程，在这之后，曾在大茅舍艺术学院学习时经历的困难再次出现，对于这些困难，立体主义的构建系统已经无法提供解决之道。虽然说他坚定地选择了具象，但再现的任何规则都无法在其创作中予以帮助，因为他希望这个作品是独一无二的且不含任何妥协的痕迹。如何塑造他所感知到的模特的真实，而不是受学院派规则下的表面真实或手部的熟练动作任意摆布？阿尔贝托选择了一条艰辛的道路，一条不确定的和充满失败经历的道路。在某几件作品中他依然使用了艺术学院里学到的体积切面法（facettage des volumes），之后他开始寻求一种既不属于形式主义也非心理学的再现方式。非古典主义、非自然主义、非表现主义：他选择的探索方向是充满变数和不确定的。随后，当他第一次重新面对画室里摆姿势的模特时，他这样描述当时的困难："十五天后，我又一次遇到 1925 年时的困境。我完全像在艺术学院学习时那样雕塑作品。我越看模特，他的现实与我之间的屏障就越厚。我开始审视摆姿势的人，但渐渐地所有可能的雕像开始互相叠加。他的真实形象越消失，他的头部就越陌生。我无法确定它的外形、它的大小、它的一切。"[25]

这种困惑属于这样一个艺术家：他的经验表明，曾被现代派追捧又被布勒东颂扬的"裸眼"（l'œil sauvage）[26] 根本不存在，而且传统再现规则已不能满足现代性催生的新需要了。"太多的雕塑横在我与模特之间。当这些雕塑不再存在时，一个陌生者便出现了，就像我不再知道我在看着谁，我看到了什么。"[27] 面对这个陌生者，他在遥远文明艺术中找到解决方法，这种艺术具有被他称为"风格"的特点。"一个作品越真实就越有风格。这很奇特，因为风格不是表象的真实。然而，与我在街上看到的随便哪个人的头最相似的反而是最不写实的头，如古埃及、中国或古希腊雕塑的头部。对我来说，最伟大的创造与最伟大的相似结合在一起。"[28]

于是他与自然主义相对立，且不因此寻求定义他个人的、恒久的准则抑或"标签"。然而随着时间的流逝，这个标签却不知不觉地形成。如今这个具有高度辨识度的贾科梅蒂风格便是他无数次实验的结果，自从与超现实主义决裂直到"二战"结束的长时间里，这些实验只产生了为数不多的几件雕塑。画室的拜访者，甚至最亲近的朋友都时常感到困惑。1938 年，佩姬·古根海姆参观他的画室时，被他的新作品——这些"古希腊式的小脑袋"[29]——惊得目瞪口呆，她没为正在筹备的展览购买任何作品。她更倾向于选择一些超现实主义作品，后来她在纽约买下它们。第二年，年轻的雕塑家弗朗索瓦·斯塔利拜访他时，对这些极小的头部雕塑感到惊讶，阿尔贝托向他解释道："我尝试赋予头部最准确的尺寸、真实的尺寸，就像我们想一眼抓住头部的整体外形时，它向我们展示的那样。"[30]就连很乐意他放弃超现实主义的母亲都很难理解这几周甚至几个月里，他只做了有限的几件雕塑，而且尺寸还那么小。

1937 年，在斯坦帕避暑期间，艺术家又重拾油画。这是否是由 1936 年在橘园美术馆（Musée de l'Orangerie）举办的塞尚回顾展导致的呢？他描绘的第一个主题是苹果静物。他的造型手法与这位艾克斯[*]的大师不同，并且与他在雕塑方面从事的探索正相反，贾科梅蒂运用了自然主义的规则。他脱离了左右他年轻时代画作的父亲的影响，更愿意与自己崇拜的德兰的同年作品相比较，即黑色背景中质朴的水果静物画。他的画作用色暗沉，常选取小画幅，且不去呈现某个造型效果。他还用类似灵感创作了几幅肖像画，其中包括一幅身处家中的母亲的肖像。固定的结构后来被用于他的所有画作：简洁背景中呈现的简单主题。至于人体，画作在构图中央呈现的是面向观众的单独人物。这些油画中有几幅画的构图都包含一个内部框架，这成了他未来作品中的恒定元素。与超现实主义和抽象派的决裂已成定局。阿尔贝托重新变回"雕塑家"，他也不再拒绝成为"画家"。重返模特的创作理念也体现在他数目庞大的素描中，素描成了他与雕塑和油画并无直接关联的独立创作活动。

---

[*] 塞尚出生在法国南部城市普罗旺斯艾克斯。——译者注

第十七章

事故，然后是战争

伊莎贝尔婚后从夫姓德尔默，与她的友谊对阿尔贝托而言是人生重要的新篇章，可同时又不令他满意。这位年轻女士跟随丈夫去了伦敦，极少来巴黎，二人断断续续重燃的情愫让他意犹未尽。他上一段与丹尼丝的恋情于1934年草草地结束，而他对伊莎贝尔的迷恋与对丹尼丝的那种不幸和注定失败的激情之爱完全不同。这位漂亮的英国女孩聪明、活泼、风趣，她的个性刺激着艺术家，同时又让他胆怯。他后来跟她坦白说，羞怯与对性无能的担忧让他无法表达内心剧烈的情感。伊莎贝尔虽然有很多优点，可她生活不羁，很难成为母亲安妮塔接受的结婚对象，这可能同样阻碍了他的表白。然而，迭戈却力排众议与一位未获家人认可的女人同居了——纳莉，一位年轻的单身母亲，她搬进简陋的画室与迭戈共同生活了二十年。伊莎贝尔迅速终结的婚姻也促使阿尔贝托跨越内心障碍。塞夫顿·德尔默是一名经常被外派的记者，而伊莎贝尔天性十分独立，夫妻俩很快便渐行渐远，这个年轻女孩再次定居巴黎。

1938 年 10 月 19 日，当她给阿尔贝托摆完姿势，二人又在花神咖啡馆用过晚餐后，艺术家决定采取断然举措：向伊莎贝尔提议，要么彻底分手，要么开始一段真正的恋情。他一直陪她走到旅馆门口，可话还是没说出口。在回程的路上，他们走到金字塔广场时，艺术家被一辆失控的汽车撞倒了。"我没有感到一丝疼痛———一切发生得太快了。我只是立刻感到脚不对劲，因为它与我的腿脱节了，好像不再是我身体的一部分。我抓着它，把它移回原有的位置，当它复归原位后，我觉得一切又恢复了正常……"[1]

肇事司机是一个喝醉的年轻美国女孩。阿尔贝托被送往医院，随后在诊所里，他骨折的脚被复位，几天后又被打上石膏。迭戈和弗朗克负责照顾他，伊莎贝尔则每天来看望他。一周后，当他拄着双拐走出诊所时，他意识到这件事并非只需要忍受伤痛那么简单，这将会影响到他的整个人生。住院的时光是一次难忘的经历，但他在这场事故中看到命运的征兆。"长久以来，我们的关系变得令人如此沮丧，那天晚上我想要放弃。我曾跟她说，我感到茫然无措。"[2]他经历的这场突发状况似乎将内心的所思所想变成现实。"我当时难道没有预知或预感到将会发生的事吗？我自己说的话会以这种方式实现，这难道不奇怪吗？"最后的结果与他最隐秘的愿望相符：他以为那天晚上失去了伊莎贝尔，事实正相反，他们反而更亲近了。"在我丝毫没有介入的情况下，生活再一次帮我理顺已令我无法忍受的境遇。我终于知道该怎么处理与这个女人之间的关系。"[3]

由于他倾向于将某些人生时刻视作神话，于是他将这次事故视为一次根本性的经历。据多方证实，跛行并没有给他带来烦恼，他甚至很高兴用手杖替代双拐。事故结束后，他被再三请求为博恩家创作室内装饰浮雕，他为此付出所有精力。这样快速地投入工作加上不彻底的康复训练使他的脚无法完全恢复正常功能，但这个特点反倒成为他个人形象中不可或缺的一部分。

阿尔贝托的康复期并没有让他和这个年轻女孩的关系明朗化，二人依然维持着朋友关系。他们常常一起与德兰、查拉、巴尔蒂斯会面，当然还有为伊莎贝尔画了许多肖像的毕加索。当时的社会气氛极为紧张，阴云密布。残酷的西班牙内战刚刚结束，世界大战就逼近了。雕塑家结识了让-保罗·萨特和西蒙娜·德·波伏瓦，并与他们关系密切。萨特刚刚出版了《恶心》（*La Nausée*），被称为"海狸"的波伏瓦也走上文学道路。萨特与波伏瓦都对艺术家十分着迷，与他和其他知识分子一起在圣日耳曼-德普雷和蒙帕纳斯的咖啡馆里整夜攀谈。此后他开始做一些非常小的黏土塑像，波伏瓦说这些雕像不比豆子大，它们通常被置于作为作品一部分的大块石头基座上。他先用石膏提取形状，再用雕塑刀雕琢，他有意一直保持有关作品尺寸缩小过程的神秘性：他先用理性依据为其正名，之后又把原因归于无意识冲动。1939 年 5 月，在与弟弟布鲁诺的一场争吵中，他捍卫了自己的创作理念。当时，布鲁诺作为建筑师应邀共同设计在苏黎世举办的瑞士国家展览会的布料展馆，布鲁诺邀请阿尔贝托以联合艺术家的身份共同参与该项目。他先受邀为展馆创作浮雕，他建议在墙面涂一层粉饰灰泥，但这个想法后来显得不切实际，于是他又接到命令，被要求做一件摆放在陈列馆中间庭院里的带基座的作品。负责运送作品的阿尔贝托在最后一刻公开他的创作：一个小尺寸的头部雕塑。这完全超乎主办方的预想，他们认为这件雕塑微不足道，并否决了它。阿尔贝托十分愤怒地说："周四早上我布置了我的雕塑，我很高兴看到它被放好。当置于整体环境中时，它达到了理想效果，而且我非常惊喜。埃让德、布鲁诺和其他人对此都表现出一丝犹豫。我深信不会有问题，但是由于雕塑引起的争论太大，他们不敢展示它。"[4]

那些负面评价对他影响很大，因为他对这件雕塑十分满意："它的特点绝对独一无二，还很新颖。"人们的评价却很生硬。"人们批评它太小，太像笑话，太严肃，天生为了取悦资产阶级，太贫乏，太自负，对于这类展览来说不合适，想太多……"[5]为了说服弟弟和赞助人接受他提议的合理性，阿尔贝托构思了一段非常严密的推理：由于它尺寸小，改变了习以为常的比例关系，并让围绕在雕塑周围的事物，比如建筑群，使观者产生一种宏伟的视觉效果。他强调空间作为作品构建元素的重要性，雕塑越浓缩，观者的空间知觉便越强。他解释说："头部改变了一切。石板地上细小的花朵可以变得像玫瑰一样大（布鲁诺发现的），石板地中间的缝隙会变得像冰川裂缝一样大（居布莱所言），后面的植物会变成大树，花园会变得无边无际（本宁格尔说），而且头部和整个雕塑都会变得非常大。头部从远处看是一个大头，甚至三米高，这个头部会让眼睛对其他事物产生如天文望远镜（能放大一切的工具）般的效果。真奇怪他们居然没有多琢磨一下这件并不那么简单的事。人们看着我的雕塑，周围一切便有了新面貌。我可以让一平方米变得无限大。"[6]

　　然而，即便表达了愤怒和论证，他也未能获胜。最终念着与弟弟的情分，他拿出一件现成的替代作品——《立方体》。不过这并非他不坚持自我，他找到了别的原因："我也无能为力，这件雕塑太新锐，无法不经反驳而被人接受。"

　　1939 年 8 月，阿尔贝托回到瑞士。两年前，家里经历了重大意外：奥蒂莉娅在生儿子西尔维奥时过世了。安妮塔从此照料这个孩子，他是家里唯一的后代。孩子出生后，阿尔贝托在笔记本里画了一系列非常感人的婴儿素描。在马洛亚避暑期间，他回忆起奥蒂莉娅，依然十分痛苦。西尔维奥是所有人的心头肉，他当时已有两岁。回家后不久，阿尔贝托和迭戈以及奥蒂莉娅的丈夫弗朗西斯·贝尔图便出发去意大利进行为期一周的旅行，最后到达威尼斯。他写信给伊莎贝尔说："到此之后，我决定一个月内不看一幅油画、一件雕塑，两天后，我与弟弟和妹夫开车去意大利。米兰、曼托瓦、帕多瓦（你应该重看乔托，无论如何这是我们旅行期间看到的最美的油画），在威尼斯待了两天（尤其去了许多家圣马可广场咖啡馆，圣洛克大会堂也十分惬意，我趁其他人在露天浴场游泳时逛遍所有小街），接着去了维琴察、维罗纳、贝加莫。"[7]

9月1日，兄弟俩刚回到瑞士，希特勒的军队便入侵波兰并发动了第二次世界大战。阿尔贝托和迭戈前往军队报到，但只有迭戈能入伍。战争爆发时，大茅舍艺术学院的同学奥托·本宁格尔和热尔曼·里希耶都在瑞士度假，于是阿尔贝托延长了在瑞士的居住期，在苏黎世遇到了这些人。许多艺术家都在瑞士避难，包括阿尔普、马里诺·马里尼、弗里茨·沃特鲁巴、勒·柯布西耶。秋季末，阿尔贝托还是回到了巴黎，回到了画室和孤独的状态。他的好几位朋友要么入伍了，要么在其他地方避难。圣诞节时迭戈来与他会合，可他依然专注于工作。佩姬·古根海姆来画室探望他。这位女收藏家在一家画廊看到破损的石膏雕塑《夜晚房间里焦虑的女人》并想买下来。艺术家建议她不如购买由鲁迪埃铸造厂翻铸的青铜版《被割喉的女人》。伊莎贝尔也在巴黎，他们于1940年春天那动荡的几周内成了恋人。伊莎贝尔在信中写道："德国人正在逼近，于是我在伯利特-曼东街待的时间越来越长。我们公开谈论着法国的沦陷。阿尔贝托开始担心如何保护他的作品。那些作品都很小，头部雕塑就像核桃一样大或是更小，我决定最好在地上挖个洞把它们放进去，剩下的可以放在口袋里。他很担心他母亲，说得去瑞士看望她。"[8]

离开巴黎去伦敦避难前，伊莎贝尔承诺战争结束后便回来找他，与他一起生活。"别忘了这已经是决定好的事，哪怕万一会拖延几年（我认为不会发生），我一定会回来与你一起生活（来从事我的新工作？）。"[9] 逃难的警报已拉响，伊莎贝尔出发了，一度拒绝离开画室的阿尔贝托最终同意上路去日内瓦与家人会合。[10] 弗朗克赶赴波尔多，在那里乘船去巴西，最终前往美国。6 月 13 日，阿尔贝托、迭戈和纳莉骑自行车离开巴黎。抵达埃唐普前，那里刚经历轰炸，他们看到遍地都是被炸碎的身体和残肢的可怕景象。第四天，他们发现已经偏离原路。旅途中，他们还目睹了许多可怕的场景。刚抵达穆兰，迅速扩张的德军便紧逼而来，他们决定重返巴黎。这场为了躲避战争的逃难对于阿尔贝托来说成了一次恐怖经历，这次边缘而短暂的经历在他身上打下深深的烙印。

停战协定签署后，由于首都被占领，巴黎被迫开始实行宵禁令和定量配给，可阿尔贝托并不因此打算离开画室。他与毕加索的友谊加深了。1941 年 1 月，他写道："毕加索想让我雕刻他的头部，我开始做一点了。"[11] 接下来的那个月，"我几乎每晚都与毕加索见面，常与他共进晚餐，我跟他谈及斯坦帕和那里的居民等事情时，他会显得最兴致勃勃"。[12] 与家人的通信变得困难，他们必须通过中介或瑞士公使团发电报。与伊莎贝尔的通信也一样，于是阿尔贝托嘱咐安妮塔把自己的消息告诉这位朋友。1941 年末，他申请了探望母亲的许可证。得到二十天的逗留许可后，他于 12 月 31 日出发，却直到 1945 年 9 月才回来——起初他以为这次逗留只是暂时的，可之后却因无法获得返回法国的许可而延期。弗朗克的流亡以及战争使迭戈的大部分业务被迫中断，于是他申请了斯堪的纳维亚学院的雕塑课。整个战争时期迭戈都待在巴黎，这对他来说也是学习雕塑技法的时候，尤其是翻铸和仿古着色，之前这些都是交给匠人来做的。事实上，迭戈还负责看管画室和保护阿尔贝托的作品。阿尔贝托当时住在母亲所在的日内瓦，母亲与弗朗西斯、西尔维奥一同住在一套大公寓里。这位艺术家十分在意独立性，于是他很快搬进一家便宜的旅馆——里沃旅馆，住在那里的一个小房间里。旅馆的房间被他改成画室，他在房间里堆了许多袋石膏，继续进行在巴黎已经着手的工作。他的雕塑分为两种：极小的半身像和小型裸体像。人像的胳膊紧贴身体两侧。雕塑中的基座已成为作品的重要组成元素，有时他甚至将好几层基座叠加起来。阿尔贝托通过此法能在特别小的作品中引入一种宏大感。然而，尽管此前他曾解释过尺寸的缩小是经深思熟虑和理性推敲后的结果，可他还是会抱怨这种微型化的影响，这使他现在无法创作更大的作品。在内心的驱使或怀疑心的破坏作用下，他一再舍弃更多的材料，几乎要让整个作品消失。他对创作过程的精准把握源自头脑中预先形成的图景，这在他的超现实主义作品中起主导作用，之后取而代之的是他对必要却又无法企及的目标的习惯性追寻。这种无能为力感让他毁掉所有正在创作的雕塑，也很快推翻之前他反驳弟弟的负面评价时所持的立场，并且还助长他习以为常的哀叹。然而在更加理性的层面上，艺术家解释了小尺寸作品的创作渊源。小型女性人像主要再现了 1937 年的一次经历，那时他在街上远远地看见伊莎贝尔的身影。"我当时想为这个女人做的雕塑完全是我在街上隔着一段距离看到她时获取的准确形象，因此我试图让作品具有我在这段距离下看到她时的尺寸。"[13]

他说，将一段特定距离下观察到的物体以缩小尺寸再现是对观看经验所获真理的忠实传递。在这个至关重要的场景中，基座的使用也得以解释："这发生在午夜的圣米歇尔大街。我看到她的上方是一片漆黑的房屋，因此，为了呈现我的印象，我本该创作一幅油画或一件雕塑，或者该制作一个巨大的基座，以便让整体符合我看到的景象。"

但那时在他与日内瓦朋友的交谈中，对失败、不满和未完成之感的描述分外鲜明。这种痛苦的反复诉说与贝克特笔下的人物无尽的抱怨相差无几，很快便成为他个性的一部分。自那场事故后，艺术家有意改变他的公共形象。在 1923 年的自画像里，那个骄傲又坚定的年轻人，那位拒绝套上工作服而是穿着云纹彩色西装的雕塑家，那个意见坚定并藐视"布勒东权威"的超现实主义者，所有这些都彰显着一个没有弱点的人格被另一个形象取代——一个不那么"阿尔贝托"却更"贾科梅蒂"的形象，从此艺术家跨越了他的青年时代。脱离了任何既定流派以及先锋派的理想主义和乌托邦，他日复一日地逐渐找到自己的道路：贾科梅蒂代表着抵抗之岛上的个人主义艺术家。他表现出的力量是对弱点和怀疑的接受，他的自豪感在于甘愿放下荣誉、钱财和舒适区。跛足、靠拐杖走路、龋齿、穿着破西装、被石膏粉染白的头发，所有这些于他而言都不再是问题，反而帮助这位艺术家形成自己的个性。随着时间的推移，他变成加缪笔下英雄西西弗斯的化身，每天都要质疑前一晚的作品。忠于自己作为艺术家的命运变得比一切都重要，甚至比作品的创作还重要。

在日内瓦，即便他的地位变得边缘，即便他不停地承认失败，他的身边还是立刻聚集了城市里所有的知识分子。外甥西尔维奥那时虽然年幼，却也见证了他在瑞士这段长久的旅居生活，所有人都折服于他那多变又令人着迷的性情。西尔维奥回忆道："毫无疑问，阿尔贝托比我认识的所有人都更关心身边的人。他会认真地倾听每个人，无论是在斯坦帕的咖啡馆还是在哲学家的圈子中。他会回复别人做出的所有评价，跟那些宽泛或差劲的言论较劲，直到让说出这些话的倒霉蛋把话解释清楚或将言论收回。他通过与对话者唱反调来获取一种顽皮的快乐，而且通常能在这些争论中胜出。有时他玩笑开得太过，结果他会因为要捍卫如此荒诞的想法以至于让谈话以一阵响亮的爆笑而结束。"[14]

那时，巴尔蒂斯在弗里堡避难，他经常与阿尔贝托在日内瓦见面，他还记得他们之间那些热烈的交谈以及这位朋友身上最鲜明的矛盾思想："他喜欢说一些与我观点相左的话。我们总是互相反驳、整夜对抗，直到黎明我们才会

'言和'然后去睡觉。"[15]

　　贾科梅蒂有着旺盛的求知欲,哪怕是离他很远的领域他也会感到好奇。他喜欢交谈,善于运用幽默和讽刺,也因此引人注目。所有人都了解他那种无法创作出自己想要的雕塑的苦楚,但正如西尔维奥所说的,这种对无能为力感的宣泄却不会让批评声乘虚而入。母亲对他目前所做的尝试的评价并不比对他的超现实主义作品高,她命令阿尔贝托改变创作方向,重新回到更符合乔瓦尼创作观念的领域,但此举遭到艺术家的严词拒绝。同样,他也多次向母亲表达自己对创作结果的满意,当他的新雕塑受到各方好评时,他也不忘告诉母亲:"亲爱的妈妈,你知道的,我走的路是多么艰难和漫长;你知道,为了能看清自己,我得付出多少实践和耐心。这一切只有伴随着困难和对人生所持的艰难立场才得以继续,而这立场是多么令我不开心,但我无法避免,因为我必须照现在这样做,这是我自身的平衡和人生的意义。我知道我要说出别人不说的事,我之所以坚持,是因为我深深地且坚定地相信我能达到我想要的,过去的这些年不是浪费而是收获。但是你知道的,妈妈,我多么急切地想让你满意,至少能够在小范围内回报你,我最大的愿望就是看到你为我高兴,没有什么比你的信任更能让我的内心感到充实。"[16]

　　佩姬·古根海姆创立的"世纪艺术画廊"预计于1945年2月举办阿尔贝托的作品展,他听闻此事后非常兴奋,认为这是对他应该秉持的内在信念的认可。他说:"我想你可能会非常满意,正值战争期间,而我又处于如此孤立的境遇,他们居然费心在纽约把当地能找到的所有雕塑都集合起来为我举办展览,你知道的,大部分雕塑都被私人买走了。"他还骄傲地补充了一句:"正如你所见,我远远没有被遗忘。"[17]

除了从母亲那儿得到一小笔钱,贾科梅蒂再也没有其他收入来源。离开巴黎前的几个月,他惊闻让-米歇尔·弗朗克在纽约自杀的可怕消息。安妮塔只能靠偶尔卖掉丈夫的遗作来获取一点收入,但战争期间这些作品也不好卖。艺术家度过了一段十分拮据的时光。不过他早已习惯简朴的生活,在日内瓦他又重新回到当年在巴黎的艰苦状态。他在酒店房间里睡觉、工作,在平民餐厅用餐,会见友人时就去莫拉德街区里妓女们光临的午夜咖啡馆或知识分子咖啡馆。他经常与阿尔贝特·斯吉拉在商人咖啡馆见面。斯吉拉于1943年搬进咖啡馆对面的办公室,这位《弥诺陶洛斯》的出版商想创立一本名为《迷宫》(Labyrinthe)的新杂志。阿尔贝托遇到这本杂志日后的合作者们,这些人后来都成了他的挚友。"他(阿尔贝托)每天都来这个被我和蒙唐东称为'编辑部'的地方。"[18]这位艺术家迅速在这些日常交往中占据关键地位。"阿尔贝托很善言谈,我们都听得津津有味。交谈过程中,他会用拐杖敲击地板来对已经提出的想法表示同意或反对。"[19]

一位名叫让·斯塔罗宾斯基的年轻哲学家也来参加这些聚会,另外还有辛格里亚,有时也会遇到巴尔蒂斯,摩斯画廊曾于 1943 年为他举办展览。斯塔罗宾斯基说："当我打开《迷宫》杂志合订本时，我仿佛听到组成其中几期杂志的各种声音。阿尔贝托用稍显意大利味的粗粝重音给每一句话末尾都加上'不是吗？'；巴尔蒂斯的音色颤动而克制；阿尔贝特·斯吉拉音色轻柔，热情到几乎总洋溢着欢声笑语；罗莎比昂卡·斯吉拉向我们发问时眼神美丽而专注。谈话不断继续，吵闹的，充满生机的，毫无佯装高雅之气，始终保持着与外界的沟通。"[20]

斯塔罗宾斯基形容阿尔贝托是个在惯常生活中不断期待出现非同寻常之事的人。因此，他回忆道："一条膝盖打弯的腿，被摆放在利翁街一家外科用品商店的橱窗里，由于一些特定原因成了引发惊奇的缘由。或者一张从报纸中剪下来并保存在他钱夹里的图片，上面印着脚部被吊起的墨索里尼和克拉拉·贝塔西的尸体。好几天，他都将'贝塔西的双腿'挂在嘴边，因为他在其中感到一种玄奥，一种源源不断的神圣恐怖感。"

在日内瓦生活的那些年让他有时间思考，其间还穿插着一些社交。除了《迷宫》杂志的合作者们，贾科梅蒂经常往来的人还包括后来成为朋友的地质学者夏尔·迪克洛，艺术家雨果·韦伯、夏尔·罗利耶，演员米歇尔·西蒙。他在超现实主义时期便认识并在日内瓦重逢的摄影家埃利·洛塔尔，那时此人正在里沃旅馆的房间里进行创作。在这段时间里，他几乎每天都去看望母亲和年幼的西尔维奥，他让西尔维奥担任模特并创作了一些小型人像雕塑。

1943 年 10 月，他在世界餐厅举办的支持抵抗运动大会中经历了一次特殊的偶遇：他遇到在红十字会工作的年轻瑞士女孩安妮特·阿姆。安妮特对阿尔贝托十分着迷，还去商业咖啡馆参加过几场朋友聚会，然后很快便爱上他。贾科梅蒂那时还没有意识到，他其实已经遇到自己未来的妻子。

阿尔贝特·斯吉拉向他约了两篇稿件拟刊登在 1945 年的杂志上，一篇关于洛朗斯的雕塑，另一篇关于雅克·卡洛的浮雕。在这两篇文章中，他借讲评另一位艺术家而抒发了对自己作品的回顾。他写道："在我看来，相较于其他任何雕塑，洛朗斯的雕塑都更像是他自己在空间中的投射，有点像个三维阴影。他的呼吸、触摸、感觉和思考方式都变成对象，变成雕塑。这件雕塑是一个'透明区域'（sphère claire）。"

即便他提醒读者——"人们可能认为这适用于任何一件雕塑，而我不这么认为"——贾科梅蒂还是将自己的作品列在同类之中。文章后面涉及他当时的艺术实践问题：用黏土创作时，洛朗斯同样也在创作这个材料周围的"空"，空间本身拥有体积。洛朗斯同时创造了空间的体积和黏土的体积。这些体积互相转化，互相平衡，共同形成雕塑。

他又用个人口吻补充说："当面对人，尤其是人的头盖骨时，我也有相同的感觉，那种立即将人团团围住并进入其内部的'空间—氛围感'已经成为人本身；精确的界限和存在者的空间维度都变得无法被定义。"[21]

雅克·卡洛是塑造微型人像和战争场面的大师，这篇关于他的文章继续思考空间维度，也代表阿尔贝托当时探究的主要问题："卡洛的雕刻艺术经常展示大空间，从某个高度斜着俯视下方壮阔而空旷的风景，类似我们看蚂蚁时的观察角度。这个空间中满是骚动的微小人物。"

但引起贾科梅蒂注意的并非卡洛创作的小尺寸人像，而是他描绘的残酷、淫秽主题，这接近于弗朗西斯科·德·戈雅和西奥多·杰利柯笔下的人物。他以精彩、迂回的方式将自己与卡洛的作品联系起来，在文章末尾，他谈及儿童的残酷，并将艺术家"强烈的摧毁欲"与"孩童时期特有的摧毁乐趣"相关联。[22] 关于战争的思考在他孩童时期便已出现，它源自最根本的痛苦。这篇文章同样是对他所属的艺术家阵营的思考：历经时间流逝，这群艺术家投身于寻找人类的真理。因为他并没有放弃在超现实主义作品中便已明显表现出的暴力倾向。与其说是再现客体，不如说是内在力量，如今正是这股力量先于再现，在萦绕于他大量作品里的毁灭威胁中发挥作用。

他主要住在日内瓦，不过也经常去马洛亚，在那里他可以在父亲生前的画室里工作，如今这个画室已归他所有。他模塑了几个自己满意的小型头像和人像，但他的目的是创作出大尺寸雕塑。马洛亚的画室比逼仄的酒店房间更大且更方便，他在此开始创作一件女性全身像，这是唯一一次制作过程平稳进行的创作。雕塑外形源自他记忆中的伊莎贝尔的体形，这是一件胳膊紧贴身体两侧的裸体像，其髋部不同于《行走的女人》那种产前女性的身形与纤细比例。之前他已经创作了一件相同的盆骨呈圆形的模型，那是他迄今为止最小的雕塑之一。他运用了从未在这个尺寸下尝试过的技法，这一技法也成为他日后许多作品的制作模式。这件雕塑没有先用黏土造型再翻制成石膏件，而是直接用石膏创作。石膏先被用在蜡模上，接着艺术家再用液体石膏和小刻刀重新处理表面。他在画室木墙上画了个表情一模一样的女性人体，完成了他的第一幅裸体画像。艺术家给雕塑加了四边形高基座用以支撑人像。更独特的是，他将整体放在带轮子的木质小推车上，推车也成了作品中不可分割的一部分。这不是他第一次将作品放在活动基座上：为了展出《立方体》，他制作了带滚轮的四腿基座。让人联想到非洲传统脚凳。最后，他在白色雕塑上描绘出面部主要特征：大眼睛、眉毛的拱形、嘴巴。这尊雕塑是他在战争期间创作的唯一一件大尺寸作品。在瑞士居住的近四年间，他的艺术活动密集且持续，但收效甚微。停战后他继续在瑞士待了几个月，因为他决定无论如何都要跨越创作中遇到的困境。"把我做的所有伊莎贝尔的雕塑都带回来？"1945年7月末他写信给等待他的友人，"只要能带一件回来我就很高兴了，有一些非常小的雕塑，有四五个吧，不过我要带的不是这些。还有一件我正在加工以便做模塑品，自从我来这儿后它已经被毁掉二十次——真的毁掉了二十件雕塑——我不会毁掉现在这件了，而是做到力所能及且不再重新开始。"[23]

他持续斗争到 9 月，即回到巴黎的时候。他这样总结刚过去的这段时期："一部分在马洛亚，一大部分大概在阿莱西亚街的酒店房间里，我整夜、整个午后都在工作，时间过得飞快。除了一年前或于更早前开始创作的一幅肖像画和给报纸杂志供稿的两篇文章，我没做任何事，没有展览也没有出售。"[24]

乍看产量不多，然而战争期间这段"悬置的生活"[25] 却是他重要的成熟期。回到巴黎后，贾科梅蒂即将开启最灿烂的艺术活动。

第十八章

巨大的热忱

贾科梅蒂于 1945 年 9 月 19 日到达巴黎。他带着一只简陋的行李箱[1]——传说中有六个火柴盒——里面装着一些小雕塑。归来时他内心澎湃。战争期间，他十分担忧迭戈，只能通过朋友打听到很少的消息。虽然巴黎解放后通讯便已恢复，但他能与弟弟相见的喜悦之情依然溢于言表："我到这儿已经八天了，就像在梦里一样。愉快的旅程——二十四小时——错过几趟火车，等等。但依然很美好，最兴奋的是能回到巴黎，能见到迭戈、我的朋友们和画室。"[2]巴黎居民遭受的物质匮乏与日内瓦的情况形成反差，但丝毫不影响他们重逢的快乐。迭戈一直看管着画室，一切都井井有条，他们很快便可以重新工作。画面中唯一的阴影是：迭戈在战争期间遇到一个落魄的同伴——朋友带回来的一只小狐狸，被称为"罗斯小姐"，但不幸的是，小动物顺着通向街道的大门跑掉了。也许是因为弟弟不小心？迭戈为此很伤心。他们共同的艺术活动如往常一样重新开始。朋友们也逐渐回到巴黎，一切从头再来。泰里亚德知道贾科梅蒂在物质上面临的窘迫，便向他预付了款项。³ 9 月 28 日，他写信给母亲："真没想到我能得到朋友们如此热情的招待，不过毕加索、格吕贝和其他人都不在，我希望能尽快见到他们。雕塑的前景很好，我随时可以办展览，并且明天纽约的艺术商邀请我共进午餐，他是亨利·马蒂斯的儿子，也跟我订了些东西。"⁴

事实上，他一到巴黎，勒布就提议为他办展（这个项目并没有实施），皮埃尔·马蒂斯也再次表明将他介绍到纽约的决心。伊莎贝尔也从伦敦回来了，贾科梅蒂立刻试图与她见面。他约她去咖啡馆。"酒吧里很昏暗，我们几乎看不清对方。我记得我们说话很少，沉默良久。我想，我们都已经很疲惫。第二天我去了画室，一切如往常一样。阿尔贝托还是老样子，迭戈很快就要回来了，阿尔贝托继续他在瑞士的创作。"⁵

经历了短暂恋情的情侣试图重新开始他们被战争中断的爱情。他们经常一起与萨特、波伏瓦、莱里斯、巴尔蒂斯往来。贾科梅蒂将巴塔耶及其女伴迪亚娜·科舒贝·德·博阿尔内介绍给伊莎贝尔认识，可命运并没有实现二人的心愿，他们于年末分手。直到 1947 年他们才重新联络，此后一直是好朋友，直至贾科梅蒂过世。与伊莎贝尔的分手并非这位艺术家生命里具有决定意义的事，与她之间的爱情曾经也不足以让贾科梅蒂立刻回到巴黎，他主动延长在日内瓦的逗留时间，完全投入创作之中。接着，另一个女人闯入他的生活，且对他而言越发重要。

年轻的安妮特比他小二十二岁，非常希望能追随他去巴黎。他正是从安妮特那里借了返程需要的钱。起初，贾科梅蒂并没有认真对待这段关系，可安妮特下定决心要追随他，还准备好要反抗他家人的否定意见。这一切使他决定放下思想负担，接受这位在他看来太过年轻、天真和热烈的追求者。

直到他回来，各种订单和邀约纷至沓来。12月份，他受邀为"学校世俗化推动者"让·马塞设计纪念碑，以替换战争时期铸造的一座雕塑。[6]贾科梅蒂还与美国建筑师保罗·纳尔逊合作，共同参加了为抵抗运动战士加布里埃尔·佩里设计纪念碑的竞标活动，纪念碑将立于以这位英雄命名的圣拉扎尔火车站前的广场上[7]。他还受邀画插图，尤其是为阿尔贝特·斯吉拉刚出版的旨在介绍一些知名艺术家的系列书籍，其中一本需要他画一幅巴尔扎克的画像当封面。不过他拒绝了撰写新文章的约稿。"我暂停了，至少目前为止。我太想画画了，尤其想继续创作我的人像。"[8]画室的访客络绎不绝，他开始售卖一些战前无人问津的作品。"今早我卖了四十一个小人像雕塑中的三个和一些画作，赚了三万七千法郎，我本可以赚更多，因为他们还想买我画的那幅苹果画，但这幅画我只以高价出售。因此这位画商说如果我再创作油画，他就会买，而且他不是唯一这么说的人。"[9]

那些年他在日内瓦遇到的创作困境似乎烟消云散。他重新开始创作，同时做一些风格类似于1941年的那种小型雕塑和一些纪念性雕塑项目，以及新的胸像和人像。基座的问题变得尤为重要，"二战"前他只是简单地对用来摆放较大[10]雕塑的基座加以重复利用，如今基座却成了拥有多种变体的丰富句法，甚至有时主题都变得次要。基座融入雕塑之中，其重要性和多样性得以显现，他的一种风格元素也得以确立：艺术家通过主题与其支撑材料的关系来决定作品与空间的关系。这里涉及的是材料，尤其是粗糙质感的材料，因为用黏土造型或用大块石膏雕琢的基座与展览中常见的表面光滑却无特点的基座截然不同。他从不用垂直切线，而是用斜线、歪扭的棱、凹凸不平的表面，作品的上述元素经历了与主题相同的雕塑处理手法。在某些雕塑中，主题显得未经细致雕琢——它几乎是个草稿——相比与之相连的整体，它还很微弱，贾科梅蒂因此几乎触及抽象派艺术，并提前进入后来被我们称为"非形式"（informel）的艺术。他的创作再次走上两条不同且平行的道路。一方面，他将探索转向普遍性的再现，清除所有个性特征和琐碎细节以实现永恒存在之感；另一方面，他重新开始在画室对着模特创作，继续画人像。他的模特变得多样化：迭戈再次为他摆姿势，还有诺瓦耶子爵夫人、波伏瓦、迪亚娜·巴塔耶，甚至还有毕加索，他为其创作一幅肖像画，但一直没完成。他们又开始交谈，几乎与1941年一样频繁。即便处于荣誉巅峰，毕加索也从未停止对创作的追问，他常询问朋友的观点。波伏瓦转述说："贾科梅蒂谈起前一晚才向他展示过作品的毕加索，似乎在每件新作品前，他都像个刚找到艺术源泉的少年。他说：'我觉得自己开窍了，我第一次创作出真正的绘画。'"[11]

她继续说，毕加索十分高兴听到贾科梅蒂跟他说"是的，有进步"。这位雕塑家跟母亲讲起那段时期："昨天我在毕加索那里待了三个钟头，他画了些十分出色的新作品，正因此，我迟到一小时才赶赴之前和诺瓦耶子爵约好的午餐地点，他们那会儿都吃完了，我便在客厅里用餐，其他人喝咖啡……毕加索向我显示出莫大的友好，他说我可以随时去他家，让我就像在自己家里一样。"[12]

贾科梅蒂还画了大量绘画，自从回到巴黎后，他便将其艺术探索的积极变化融入这项实践中。[13]1946年5月，他参加了由勒布组织的旨在为安托南·阿尔托筹资的销售展。在战后的艺术舞台上，阿尔托的作品是绘画作为完整的艺术实体力量最强有力的证明之一。与格吕贝相识的同一时期他还结识了鲍里斯·陶什利茨基，这位艺术家在令人心碎的画作中呈现了自己逃离的集中营里的恐怖境况，为绘画具有揭露最低劣人性的能力提供了例证。绘画成了贾科梅蒂持之以恒的艺术行为，他在所有可用的载体上作画。一只手拿着铅笔，另一只手拿着橡皮，他在来回修改的错综复杂的线条中逐渐呈现模特的样貌。他也开始创作油画，就像莱里斯所言："下午去了贾科梅蒂的画室，他依然在做多年前便已开始创作的女性人像，他还为这件人像做了些只比别针大一点点的模型。他还向我展示一幅油画，画的是放在餐台上的一只苹果。这幅作品，可以说是自然主义风格，同时又超越了自然主义。至于小雕像（女性立像，姿势十分简单——立正姿势），它因这种姿势（不含一丝意外表情的秀美之态）和被拉长的身体而不能被归于自然主义。"[14]

为了纪念碑项目，他尝试做出能再现普遍人体的雕塑，这让他设计的雕塑形式越来越简单，像是空间中延展的图形符号。他为加布里埃尔·佩里的纪念碑项目创作了两个行走的人像，一个是女性，另一个是男性。这个项目没能落实，但该想法后来变成了作品《夜晚》（La Nuit），在长长的平台上行走的瘦高女人被他形容为"在黑暗中摸索的纤瘦年轻女孩"[15]。他为了完成订单所做的尝试没有一个最终成形，但却变成新作品的蓝图。他写道："不管雕像是否被制作出来，我都拥有了这件雕塑。"[16] 他打算将"行走的女人"在原作基础上扩大，但随着扩大，它却丧失了女性属性。普遍来讲，他作品里的女性此后都以静态和正面角度被呈现。我们在他新的女性雕塑中看到他在马洛亚创作的庄严呆板的《坐四轮马车的女人》（Femme au chariot），它结合了伊莎贝尔的肖像画和对古代雕塑的参考。参考古代艺术是他一系列尺寸各异的女性雕像的特点，她们的姿势和与脚部融为一体的斜切的基座都直接象征着古埃及艺术。通过将金属骨架融入整体之中，整块大基座的出现让他能够创作出耸立于空间内的细瘦人像。在所有这样的作品中，被这位艺术家用小刀加工过的雕塑的外表看上去凹凸不平、粗糙不匀。他有时甚至会像在马洛亚时一样，用刷子强化雕塑的某些特征，如丛林般的细长雕塑群矗立在一袋袋石膏之中，而那些小雕像和头像则堆放在画室的家具上。至于《坐着的女人》（*Femme assise*），他将其形体结构做得如此纤薄以至于看上去这座雕塑像是在空间中画出的素描一般。新作品占据了他的所有精力，成了一种执念。"我只能说我正在做的，但我几乎每天夜里都能梦见它！这对第二天很有用，比方说我今天就大致完成了两三天前或者更确切地说一连好几天梦到的东西。"[17]

从日内瓦回来后，贾科梅蒂向母亲表达了回到画室的兴奋。"你无法想象我回到这一切中有多么开心，画室从未令我如此高兴！"[18]战前他曾想离开这个逼仄的地方去更舒适的画室生活和工作，如今这里却成了他思想空间得以延展的不可或缺的环境。乔治·兰堡于1947年9月发表了一篇文章，非常形象地描述了贾科梅蒂的画室："进入贾科梅蒂的小画室，首先我们不知该如何前行，因为生怕打翻放在木板上的那些细长且脆弱（至少我们这样认为）的物体，还害怕自己一头栽进堆放在墙角的石膏里。石膏被摊放在桌子下，以至于把桌子顶了上去。从这个角度讲，贾科梅蒂的画室更像一个拆迁工地，而非建设工地。被拆毁的是哪些宫殿、哪些梦？所有的石膏在此之前都是雕像，但阿尔贝托对自己的作品不满意，便将它们毁掉、掏空、截肢、重做……这是一个感人至深的石膏墓地，见证着阿尔贝托·贾科梅蒂的耐心与巨大热忱。"[19]

如果说兰堡夸大了雕塑家的艺术行为的毁坏性，因为雕塑家的新手法不是先制模，而是将石膏放在一层层框架上，然后直接雕刻，但他的夸张说法也是合理的，他的确见证了阿尔贝托的"耐心与巨大热忱"。这位雕塑家确实进行着一场与材料的斗争，他同时做好几件作品，并希望将它们都做到完美。两年之间，这个在战争期间被迭戈打理得干净有序的画室变成堆满石膏和雕塑并且数目还在不断增加的"龙潭虎穴"，不过这倒成了摄影师的福地。马克·沃于1946年在《艺术手册》发表了一篇报道，他的照片证实这位雕塑家在如此短暂的时期内创造了纷繁多变的形式。朋友们给予作品的好评对贾科梅蒂而言是莫大的鼓舞，但同时也会有其反面作用。他在日内瓦逗留期间，布鲁诺和弗朗西斯因担心他选错了道路而对他有所批评，贾科梅蒂为此很受打击。"我很高兴自己在瑞士的那三年半里没有在想做的事情上因为任何原因而泄气，这并不容易，但我态度坚决！"[20]

第十九章

行走的人

在阿拉贡的引荐下，阿尔贝托结识了罗尔-唐吉上校。1945 年至 1946 年冬季，艺术家为这位伟大的共产主义抵抗斗士创作了一系列肖像画，以及一批从最抽象到最写实的头部雕塑。这些雕塑被放置在不同的基座上，其创作原则类似于 1939 年他在伯尔尼时试图采用的那种：一个小型头部雕塑被放在庞大的基座上。这件作品虽没有被采纳，但在 1946 年 5 月举办的"艺术与抵抗"[1] 展中展示了出来。自从回到巴黎，他与萨特和波伏瓦的交流便又开始了。他们争辩的主题既关乎政治也关乎美学。战争刚结束，两位知识分子便与莱里斯、梅洛-庞蒂、让·波扬、雷蒙·阿隆一起创立了《现代》(Les Temps modernes) 杂志。他们在杂志中探讨政治、伦理、哲学和艺术问题。在这本发表政治观点和谈论文学的杂志中，我们能读到萨缪尔·贝克特、勒内·夏尔、弗朗西斯·蓬热、娜塔丽·萨洛特或让·热内的文章。在巴黎的圈子里，萨特的"关于存在的哲学"被冠以"存在主义"之名被广泛传播，并引发各种辩论。贾科梅蒂与这对哲学恋人走得很近，萨特还有意将他的作品与自己的哲学结合起来，这使他逐渐融入这场思想运动中。波伏瓦在杂志中发表了对梅洛-庞蒂的博士论文《知觉现象学》（*Phénoménologie de la perception*）的评述，评论家们很快便在博士论文中找到定义贾科梅蒂作品的概念。在圣日耳曼-德普雷的咖啡馆里，这位艺术家再次与遇到布勒东之前就认识的超现实主义背弃者们有了密切来往，比如巴塔耶、兰堡、雷蒙·格诺、拉康，他们也是萨特和波伏瓦的朋友。和战前一样，他往来于多个朋友圈，其中总能遇到不同的人：有他一直保持联系的老朋友，如莱里斯、加斯东-路易·鲁、查拉、毕加索、泰里亚德；有战前已经相识的画家，如巴尔蒂斯、格吕贝、弗朗西斯·塔耶、埃利翁、塔尔·科阿；还有他在咖啡馆新结交的知识分子圈的友人。他的许多瑞士朋友也定居巴黎，例如阿尔贝特·斯吉拉和罗歇·蒙唐东。在一片热烈的讨论气氛中出现了一个新的身影，即活泼开朗的安妮特。1946 年他与母亲过复活节时再次见到她。5 月路过日内瓦时，波伏瓦和萨特认识了安妮特。"我们与斯吉拉和安妮特一同相约出去，贾科梅蒂对这个女孩很感兴趣，我们也很喜欢她。我觉得她在许多方面都很像丽丝[2]，极其理性，敢想敢做，目光中透出征服世界的愿望。她不容许错过任何事或人，她喜欢激烈感，常开怀大笑。"[3]

贾科梅蒂被这个年轻女孩的活力和对他的无限崇拜所打动，但尽管如此，他深知安妮特的社会地位无法使她成为自己的恋爱对象。她出生于瑞士的资产阶级家庭，注定要结婚生子而非追逐放荡不羁的爱情艳遇。艺术家的这次恋爱尝试较以往而言更严肃认真，但还是不成功。就算未来可以结婚，他也无法拥有孩子，因为年少时他得了紧缩睾丸炎。后来他恢复了光顾完"斯芬克司"后再去深夜酒吧结束夜生活的习惯，这对一个不懂那种曾被伊莎贝尔允许或被波伏瓦与萨特实验过的性自由的女人而言，她是否能接受？艺术家对长期恋爱关系的抗拒并未动摇安妮特的爱情信念，她认为自己遇到了真命天子。7月5日，命运的骰子就这样被投掷了：她收拾好行李来伯利特-曼东街与他相会。他们婚前同居了两年才让日后的婚姻生活得以稳固。

画室里的艺术活动紧锣密鼓地进行着。迭戈准备基座、负责处理石膏翻制及之后的青铜铸造。事实上，马蒂斯来画室参观后决定为他在纽约策划大型展览。本来计划于1947年举办的展览后来于第二年年初举办。两年期间，他在旧作——新立体主义和超现实主义作品、一些小型人像——中筛选愿意展出的作品，还创作了一些新作品。他即将展出的作品中既有石膏像也有青铜像，马蒂斯为翻铸出资。他为展览准备了多件大型雕塑。"最近，我每天晚上都会做一个真人大小的雕像，迭戈总认为我应该停手，该用青铜浇铸，至少像我以往做的青铜雕塑那样。"[4]

早先被他缩小的人像后来又被拉长。这些人像从来不超过人体的自然高度，但被拉得像影子一样细长，其凹凸不平的表面通过每个小截面捕获光线。他将女性人像按大小分为三类：小型、中型、与真人大小等同。他还创作男性人像，其生动的姿态与女性的僵直感形成反差。1947年创作的《行走的人》（Homme qui marche）与真人等大，它如此细瘦，从正面看去几乎不可见。这些人像的创作特点是化繁为简，直至本质，这一手法在头部创作中也得以运用。头部一直是他最看重的主题。"几个月里，我每天不停地创作相同但大小各异的头部，在这一过程中，我逐渐将那些不能用的东西舍弃，直到做出那独一无二的头部，它将为其他所有头部的创作提供思路。我也是这样创作人像的。"5

我们依然记得他年少时对古埃及艺术的评论：其形式结构让他痴迷。"他们舍弃了整个人像上曾经必要的东西，上面甚至没有可以伸进手的洞孔，然而我们却能非同寻常地领略到其动势和形式。"6与马蒂斯一起工作的帕特里夏·马塔来画室为展览拍摄雕塑。她觉得这位艺术家的工作过于繁重，当前的创作使他筋疲力尽，他会熬夜至清晨。"我的画室变得一团糟，到处都是堆积如山的石膏和中间留出的小路，我没时间见任何人。"7贾科梅蒂竭力抑制着摧毁欲，不去毁掉那些不够满意的作品。他拼尽全力以做出足够数目的新雕塑。他的手上满是裂纹，过度劳累使他身体虚弱，最后十天甚至卧床不起，然而他还是在最后一刻成功交付了展览所需的全部作品。

至于展览手册，艺术家在带有缩略图的清单上总结了他从 1925 年到 1936 年作品的核心要素。这篇"目录册随笔"还配有一封写给马蒂斯的信，他在信中再次回顾了自己学习和创作的不同阶段。这篇简要的传记旨在帮助参观者了解他的创作生涯，也借机通过这篇文章确定他人生的某些重要时刻，期间穿插着后来组成他人生传奇的各类逸事。[8] 在他之前写的草稿中，他将开头这句"1919 年，我在日内瓦美术学院只待了不足一年"，改为措辞更加有力的表述："1919 年，我只待了三天……"通过形象化的描述，他将引发自己创作手法变化的意识觉醒与一些非常具体的时刻和征兆联系起来，这成为后来关于他作品评论的主要依据。他说，通过有意摧毁比安卡的头像，他在罗马时经历的精神危机结束了，接踵而至的是在大茅舍艺术学院里面对模特写生时经历的危机（"无法抓住人像的整体……鼻子的一个侧翼与另一个之间的距离就像撒哈拉沙漠一样，无边无际，无法确定，一切都在逃逸"）。接着，他凭记忆创作超现实主义物品的时期结束后，人像创作又进入死胡同，他解释说："我无法逃出来。"最终，在经历了艰难的重返模特的过程后，他的雕塑"变得如此之小，常常最后一刀雕下去，它们几乎要消失在灰尘之中"。他用真实经历书写的传奇并不是英雄式的，正相反，其中凸显的却是失败与无能，这些失败与无能反倒被形容为灵光乍现和思如泉涌的时刻。当他开始向内自我观察时也是如此。从撰写超现实主义文章起，贾科梅蒂采用的写作方式便是毫无保留地袒露自我及创作中遇到的困难，他丝毫不迎合，有时还有点极端。达利乐于给自己的无能与空想加上惊世骇俗的细节，莱里斯的文学忏悔录也一样，他们二人将无耻的真实性与半虚构的真实性相融合，在这方面为他树立了典范。

在他的旧作清单上列出的雕塑中，有十二件将在纽约展出，参展作品还包括用"新方式"创作的十七件雕塑。他的近期作品中包含形态庄严的女性人像、两座男性人像、《行走的人》、《用手指方向的人》（*Homme qui pointe*）以及两幅油画。这是他第一次举办大型展览，并带有回顾性质。这次他还是没有专程前往展馆摆放作品，但就作品的放置寄去了指示说明："雕塑之间应该拉开距离，周围留出大量空间。"[9] 接着在后来的一封信中，他又说："整体作品应分为三组：第一，往日旧作，其中以《悬浮的球体》和《被割喉的女人》为主；第二，青铜雕塑，相互之间不要距离太远；第三，头部雕塑、'第二个女人'以及'细瘦男人'。"

最终，由于对材料的选择不确定，他就此向罗伯托和帕特里夏征求意见，二人都在为展览做准备工作。他请萨特为展览撰写序言，文章题为《寻求绝对》（La Recherche de l'absolu），还被刊登在《现代》杂志上，它可被视为一种宣言。萨特在文中描述这位艺术家属于一个遥远的时代，那是艺术本质的时代，他与史前洞穴画家以及他的现代艺术家同伴们处于同一个时代。萨特以贾科梅蒂为例勾勒了存在主义艺术概念的轮廓："三千年过去了，贾科梅蒂和当代雕塑家的使命不是用新作品去充实画廊，而是去证明雕塑是可能的。通过雕塑来证明，就像第欧根尼用行走证明运动……贾科梅蒂知道如何赋予材料真正属于人的统一——动作的统一。"

展览获得公众和画商的欢迎。"就连那幅苹果的绘画都卖掉了，除一件作品，所有青铜雕塑都被卖完，有一件作品卖出三个复制品，另一件则卖出两个。"[10] 油画也有买主。马蒂斯的妻子蒂妮·马蒂斯[*]路过画室时给他带来许多好消息。"有人向我订购十件新的青铜雕塑（十件被展出作品的复制品，也就是说数量很大），我已经赚了一百二十万法郎，如果加上这笔则更多。我没想到能赚这么多！这样一来，未来就一切皆有可能了。当然不是一次付清，但这是其次。我甚至可以还你的钱了！最神奇的是，我一直都是个反潮流的人。两年前以及去年，别人都在卖作品，而我在创作、重做，如今到处什么都卖不出去，而我居然能赚钱！而且我才刚刚开始自己的创作。后天我将邀请迭戈和安妮特共进晚餐（我还能继续抽我想抽的烟了！）。"[11]

钱赚得真是恰逢其时，因为哪怕是战前，这位艺术家都一直捉襟见肘。冬天，夫妻二人房间里的水会结冰，他们还在地上放了许多罐子接屋顶的漏水。安妮特以前做过秘书，于是她找了份工作。这份工作是乔治·萨杜尔介绍的，贾科梅蒂一直与他有往来。"我十分钦佩他的

---

[*] 皮埃尔·马蒂斯的第一任妻子。——编者注

年轻夫人甘愿接受这样的生活，"波伏瓦常将自己穿旧的裙子送给安妮特，并如此评述道，"结束了一天的秘书工作，她回到这个令人绝望的住所，她没有冬天御寒的大衣，还穿着破旧的鞋子。"[12] 即便生活条件艰苦，安妮特依然使伯利特-曼东街的画室里充满欢乐，夫妻俩很幸福。"贾科梅蒂的夫人身高大约一米六五，像个精致的十四岁少女。跟贾科梅蒂说话时，她总是以'您'相称。她常笑脸盈盈或者说笑得像个年轻女孩。她的年轻活力和某种诗意的天性与贾科梅蒂深思熟虑的神态形成了反差。他有时撩拨她，她就放声大笑，笑颜像孩子般绽放开来。但贾科梅蒂脸上的褶皱和两道沟纹还在加深，他笑起来像个山里人开玩笑时一样爽朗。"[13]

《时尚芭莎》（*Harper's Bazaar*）在头版用四页篇幅报道了贾科梅蒂，《时尚》（*Vogue*）杂志刊登了对他的访谈。《艺术新闻》（*Artnews*）认为贾科梅蒂的展览是年度最佳的五场展览之一，他的作品尤其深受抽象表现主义艺术家推崇。媒体面对其作品时显得有点不知所措，不过还是将它们视为法国当时最具时代性的作品。马蒂斯写信跟他说："我听说此次展览受到广泛好评，并引发大量讨论。艺术家一般都十分喜欢，大众因为不太相信自己的判断所以有点不置可否。评论界尽说蠢话，萨特的序言让他们不悦，或者更确切地说是因为萨特与您走得很近。这是要冒的风险，但从深层次上讲这没什么不好。"[14]

媒体的保留态度并没有让这位艺术家担忧。"无论如何，我不会因为萨特写了'序言—研究'而遗憾，其中有很多真知灼见，总有一天会有真正的评论。"[15] 他也不会因为某些如里普希茨和玛丽亚·马丁斯等雕塑家的负面评价而生气，他将之视为嫉妒。他甚至表现得非常豁达："给这些同事和其他人的唯一回应便是做一些更深入的作品。这是我今后要做的事，我们等着瞧。"[16] 无论如何，展览带来的巨大影响力让他欣慰，可他依然习惯性地对完成的雕塑感到不满，更关心正在创作的作品。"对我来说，那些不过是尝试，而非依我心愿完成的东西，我手头正在做的明显更好。"[17] 他很高兴作品被认可，但此时他的创作却比以往任何时候都更耗费精力。他要做好几件别人订购的青铜雕塑以及创作中的新作品，他还继续与迭戈一起创作装饰艺术品，主要是提供给雅克·阿德内经营的法国艺术公司。他也为忒修斯画廊做分枝吊灯。马蒂斯向他订购了落地灯和壁灯，用来装饰他在纽约的家。与迭戈的联合创作从未如此高产，迭戈是个多面手：他制作装饰艺术品，准备基座和雕塑的内部骨架，监督翻制以及铸造过程，给哥哥当模特。将作品寄往纽约参展后，阿尔贝托于 1947年到 1948 年冬季前往斯坦帕休养以缓解疲劳。他回来时身体完全恢复，还酝酿了新的创作计划。他给马蒂斯写信说："回来后，我再也没有摧毁作品的想法，您不必再对此担忧。"[18] 他经历的长达十年的艺术艰难期已经告一段落，至少在一段时间内是如此。

第二十章

T 之死

战争期间，许多超现实主义者都逃往纽约，例如安德烈·布勒东，他再次回到巴黎时已是 1946 年 10 月。贾科梅蒂得知了这个消息，即便他给布勒东展示了最新作品，可依然不想与这位故交恢复往来。布勒东在努力重现超现实主义昔日的辉煌，贾科梅蒂虽与布勒东及该运动刻意保持距离，可超现实主义精神依然让他在创作中又有突破。1946 年末的标志性事件是一篇重要文章的发表，这篇刊登在《迷宫》上的文章来自他与蒙唐东的谈话。朋友建议他写一篇日记，贾科梅蒂没有采纳而是写了一篇带有自传意味的文章。《梦境、斯芬克司和T 之死》结合了他对近期梦境和回忆的描写，用的是以往的超现实主义写作风格。[1] 这种转变与他和巴塔耶重修旧好不无关系。回来后不久，这位艺术家便为巴塔耶的《鼠史》(*Histoire de rats*) 创作了版画，还做了一尊迪亚娜的肖像雕塑。这篇文章让人联想起巴塔耶式的超现实主义，它主要围绕三个时期展开：病态情色的梦境，他在梦中与蜘蛛搏斗；对已停业的"斯芬克司"的回忆，还提及一场性病；伯利特-曼东街的邻居 T 死亡时他遭受的精神创伤。T 之死是刚发生不久的事，安妮特也是见证人。自从安妮特搬来与他同住，艺术家便租了与画室相邻的房间作为卧室。这个房间与死者的房间相邻，如此近距离出现的尸体让艺术家曾两次感受到的恐怖再次袭来。他用令人触目惊心的画面来描述这个已没有生命体征的身体："皮包骨般干瘦的四肢被肢解后远远地丢在身体之外，腹部浮肿，头向后扭着，张着嘴。"就像他自己说的，这部分叙述让人想起范默尔之死，对此他也做了如下描述："鼻子越来越突出，面颊凹陷，张着的嘴几乎一动不动，呼吸困难。"通过文学性的表达技巧，贾科梅蒂再次使用特别具有情色意味的意象和挑衅性的内心情感启示。深知母亲会倍受刺激，他跟她这样解释："《迷宫》杂志已经出版，我会寄一本给你。但尤其注意不要以表面意思来理解（请读完整篇文章再做评论），因为不该那样理解。一些诸如疾病的故事都是想象和改编的，只因它们对于叙述来说极为必要。"[2]

写这篇文章的同时，贾科梅蒂也创作了呼应文章内容的雕塑。这些作品让人联想起某些超现实主义物品的理念，然而表现的却是一种符合他的新形象探索的不同形式。作品《枝茎上的头》（Tête sur tige）展现的是被翻转至身后的头和张开的嘴巴，《手》（La Main）展现的是与身体分离的胳膊，还有几个月后创作的《鼻子》（*Le Nez*），它们似乎都直接源于这篇文章。在马蒂斯为展览做准备时，他再次对自己的超现实主义作品产生兴趣。为了展览需要，他创作了新的石膏版《悬浮的球体》，这又一次让他通过笼子来思考主题的场景设置。《鼻子》既怪诞又富有戏剧性：一只被悬挂在笼子里的头盖骨，其超长的鼻子穿过栏杆。他用彩色的石膏做了多个版本，它们突出了作品时悲时喜的特征。一般来说，即便他自1946年起创作的具有神秘外表的人像在形式上有所创新，但几乎皆可被视为超现实主义想象的延续。布勒东回来后一看到他的新作品就立刻表示赞赏："他的最新探索结束后，我惊喜地看到贾科梅蒂在雕塑方面已经成功综合了他之前内心关注的问题，我一直认为，我们这个时代的风格创造有赖于这种综合。"[3]

艺术家将这个对他来说意味深长的消息反馈给了母亲："布勒东日前在一篇被广泛阅读的文章中说他从美国回来后很高兴看到我的进步，而且在他看来我们这个时代的风格有赖于我！"[4]在《梦境、斯芬克司和T之死》中，他用简图的形式阐述了不同时间段里记忆的相互碰撞，与之相应的环形时间观只能取悦超现实主义理论家。但贾科梅蒂不想重返过去。1947年，他拒绝将新作品寄给国际超现实主义展，只寄出一些旧作，并要求用"前超现实主义者"来介绍他。1948年他给布勒东寄去马蒂斯画廊的目录，里面有一篇萨特的随笔，他在目录上写下复仇式的寄语："不要忘记，我还没和解。"[5]

他的思想从此填入新内容，这些新思想与他的新创作更加合拍，且更具启发性。即便他后来尽力弱化萨特的影响，但这个影响依然十分重要，这位艺术家的确处于那位哲学家在某些评论中所说的作品转向之中。萨特能为贾科梅蒂遇到的问题——尤其是将多个部分整合为一个整体——以及他与模特之间拉开距离的艺术实践赋予哲学意义。"这个行走的女人有种思想和情感的不可分割性，她没有身体的各个部分，因为她将一切共时性地展现。为了敏感地表达这个纯粹的在场，这种忘我的状态，这种瞬间的涌现，贾科梅蒂用了拉长的手法。作品的初始动作，是一种非持续的、无局部的动作，它恰到好处地被纤细优美的长腿所再现，这个动作通过格列柯式的身体耸立于天空。较之普拉克西特列斯雕刻的田径运动员，我在他们身上更能看出作为开端的人与作为**行动**[*]的唯一来源的人。"

　　萨特也指明了作品创作的历史背景所带来的模糊性：这些瘦弱、孤独的人像，他们是不是对那些从集中营里逃出来的男男女女的再现？"在这些身体上曾经发生过什么：他们是否从凹面镜、青春之泉，抑或是从集中营里走出来的呢？第一眼看去，我们以为是布亨瓦德集中营里瘦弱的殉难者。但下一刻，我们的想法就变了：这些纤细灵巧的

----

*　原文为首字母大写的 Geste。鉴于中文在首字母大写方面的不可译性，便将其加粗处理。——译者注

人物升向天空，我们眼前突然浮现出耶稣升天、圣母升天的景象，他们舞蹈，这些皆是舞蹈，他们是由与承享天福的圣身一样的稀有材料所制成。当我们还在观看这个神秘冲动时，这些瘦长的身躯一下子绽放了，我们眼前尽是地上盛开的花朵。"[6]

事实上，正如萨特所言，这位艺术家追求的真理存在于历史之外。即便与毕加索不同，贾科梅蒂拒绝表现得亲共，但他的政治观点并没有改变。他长期都是《人道报》的忠实读者，也不怕被归于像格吕贝和陶什利茨基那样的政治现实主义一类的艺术家。然而，不同于1930年那段时期，如今他明确地要让自己的艺术活动与时事类和政治方面的主题相区分。就像他当年选择退避战争来继续搞创作，现在他也不愿去做具有见证性或揭露性的艺术。他的作品在向时代诉说的同时又在逃避时代。然而这些作品不会再像超现实主义物品那样以背对现实的方式实现上述目的，即便他还追随着巴塔耶，并于1948年2月聆听了巴塔耶的"关于超现实主义的会议"。他的作品更不会像试图见证所处时代的艺术家们那样用过于现实主义的手法实现上述目的。通过作品《夜晚》《手》或《鼻子》，贾科梅蒂进入与贝克特相似的精神世界：非常接近本质的真实而不太考虑现实主义。这些雕塑具有夸张和戏剧性的特点，有些甚至较为怪诞，这一特点十分接近《莫洛伊》（Molloy）作者*的

---

* 即贝克特。——编者注

荒诞哲学。这位雕塑家在一系列以戏剧为参考对象的作品中继续发展这些特点，首个此类作品创作于 1949 年，被再次命名为《笼子》(*La Cage*)。

1947 年他创作的与真人等高的《行走的人》，其坚定的动作保留了古埃及的特征，此后，贾科梅蒂表现的都是大步闲逛的小型细瘦男性人像。艺术家脱离了古代式样去表现日常所见，比如在街上、广场上、雨中看到的人们的侧影都是雕塑的主题。在这些雕塑中，被基座限定的空间显得非常重要。先被用于《夜晚》后又被用于《在平台上行走的人》(*Homme qui marche sur un plateau*)的细高台子，或是《三个行走的人》(*Trois hommes qui marchent*)脚下的正方形平台，它们都成为雕塑的主要部分。在给《迷宫》杂志撰写的文章中，他将这些作品表现的特点归因于洛朗斯：作品被放置在特有的虚拟空间内，它们通过雕塑的方式限定了一个将主题与周围环境相区隔的"透明区域"。自从回到巴黎，这位雕塑家超越了与视觉的正面特征相应的平面性和现实特有的立体感之间的对立。这是二十年前曾阻碍过他的困难，接着在他重返模特时再次出现。为了描述此次新进展，他再次讲述了一个如神启般的逸事："真正的启示，真正的突然一击，它使我的空间观念发生根本转变并让我最终走向现在的艺术道路，它发生在 1945 年，一个电影院里。我当时在看新闻纪录片，突然看到的不再是人像或在三维空间里运动的人，而是平坦画卷上的一些点。我不敢相信眼前的一切。我看了一眼旁边的人。

这太奇幻了。在反差中，它有了巨大的深度。我立刻意识到我们所有人都深陷其中的深度，而我们因为太过习惯而不再察觉它的存在。我走出来，看到一个陌生又充满梦境的蒙帕纳斯大街，一切都变得不同。这种深度让人、树木和物体都完全变了样。"[7]

　　摄影画面那"所谓的客观性"曾让人们相信它将颠覆油画，而贾科梅蒂摆脱了摄影画面，转向与现实经验不可分割的"深度"。这个经验无法真正获取，每天都在不断更新，然而它并不排除在处理不同主题时采用永久性特征。静止的裸体女性，胳膊贴在身体两侧，头顶经常立着一撮圆锥形的冠状头发，这些都让人想起古代的再现方式。这些女性人像并非模特写生，它们通常被描述成希腊众神。运动中的男性人像则被简化成身体结构最简单的表达，它们代表了人类的脆弱和弱小。1950 年的新版《广场》（Places）展示了男人与女人之间的关系，他在平台上摆放了一些运动中的男性人物和一个静止的女性人物，作品以相同的方式遵循一些惯常规则，无论是在象征层面还是精神分析层面。

第二十一章

改变的时刻

　　与朋友们的交往依然是贾科梅蒂日常生活的重要内
容。他经常与波伏瓦和萨特见面，与他们一起观看戏剧
《肮脏的手》（Les Mains sales）的首演。巴尔蒂斯也是常
客，泰里亚德正为一幅肖像画摆姿势。他还为勒布和斯特
拉文斯基画肖像。1948 年 3 月，他担任蒙唐东的证婚人。
但这段祥和的生活却因几位亲友的离世罩上一层阴郁的气
氛。安托南·阿尔托的过世震动了整个艺术界。他写信跟
母亲说："上周我参加了阿尔托的葬礼，几个月前，他写了
一本非常好的关于凡·高的书，我之前跟你讲过的。"[1] 与他
关系更加亲密的格吕贝也得了严重的肺结核，健康情况急
速恶化。6 月，他在信中写道："我们的好朋友格吕贝已经
从乡下回来了，他还和迭戈一起做饭。"[2] 接着，11 月底，他
写信给马蒂斯："迭戈刚从医院回来，看望了我们的朋友格
吕贝，他的身体状况很糟，很难讲这对我们意味着什么。
他是这世界上我最喜爱的人之一，并且这几年我几乎天天
跟他见面。"[3]

这位年轻的画家几天后便过世了，但伤心事接踵而至。安妮特的出现让贾科梅蒂的感情生活有了稳定且幸福的元素。这个年轻女孩与迭戈相处融洽，大家很愉快地生活在一起。此后安妮特便与他们一起吃饭，还参加咖啡馆里朋友们的讨论。他们俩晚上还经常与毕加索及其新欢弗朗索瓦丝·吉洛，以及他们的共同好友米歇尔·莱里斯及其夫人路易丝·莱里斯（人称"泽特"）一起聚会。安妮特给他担任新模特，尤其是为绘画，那是他当时跟雕塑同等重要的创作活动。1949 年 2 月，他向母亲说起结婚的想法："我亲爱的母亲，我必须跟你说不要为我的计划担忧！但我真愿意亲口跟你说这件事而非写信告知！迭戈对安妮特也充满好感，他们相处得十分愉快，他认为我是对的。我认识她将近六年了，我们现在的相处比任何时候都好，她是唯一可以与我一起生活的人，让我能完全投入工作。"他还补充了一句："等你认识了安妮特，你会觉得我是对的。"[4] 前不久，他还跟母亲说自己比从前少去餐馆了，也不像从前那般需要交际。[5] 结婚的时刻到来了："无论如何都会到来。"[6] 安妮塔放下最初的担忧，热情地接受这个计划。"我真的十分开心认识这位同名的安妮特（她几乎是我的翻版），她有勇气与一位如此成熟的伴侣结合！上帝保佑，愿这个决定对你们来说都是幸福的，愿你们始终对这件人生中如此重要的事感到欣喜和感恩。无论如何，我最热切的祝福将伴随着你们。"[7]

婚礼于 7 月 19 日举办，迭戈和伯利特-曼东街的街道看管员是证婚人。年轻的夫妇于夏季末去了斯坦帕，在那里受到热情招待。安妮塔在他们离开后写道："安妮特因为离开我们国家而黯然神伤，对此我很欣慰，这说明她在这儿感觉自在，今后她也会很开心能再回来。"[8]安妮特立刻便成了家庭一员，想到未来还有机会能回到斯坦帕和马洛亚，她也很兴奋。夫妇二人在威尼斯旅行后回到巴黎。安妮塔向儿媳建议说："阿尔贝托写信跟我说，住过威尼斯的大酒店后他觉得你们的爱巢过于简单，他说要用漆布铺地，等等。别给他时间改变主意。"[9]不过安妮特表现得很随遇而安。她能适应彻底改变的生活方式，也能容忍伯利特-曼东街的艰苦条件。然而，房子的起居设施并没有得到改善：上厕所需要去室外的公共卫生间，房间里没有浴缸，有一个没法做饭的小电炉和一个取暖的烧煤炉。冬季管道结冰，屋顶漏水严重，马蒂斯见状从纽约给他们寄来了整卷沥青布来填补裂口。[10]迭戈通知她时，她和阿尔贝托那会儿都在斯坦帕。"给安妮特！画室冷到零下五度，小房间里已经结冰了。我住的阿莱西亚街的画室也结冰好几天了，看门人停了水。我们这里比马洛亚甚至斯坦帕现在的起居设施都差得远。"[11]

贾科梅蒂并不为此忧虑，他从来不想放弃这种生活方式，哪怕后来他的经济状况好转。但那个时候，经济宽裕还只是个遥远的期待，这位艺术家要不断操心用钱的事。虽然那会儿他在纽约已经能定期卖出作品，但作品价格低廉，创作方面的开销很大。再者，冷战背景下美国的形势也不好，马蒂斯经常延迟付款。安妮特放弃了工作。为他一场场摆姿势和日常辅助工作的任务量很大，以致它们完全占据她的时间。生活不易，但创作依然被排在首位，艺术家正处于旺盛的创作期。1949年，勒布的妹妹、摄影师丹尼丝·科隆来画室做访谈。1951年，亚历山大·利伯曼捕捉到他们夫妻之间默契相伴的喜悦，这与艺术家平时孤独、忧郁和沉思的样子截然不同。

在纽约举办的展览显示出的光明前景极大地激励了贾科梅蒂，这有助于他在雕塑上继续精进，然而他也在油画创作中倾入大量热情。他将油画寄往美国后，一段时间内这些作品甚至比他的雕塑更受欢迎。他的绘画特点是色调比较柔和，主要由灰色、褐色和赭色组成。1948年初在斯坦帕休息期间他再次回归模特写生，这也是他在雕塑上重新赋予重要性的事。"我在这里进行大量的创作，这对雕塑特别有益（我想我再也不会毁坏作品），而且我对绘画和素描都理解得更透彻了。为此我应该重新搞写实创作。母亲已经七十六岁，每天早上、下午，甚至还经常在周日为我摆姿势。"[12]

在伯利特-曼东街，迭戈和安妮特几乎每天为他摆姿势。1948年到1949年，他创作了近五十幅绘画。这些作品的绘画技法大同小异：画面中央的模特根据画笔限定的范围定位，面部线条用网格状线条绘制，背景和身体则用几根线条粗略地描绘和打型。画面色彩接近单色调，既庄严又震撼。其绘画主题多样：苹果静物、男人和女人的胸像、对画室和雕塑的再现，还有一直以安妮特为模特的裸体女性。就这样他创作出第一幅裸体像，他指出这是他自学生时代以来的第一幅人体写生。他要求年轻的妻子摆出雕塑人像的姿势：身体挺直不动，胳膊贴在两侧。在他后来所有的裸体油画中都有一个不合常理的细节，这一细节在他根据马洛亚隔墙上的雕塑画的裸体女像中已经出现过：双脚离地，脚尖踮起，身体处于失重状态。这是否是为了产生绘画空间所特有的"透明区域"呢？让模特摆脱沉重感是他这一时期所有作品的核心问题，这从雕塑和绘画中都看得出。人像被放置在高基座上从而脱离地面，或被单独放在托盘上，于是被雕塑后的人像挣脱了材料，从而获得独立。同样，在油画中，人体从不连贯又中立的背景中凸显出来。这位艺术家从各个方面反复考虑的依然是空间问题。"任何一个从空间出发的雕塑都是错的，只有对空间的错觉。"[13]他在一篇日记中写道。接着又说："空间并不存在。需要将它创造出来，但它不存在，不。"

纽约的展览结束之后，艺术家给马蒂斯寄去许多油画以及一些雕塑和素描，它们最终被卖给美国的收藏家们。但他也希望能够在巴黎办展，并将此事告诉他的画廊主。路易丝·莱里斯让他在其掌管的坎魏勒画廊、西蒙画廊看到一丝办展的希望。[14]只活跃于美国市场的马蒂斯也认为贾科梅蒂应该进入一家以法国客户为主的画廊，然而此事的推进过程却矛盾重重。对于来他画室造访的其他画廊主，贾科梅蒂会开出比这位美国画商高一倍的价格。1948年夏天，马蒂斯途经巴黎时也遇到这位艺术家前所未有的强硬的坚持态度。他刚回美国就写信给贾科梅蒂："对您提出的购买您作品并支付已订购青铜作品的一半费用一事，经慎重考虑，我特向您表示，原则上我并不反对，虽然这对我而言是个沉重的负担，因为我还要另外付铸造的预付款。"[15]

即便他本意不愿疏远贾科梅蒂，但仍难掩心酸："我亲爱的朋友，我很遗憾要以悲伤的语气结束这封信，我费力让您的作品在纽约展出后，您的态度让我有点心酸，我无法掩饰这种感受。您指责我犯的一些错误，而我认为您本应在这些努力中想到并看到我做的自发而无偿的贡献。因为我也一样，也可能花了一笔钱、浪费了时间和招来各种烦恼之后什么也没卖出去。"

贾科梅蒂也会对自己的行为感到不好意思，但又想让别人认可自己的权益，于是他再度粗暴地处理了这件事。他甚至在收到马蒂斯的回复前便寄出了信件，试图恢复他们朋友间和工作上的交往，但却并不放弃他的要求。他在故作友好的信中写道："如果您不同意，那我只好找个能卖出去的地方，卖给能买得起并爽快付款的人，这是我唯一生存下去的方式。这不是不可能，已经有三个人要买我给迭戈创作的自画像，作品一旦完成，甚至不用修改便可直接出售。秋天的时候，我打算让作品在此公开展示以便筹备办展。（如果我愿意，玛格画廊也将展出我的作品，这是他们主管跟我说的。）曾在我家住过的皮埃尔也想要一些雕塑和油画。雅尼来画室两次了，他饶有兴趣，想买三件雕塑、两件构成作品和一个大型人像，还将为我举办油画和素描展。他还想为自己的私人收藏购买《三个男人》（*Trois hommes*），我跟他说在美国要是没有他，我将什么也做不成，并说我会写信给他。"[16]

马蒂斯十分清楚他面临的风险，于是极力避免他们关系破裂，并答应了这位艺术家提出的条件。两人迅速言归于好。贾科梅蒂甚至是帕特里夏吐露个人情感问题的知己，她与丈夫分开后便与马蒂斯在一起了。一年后，她告诉他自己即将结婚的消息："亲爱的朋友！周五我们跟随了您的坏榜样：一场有婚戒但没有结婚证的婚礼。我们让唐吉一家当证婚人，我父亲拿着红酒跟在后面。婚礼很成功。我几乎不记得什么了，但我知道它已经结束了，好混乱！"[17]

贾科梅蒂已经不再面临离开画廊的威胁，但是马蒂斯很清楚，他早晚会不得已与另一家画廊达成妥协。

第二十二章

跌倒的男人

　　纽约的展览刚一结束，马蒂斯便立刻请艺术家再参加一场集体展，接着又是新的个展。贾科梅蒂虽然尚未从前一年准备参展作品时的疲惫中完全恢复体力，但习惯操劳的他对这些安排很高兴。如今，参展会让他兴奋，能帮他克服创作中遇到的困难。画了一段时间的油画之后，他再次投入到雕塑之中并创作了几个新模型。按照《三个行走的人》的类型，他又创作了一件雕塑，即四个呈一字排开的姿态庄严的女性人像，他还为人像脚下设计了很高的基座。他对这种能与作品融为一体的高基座很感兴趣，于是他又创作了一些小巧的底座用来支撑小型胸像，这让人想到古罗马时代。如同他的前超现实主义时期，其作品分为几种有限的类型：人像、胸像和构成系列。他曾特意让基座的问题消失在超现实主义物品中，如今这一问题却以无限变化的可能性展开。他解释说："直到今天，我的雕塑都以不同的方式立于空间中。"[1] 纽约现代艺术博物馆购买了他的作品《广场》，不久后又买了他和马蒂斯新翻制的《被割喉的女人》。马蒂斯向他订购了一些雕塑，还催他为纽约客户做灯具。这位艺术家让人将一些战前作品重新翻制，也做了些新模型，其中借鉴了行走的男人和举起手臂的女性人像中的某些元素。"我制订了一个新计划，由迭戈具体实施，我对其他物件以及花瓶有些不错的想法。我之所以能做出点东西，都源于迭戈的出色工作，他全权负责铸造等相关事务。但我对物件的兴趣略小于雕塑，不过在某种程度上这二者是相通的。"[2] 他越尝试新形式就越觉得水平在提高。"最近几周我在油画和雕塑上进步巨大，我现在知道自己能做什么以及能做到何种程度，我认为已经没有界限了。"[3]

然而，他还是会怀疑自己。1949 年 7 月便是这样，当时他在试图做一件中等大小、置于托盘上的新版《行走的人》。"我认为之前有好几次它都达到了很好的效果，期间我停下来数次，决心不再修改，可十分钟后我又回去了。周一晚上，我感到疲惫、恼怒，什么也看不出来。我那时就该完全停止，现在我真的不知道之前把雕塑留在了什么状态。我丧失了任何判断力，然而我也完全没办法说'不能铸造它，在回归状态前放弃一切'，我任由它进行。又一次，像之前那样，我认为这样的工作对我帮助很大。午后时，这件雕塑比迄今为止我做的所有雕塑都好。我也知道对《行走的人》这样的作品该做到什么程度为止（我就此能写十页文章进行论述），但对这件雕塑目前的结果我依然表示怀疑，我觉得它糟透了，我不明白是什么促使我任由它被铸造出来，之后我也许再也看不到结果了，这让我恼怒。"[4]

思前想后，他还是完成了浇铸，并将其寄往纽约。画廊看到他就同一主题进行了各种创作变化，便请他给作品命名。"我不知道该为这件被寄出的《行走的人》取什么名字（它让我不得安宁）。'行走的人 III'？'9 月 15 日的男人'？或一个专有名词！'拉乌尔''让'或者'保尔'？'怀疑的男人'我觉得有点太文绉绉了，要么'被围困的男人'，这倒跟作品有点接近。还能想到其他可能：'姓勒普朗凯的男人'？"[5]

马蒂斯也没有主意，于是这件被帕特里夏·马蒂斯*称为"保罗"的《行走的人》后来曾一度被称为"灾难性的男人"。"我们什么时候能给作品取些合适的名字啊！"[6] 画廊主悲叹道。贾科梅蒂也创作了一尊新的男性人像：《跌倒的男人》(L'homme qui chavire)。雕像中等大小，坠落中的纤瘦身体是他所有男性人像中最脆弱和最富有诗意的。"'跌倒的男人'非常美，完全是惊人之作，如此打动人心。身体的运动如此出乎意料又如此具有表现力。"[7] 画商激动地说。他作品的成功已得到肯定。马蒂斯已经卖出了三件《指示的男人》(L'homme au doigt)[8] 的复制品，一件在巴尔的摩博物馆（Musée de Baltimore），另一件在泰特美术馆（Tate Gallery）。当他要求做三件模型的复制品

---

* 皮埃尔·马蒂斯的第二任妻子。——编者注

时，他建议说："如果一家法国博物馆，如现代博物馆，想要一件作品，我会放弃做一件青铜雕塑，但这仅限于您与博物馆之间的直接交易。"[9]但由于法国博物馆并没有显示出购买意愿，因此所有复制品都被迅速销往美国。贾科梅蒂继续创作基于以往主题的"变奏"作品：包含九个人的新版《广场》，另一版包含七个人和一个头盖骨，以及在两栋房子之间踱步的女性人像。他倾向于将新版《广场》称为"构成"，这些作品中的人像更大，都呈静止状态，人数从五个变成了三个。这些站在托盘上的人物不如原先的细瘦，而是拥有同时期他赋予女性人像的一致外形：瘦高扁平、正面形象、被放置在基座上、外表生硬几近抽象。他也设计一些新的大尺寸女性模型，尤其是双臂张开、立在两个大轮子上的女性人体作品：《双轮战车》（Le chariot）。无论是人体形象还是使人联想到列队战车的两个轮子，这件作品明显体现出灵感来源于古埃及艺术。"人像带着两个大轮子！我想它的外形会很奇特，"他写信给马蒂斯，"我还要跟您说有个小骑兵部队（六匹马）正在朝我的画室全速前进。"[10]事实上这是他第一次偏离人像去表现动物。消瘦的外形和原始的创作风格让人联想到史前绘画，这些再现马匹的作品后来没能在展览前准备就绪。其中两件作品后来被制成了大尺寸，但从未用青铜和石膏翻制，后来由于存放不当被毁掉了。他还创作了《笼子》，这件作品再次运用了《鼻子》已经用过的结构，只是在其中加了两个人物。作品里明显有对戏剧舞台的借鉴，人像之间的不平衡——关在栅栏里的直立女性和一个从地面伸出的男子胸像——使作品产生了一种不合常理的特征。马蒂斯说这个女性人像是一位"年轻的处女",还让他为作品命名,艺术家用略带尖酸的幽默回答说:"'处女'让男人只剩下了头部,不过很难再把它称作《朱迪丝斩首荷罗佛纳》(*Judith et Holopherne*)了。不,就叫'房间'吧!"[11] 他手绘的草图表明这个作品的原初想法是夜总会的舞台或是脱衣舞场面,场景中随着帷幕的拉开,一个女人逐渐现身。同时期,在他的素描和两幅油画中,他描绘了"斯芬克司"和艾绍德街的妓女们,这是他第一次在作品中明显指涉这些陌生的、故意呈现并暴露在目光下的女性身体对他的特别吸引。

马蒂斯不断催他为作品命名,这激发艺术家讲了许多有趣的回忆,他试图将作品与个人经历相联系。就像在超现实主义时期,个人的模糊记忆被融入创作过程中,即便这些印象或感受并没有被他逐一细致地表达,或是据他说那些都是下意识的行为。于是他形容两件作品中所呈现的一字排开的四个小型女性人像是"坐在'斯芬克司'大厅深处看到的多个裸体女人。我们之间相隔的距离(发光的木地板)在我看来似乎是不可跨越的,即便我内心强烈地想越过它,但这个距离就像那些女性一样令我震惊。"[12]

由七个人像组成的《广场》来自一个童年回忆:"七个头像的排列唤起了我曾于童年时许多年间看到的森林一隅,光秃秃的树干高高耸立(几乎直至树顶都不长枝叶),它们总让我感觉像一群行走中被定格的人在互相交谈。"

同样，由九个人像组成的新版《广场》"似乎重现了我去年秋天看到一片林中空地时的感受（更确切地说那是森林旁边的一片野草地，还长着一些树木和小灌木），这片景色十分吸引我。我本想用油画将它画出来，用它创作点东西，可后来我走了，心中带着一股会将它遗忘的惆怅"[13]。

　　这两件作品最终选定的题目是《森林》(La Forêt) 和《林中空地》(La Clairière)。上述对作品的解释是他事后重新编撰的，不能从字面意义去理解。因此当他将《双轮战车》与医院的一段记忆相连时——"1938 年在毕夏医院，大厅里被推来推去的浮夸装药小推车让我为之一惊"[14]——这位艺术家补充道，这段记忆不能为"驾驭战车的女人"的图像来源提供任何解释，"它不是唯一一个促使我做这件雕塑的动机"。然而他认为有必要回顾在某一封信中他曾写的解释片段："我昨天给您的那类题目不好。例如在刚做成的九个人像版本的《广场》中，我立刻在其中看到去年春天我特别想描绘的一片林中空地，但我并非为此而做这件雕塑。它们分别是九个人像的实验，只是被偶然地放在一起，形成了一种组合，我曾一度模糊地寻找这种组合以便打破另一件包含三个人像、一个头部的《广场》带给人的僵化感。"[15]

　　从超现实主义时期开始，贾科梅蒂就很提防标题在诠释作品意义时造成的简化。他的一些朋友自认为知道他那谜一般的女性人像背后的"隐喻"，对此他多次反驳并予以嘲笑，他在清单里只是简单地将这个女性人像称为"坐着的女人"。这种对抗一直在持续。即便艺术家为这个展览付出了承诺的努力，马蒂斯却依然很难让他给作品取名，或阻止他随着时间推移改变作品的标题。

　　展览原定于1950年3月举行，但又被推迟到了年底，因为作品最后的精修还没完成。1947年到1948年寄往纽约的第一批青铜雕塑的表面只涂了一层漆和金色颜料，没有着铜绿色。贾科梅蒂关于这个问题的观点随着作品的发展和时间的推移发生了变化。画廊主和美国的收藏家都明显表现出对色彩明亮的青铜雕塑的偏好，几乎不着仿古色，这位雕塑家以前也喜欢这种。然而自从他和鲁迪埃铸造厂合作后，他要求在现场制作暗色的铜绿涂料，有时是从绿色中提取出来。马蒂斯对精修工作的质量提出批评，要求迭戈亲自参与制作，或者至少把控铜绿涂料的质量。[16]《广场》里的人物外形很粗犷，画廊主竭力要求其表面的仿古着色为暗褐铁锈色，以便看起来有考古挖掘物表面的那种侵蚀感。贾科梅蒂在《广场》的成品上做了实验，由于对效果不满意，他决定使用另一种方法：给青铜雕塑涂色。自从在马洛亚创作了《坐四轮马车的女人》之后，他在石膏雕塑上便屡次这样尝试。"直到昨天早上，我依然会在某些做铜绿涂料的实验中遇到许多困难，尤其是那两件构成作品。它们与原矿色、酸洗腐蚀色、绿色、黑色等任何颜色的搭配效果都令我不满意。它们总是跟我想要的不一样。昨天我在画室里用以前的雕塑做实验，但手法是我一直特别想用的，那就是给它们涂色。非常明显，这就是我该做的，今天早上我给两件构成作品涂色，它们立刻看起来就像做完了，效果就是实验开始之前我头脑中想象的样子，比用石膏做的时候好太多了，完全没有可比性。"[17]

迭戈和巴尔蒂斯给予了积极评价，顺便来看雕塑的毕加索也是，这让他很受鼓舞。这位艺术家很高兴。"铜绿涂料的问题被彻底解决了，结束了，不会再有问题了。您会感到惊喜，雕塑第一次呈现出了我想要的样子。"[18]画廊主饶有兴致地接受了这个想法，作品抵达纽约后，他表示了认可："颜色完全合我的心意，刚开始有一点震惊，之后我们感觉这很自然。"[19]但很快，作品的保存成了一个问题。其中一尊人像在路途中破损，修复工作很复杂。"需要用焊接枪将它重新焊接，但这样的话您就可以想象会给漆面造成什么后果！漆面融化了，平台也要重新涂色。坦白讲，您选的颜色很难复制，雕塑的整体外貌因此有点受损。修复工作是由一位艺术家完成的，他懂得并喜爱您的作品，但如何在最大程度上保留您的意愿，重现雕塑的光辉，这是有待解决的新问题。"[20]

马蒂斯虽然对贾科梅蒂十分中意的彩绘雕塑表现出浓厚的兴趣，但对那些他认为不够成功的作品同样表达了保留观点。"只有两件作品我不喜欢，就是由四只金脚支撑的四个白色小人像和那两栋房子。在我看来，每件作品里被涂色的人物都被过度上色了，也就是说色彩使人物产生了一种在我看来超越了您创作意图的特征。"[21]

这位艺术家接受了这些批评并立刻心甘情愿地更改了

颜色，他承认自己之前也不满意。事实上，给青铜雕塑上
色在他看来是实现了油画与雕塑之间的连接，他的这种热
情很快被更加温和的态度所取代。马蒂斯也变得有所保留，
因为收藏家们对此也热情不高。后来，虽然许多青铜雕塑
继续被上色，但这一原则并未普及，他的大部分作品还是
根据画商的喜好着仿古色，如"哑光金黄色"。

第二十三章
不停歇的工作

　　刚过去的那几年是这位艺术家职业生涯中创作成果最丰硕的时期。贾科梅蒂经常应邀为画廊主创作，还把这个消息告诉了马蒂斯。因为毕加索反对，坎魏勒在咨询了他的意见后决定放弃让贾科梅蒂进入西蒙画廊的想法。得知这个不友善的态度后，贾科梅蒂十分生气，他虽然没有断绝与毕加索的往来，但好几年里都刻意与他保持距离。勒布提议代理售卖他的油画作品，但这位艺术家没有给予明确答复，他期待更有利的机遇。最近几个月，玛格画廊的主管路易·克拉耶频繁来访，此人深得他的信任。当时，马蒂斯更倾向于通过谈判让他进入路易·卡雷画廊，但贾科梅蒂不顾马蒂斯的保留意见而选择了当时颇为流行的新兴画廊，因为对方承诺他可以任意决定青铜翻铸品的数目。1949年11月，他写信给马蒂斯："目前有另一件事，玛格画廊希望能在春天（3月份）举办一次展览，克拉耶为此来见我。我非常喜欢那个大厅，在那里可以做出比其他地方都要好的东西。我说过这件事必须得到您甚至还有勒布的同意才行，他买过我的油画、素描和雕塑（就一件！），还想继续买。告诉我您怎么看？"[1]

1950年1月，两位画商经过了激烈的会谈之后，终于达成了一致：作品的所有发行量将一分为二，纽约画廊将拥有美国境内的唯一销售权。因此贾科梅蒂加入了那些由这家巴黎画廊代理的朋友们的行列，例如米罗和布拉克。8月，他将与艾梅·玛格一起到瓦朗日维尔拜访布拉克。

展览计划激增。6月，在希尔斯中学的两位童年伙伴的提议下，他与安德烈·马松一起在巴塞尔美术馆（Kunsthalle de Bâle）举办了一场展览，展出了二十五件雕塑和油画作品，以及相同数量的素描。这是首次由一家博物馆对其作品进行全面的展出。他出席了开幕式并对作品的悬挂方式特别满意。博物馆买下了三件作品。开幕式结束后，他直接奔赴威尼斯，那里正在举办当代艺术双年展。一年前他受邀作为顾问和参展艺术家参加了现代主要雕塑家展。展览起初包含向洛朗斯、里普希茨、阿尔普、考尔德、安托万·佩夫斯纳、扎德金和贾科梅蒂作品的致敬。此前一年，他与安妮特亲赴现场为展览做准备，然而双年展的组织方却决定减少洛朗斯的作品，他不同意这一做法，因而心中不悦，再加上他对准备参展的作品不满意，于是他于最后一刻决定放弃参展。自从为马蒂斯的那次首场展览进行了高强度的准备工作之后，他的节奏没有减慢。但即便产出惊人，过大的需求量仍导致他无法一一满足它们。他的生活节奏被打乱了，他习惯于夜间进行高强度工作，如今还得面对几乎是持续性的疲惫。艺术家的母亲很担忧：
"阿尔贝托，我建议你要注意自己的身体。还有你，迭戈，
照顾好你哥哥。要少喝酒（我是说要比在马洛亚喝得少，
在巴黎，我看不到你）。建议安妮特尽量八点半睡觉，不要
等十点半有了困意才睡。"[2]

　　贾科梅蒂之所以放弃威尼斯的展览，并非因为他没有
充足的创作。就像安妮特在信中向迭戈解释的，他们在马
洛亚居住期间，艺术家为展览创作了好几件作品，其中包
括"笼中的女人"[3]。"他需要在此多休息几天，至今，他一
直在为威尼斯双年展不停地创作雕塑。""笼中的女人"一
直没被完成，随后被放弃。[4]正如他向马蒂斯坦言的，他
"疲惫又恼怒"[5]，两个画商的订购需求不断纠缠着他，他们
都想迅速展示新作品。艺术家还疲于应付其他作品的求购
需求，而且他越来越怀疑自己。

　　然而这种每天都在折磨着他的怀疑并没有影响他的最
终抉择：选择具象艺术。战后，抽象艺术占据上风，逐渐
成为主流艺术运动。在两个对立的阵营中，即现实主义和
抽象派，后者被明确指称为现代主义的继承者。具象艺术
被降为社会艺术之列，即一种社会现实主义的法式改造，
或是一种得益于公众喜爱的传统艺术，通常以贝尔纳·布
菲和贝尔纳·洛尔茹为代表。[6]即便许多前卫大师如毕加索、
亨利·马蒂斯或夏加尔依然在使用具象手法，"再现"却不
再处于艺术的前沿，更非它的未来。艺术评论家夏尔·艾
蒂安发表了一篇题为《抽象艺术属于学院派吗？》（*L'Art*

abstrait estil un académisme ?）的战斗檄文，他并不是在对抽象艺术所占有的优势地位提出质疑，而仅仅是为抒情抽象派撰写了一篇辩词，用来驳斥他曾捍卫过的几何抽象派。选择热抽象还是冷抽象，这是艺术界争论的焦点。1949 年 12 月，皮埃尔·勒布面对评论家和艺术家，在会议上公开宣称支持具象艺术的地位，并宣扬"抽象派的结束"，但此番言论并没有打破大家对抽象派的一致看法。贾科梅蒂也在会场，身边坐着友人巴尔蒂斯和泰里亚德，他答应为大会的出版物制作石版画，之后于第二年完成。在尝试过程中，他一直在勒布的肖像和一张画室的取景图之间犹豫，最终他选择了后者。版画成了他的一项重要艺术活动，他很乐意做一些插图的项目。自年初以来，他为诗人兹达涅维奇·伊利亚兹德和查拉创作了肖像版画，作为他们诗集的卷首图。他还用蚀刻法创作了铜版画，后来在玛格的鼓励下，他开始学习石版画技巧。画廊实际上还开展了重要的出版业务，它出版了属于自己的杂志《镜子背后》（*Derrière le miroir*）和一些独立版画作品。

玛格画廊为他策划的第一场个展于 1951 年 6 月举办。莱里斯是他创作初期的莫逆之交，如今已成为他在战后最亲密的友人之一。他请莱里斯撰写了展览前言：《石头，献给一个叫阿尔贝托·贾科梅蒂的人》（*Pierres pour un Alberto Giacometti*）。这位艺术家展出了近五十件作品，主要是新创作。按时完成作品再一次成为挑战。安妮塔写信给儿子说："我知道你们会很高兴得知展览推迟两周举行，但阿尔贝托肯定会在开幕前的早晨依然忙着处理雕塑的石膏和颜色。"[7]

　　贾科梅蒂首次选用了特殊的展示作品的装置。他设计了可移动元素来取代常用的基座，其中一些被涂上了一层石膏。无论是青铜还是石膏作品都以独特的方式展出，它们被放在通体白色的窄石柱、高桌或托盘上。"桌子基座"（socles-tables）的不规则外形是受新版《广场》的托盘的启发。除了自1946年以来创作的女性和男性人像外，他还展示了刚创作的动物雕塑——《马》（Chevaux）、《猫》（Chat）和《狗》（Chien）。他重拾了一个早年的构思：将一件青铜的《指示的男人》与一件姿态庄严的男性石膏人像相结合。他曾跟马蒂斯说这件《指示的男人》在他看来是个"半雕塑"作品。他还做了新样式的《行走的人》，雕塑中等大小，被放在一个"托盘基座"（socle-plateau）上。他可能对这件作品不满意，因为它后来被毁掉了，与《指示的男人》相结合的人像也一样被毁。在所有油画中，两幅肖像画的结构更加完善，画面中是坐在起居室里同一位置的安妮塔和安妮特。艺术家再一次全身心投入到展览的筹备中，此次展览尤为重要，因为这是继1932年他在科勒画廊举办的唯一一场个展之后首次在巴黎办展。筹备工作将他带入了一种创作的狂热之中，这对他的身心都产生了影响。展览结束后，母亲担忧地在信中说："我希望你不要又同时开展太多工作，这会让你寝食不安。"[8]事实上，展览刚一开始，他便又投入到了繁重的工作中。整个夏季他都在创作新版的《笼子》，在油画方面也倍加努力。"最近几天我觉得油画创作得更顺利了，还出现了一些新东西。"[9]他还为泰里亚德出版的旨在介绍其绘画、雕刻作品的书籍画了素描。夏季，在马洛亚小住后，他于11月在卡弗尔拉与泰里亚德再次重逢。"我也认为阿尔贝托将会重新画素描，会高兴地做完这本书。他从卡弗尔拉写信跟我说，才停了三天，他就无法抵御画素描的强迫症了。好怪的人！他手里若没有铅笔或钢笔便无法安宁。有时候他是如此紧张、急躁，以至于让其他人，或不如说让身边的女人们感到紧张。幸运的是安妮特性格很好，并总是那么平静和快乐。"[10]

在此居住期间，他头一回遇到了亨利·马蒂斯，还拜访了毕加索。他依然处于兴奋焦躁的状态，因为几个月后他母亲再次发现了类似的情况："奥黛特最近路过巴黎时说你疲惫又紧张，虽然在你的信中看不出这一点。但无论如何，不要超负荷地工作。安妮特本该有点儿赞西佩*的样子，让你慢慢来。可正相反，她十分有耐心（这是个好品质），觉得阿尔贝托所做的一切都很好。"[11]

收到信之后的几周，艺术家来到了斯坦帕。他惊艳于眼前的一片春色，于是画了一系列作品。但很快挫败感油然而生。"早晨我第一眼看到这景色，它在阳光下熠熠生辉，树上开满了花，远处是覆盖着积雪的山峦。这就是

---

* Xanthippe，哲学家苏格拉底之妻，一位有名的悍妇。——译者注

我想画的，但自那之后天色就不那么亮了，还时常下雨，十五天以来我再也没能看到那座山峦，花朵也凋谢了，那些白花和丁香。我继续画风景，直到夜晚。"[12]

感觉的狂热之后便是与再现的习惯性抗争。"想要呈现第一天眼前所见的愿望消失了，但我并不太在乎。"贾科梅蒂早已不再是印象派画家了，他想抵达的真理不能被简化成简单的对瞬间真实的捕捉。晚上，他翻阅父亲的艺术史书，研究不同时代艺术作品中风景的逼真效果：荷兰和弗拉芒的大师、印象派画家、现代派大师、古埃及和中国绘画。他找不出任何可以超越他们的东西。他创作的一系列风景画最终与他最初的描述背道而驰：大自然的景色被压缩在画面的正方形空间里，景色从画面内部开始描绘，用黑白绘图线表现出渐变的灰色。他将古埃及浮雕中的直角结构与中国水墨画中自由松弛的线条相结合。回到巴黎后，他继续努力并尝试街景画，但又遇到了相同的困难。他对结果不满意，作品主题似乎总在逃遁。马蒂斯看到他毁掉了其中一幅风景画，这激发马蒂斯第一次拿起笔写了一封充满训诫和建议的长信。

除了这些困难，外部时局也不稳定。冷战给人们的精神压上了一层厚重的阴云，爆发近两年的朝鲜战争激起了人们对核战争的恐惧。"今晚我仅就整体局势做了思考，情况看起来十分危急。后面还会发生什么呢？我总喜欢夸张讲话，但今晚对我们的展览我不敢想也不敢说太多，否则会有种可笑的自私感。"[13]

贾科梅蒂每天的工作安排也受到了翻天覆地的影响。
1952 年 7 月，欧仁·鲁迪埃之死让两兄弟感到悲痛，同时
也是对他们工作上的打击。鲁迪埃过世后，铸造厂便关门
停业了，这打乱了他的创作活动。迭戈需要找到一个应急
的铸造厂来满足大量的订单需求。贾科梅蒂工作缠身，整
日忙于创作和展览组织方面的事务，他逐渐远离了咖啡馆
里的激烈讨论。回到巴黎的最初那些年，与朋友的日常交
往曾是他生活的重要组成部分。他以前是萨特与波伏瓦的
亲密朋友之一，经常与加缪、蓬热和莱里斯等知识分子们
往来。如今这些友情虽没有中断，但他晚上的时间都用在
了工作上，再也不参加任何晚宴——成名后的萨特由于工
作繁忙也放弃了这项娱乐活动。他与毕加索重逢时的热烈
友情也黯淡了。先是"坎魏勒事件"，这让他们彼此之间产
生了前所未有的敌意，他也因此怀恨在心。另外，他也不
欣赏毕加索成为共产党官方插图画家的做法，还瞧不起所
有贴在墙面上的"和平鸽"海报。他跟马蒂斯说："鸽子
看上去像冻僵了一样。"[14]1951 年他去瓦洛里拜访毕加索时
还用巴勃罗 * 的阿富汗猎狗当他的作品《狗》的模特，第二
年他就对这位朋友说了一些十分尖刻的话。《法国文学》
（Les Lettres françaises）刊登的毕加索访谈被置于首位，我
希望能尽快遇到他并跟他说（关于雨果和罗丹）一些类似

---

* 即毕加索。——译者注

s...c...*的词！"¹⁵ 即便贾科梅蒂习惯性地瞬间暴怒，之后又会与朋友言归于好，但两位艺术家的交情似乎已经走到了尽头。毕加索迁居至法国南部，并经历了私生活方面的波折期，这限制了他与其他人的来往。1953 年毕加索与弗朗索瓦丝·吉洛的分手标志着一个时期的完结，而贾科梅蒂曾与这个时期有着深刻的关联。经常出入伯利特−曼东街画室的朋友们现在只剩下了巴尔蒂斯、塔耶、泰里亚德和克拉耶，而巴尔蒂斯很快就要搬到乡下居住。1952 年 11 月，他在斯坦帕得知保罗·艾吕雅去世的消息，不禁十分悲痛。查拉想为诗人发表一篇纪念文章，应他的请求，贾科梅蒂创作了一系列怀念故友的作品。他画了许多幅记忆中友人的画像和一系列花束，人物面部的苦行主义让画面充斥着一种阴森忧郁的特点，这其实并不符合他近期作品中的主导气氛。

---

* 这是贾科梅蒂为了避免说脏话而采用的委婉说法，字母 s 和 c 在此很可能指代法文中的脏话：sale con（肮脏笨蛋）或 sale connard（肮脏蠢货）。——译者注

第二十四章

再一次，怀疑

"我十分抱歉在上上次拜访您时留下了如此糟糕的印象，那时您刚毁了一幅自己的街景画。当我们能亲身感受到某个正在找寻方向的人所经历的内心挣扎时，我们就很难表达一些自以为是的观点，尤其是当我们自身也受这个人的坎坷与积习所影响时。所以我们能做的是保持信心，即便我们无法说什么。很明显，您正处于思想波动期。我想跟您说的，您自己也知道。可能您不想承认或接受。所有我能假设的是，当您声称要用红色代替黑色好在夜幕完全降临之前加快速度，在我看来这完全是误入歧途。这里涉及的已经不是光线或色彩的问题，至少不是绘画的问题。这是毕加索曾经选取的立场。'当没有蓝色，我们就选红色，这是一回事。'这对毕加索来说也许可行，但对您来说是绝对行不通的，因为您创作的是另一类油画。我能说的便是您可以做得更多。我觉得，也许我说的不对，您在同一主题、同一姿势、同一人物上创作五幅作品，这太分心了。如果您要找的东西在第一幅中没有找到，不见得您能在第二幅、第三幅、第四幅上找到。证据是，至少在我看来，您每次深入到一幅画中时，比如战争期间您在瑞士画的母亲和苹果静物画，您就穿越帷幕进入了另一个平面，一个被创造、被重构的平面，这个平面没有远景，也没有与画面其他部分不相符的近景。回顾您近几年的作品，我觉得您需要重整旗鼓打开一扇新的大门，以便走得更远。您刚开始做的那两尊雕像，即拱顶下的两个女人，还未达到这种程度。因为它们完全属于您尚未摆脱的之前的那种创作模式。'笼子'的问题及其在之前作品中的演变还不够充分，我几乎认为之前的作品更好，更纯粹，更简单。目前这些则看起来更复杂、更被迫，它们似乎受到意志的支配，也有点像受到绝望的摆布，只是激烈程度不同。您得找回您的孤独与安宁，不受任何人的干扰。如果我看上去像在逼迫您，那是因为我觉得这对您无害，而且您会保持一贯的独立性。您在瑞士，为什么不比平时再多待一段时间呢？在那里您可以厘清思绪。我感觉您越是逼迫自己做雕塑、人像、头像、胸像、油画、室内设计、肖像画、静物画、风景画，便越无法重新找到思路——在巴黎也不行——巴黎有太多分心的事，太多为新犯的谬误辩解的机会，就像用一抹红色代替黑色。（我依然无法接受。）我不想说更多了。所有这一切并不是对您缺乏信心，因为我太了解您的能力所长，您现在所处的瓶颈期也许是必要的，但必须要从中走出来。就这样吧，像我这样从来什么都不说的人，我希望我今天说的没有过多，轮到您讲了。"[1]

皮埃尔·马蒂斯的这封长信是对这位艺术家一周又一周延迟交付新作的回复，这证实了贾科梅蒂逐渐陷入深深的怀疑之中。1947年到1951年是他的创作自信期，期间每一幅作品较之前的都在进步，而之后贾科梅蒂被一种不确定感侵袭，他又开始摧毁正在创作的作品。几个月以来，画廊主一再催促他完成承诺给纽约现代艺术博物馆计划展出的作品，但贾科梅蒂做的所有尝试都一无所获。"对我来说其实已经不再是展览的问题了，而是取决于我能否再创作出一尊雕塑和一幅油画。我完全被困住了，我拼尽全力做到这个程度，可现在又要从这儿走出来，我质疑过每一粒石膏，我无法降低标准，这便是我得到的经验！"[2]

去年他拒绝了由他代表瑞士参加下一届威尼斯双年展的邀请，他解释说是因为没有新作品。参展曾经能够极大地激发他的创作，也是更新想法的原动力。四年来，他创作并卖给了马蒂斯六十余件青铜雕塑。但当他同时开始各种新尝试时，他再次感到只有根据模特创作才能抵达对真理的再现。一段时间里，他将具有普世特征的人像搁置一边，重新让迭戈和安妮特为他长时间地一场场摆姿势。他第一次让有趣的小细节显露在肖像雕塑上：迭戈的胸像先是穿着粗毛线衣[3]，然后穿上了夹克衫。这使作品比以往的创作更具描述性。他不再玩基座的变化游戏，而是有了新想法：人物的肩膀和上半身形成了雕塑坚实而稳定的基础，上方的头部经常尺寸较小。进步依然时断时续，他还经常感到陷入了死胡同。甚至通常情况下，简单的项目都变得难以创作。因此他花了好几个月的时间去做艾梅和玛格丽特·玛格定制的一盏室内分枝吊灯，但他一直觉得效果不尽人意。"那盏分枝吊灯做完了吗？"母亲问道，并鼓励他尽快完成。"它就像一座巴别塔，但如果能将它好好地做完，让所有人满意，而且如果它是全巴黎最美的分枝吊灯，那我将对此十分高兴。"[4]

知道交付期限的迭戈也从斯坦帕写信催促他："阿尔贝托，我希望你已经着手做那些雕塑了。"[5]这位艺术家一直被两种声音折磨，一种是理性的，另一种让他在完美的召唤下不断推迟完成作品并将其毁掉。疲惫让他不安又易怒。通常，即便马蒂斯表达了一些批评，阿尔贝托对他的观点也都很赏识，可如今马蒂斯也成了他抱怨和发怒的出气筒。安妮塔让他注意自己的行为。"亲爱的迭戈，我很高兴通过你的信得知马蒂斯并不记恨阿尔贝托。阿尔贝托，你也看到了，你不该生气，不该发那么大的火，还写那么出格的信。但是，俗话说本性难移。"

她也嘱咐他不要对模特们太过挑剔。"我希望这幅英国人的画像能让你有所进步，希望你不要对他做出那个我相当熟悉的可怕表情。我太老了，也太唠叨了，不能当你的模特。然而无论如何你都要相信，若你与其他人一起取得了成功，我将是第一个为此高兴的人，你不缺乏坚忍不拔的精神和实现目标的干劲。我常常觉得你在寻找一种不可能性，这让我很担忧。但我知道我什么也不懂，这样我才能安心。"[6]

事实上，这位艺术家把对自己的苛求也强加给了模特，他让对方保持完全不动的姿势长达几小时，模特们时刻担心他可能会随时毁掉他已经完成的部分。

1953 年是过渡期，在此期间贾科梅蒂经历了人生中的起伏与波折。春季，他又开始用心做雕塑。他改成了在白天工作而非深夜[7]，迭戈继续在他身边照顾他。"我希望你继续创作雕塑，尤其是别再把它们都敲碎了。"[8]艺术家的确致力于创作新的胸像和裸体女性雕塑。这些裸体女性雕塑虽然保留了以前那些人像的庄严姿势，但都选用了以安妮特身体为参照的更加突出的女性特质。他还塑造了一件颇为写实的胸部隆起的年轻女性胸像。两人忙中偷闲与弗伦克尔一起去西南部参观拉斯科洞穴，一年前巴塔耶曾在这里受到了深深的震撼。秋季时，安妮塔感到他已经调整好了面对工作的心情和态度，但他真正脱离危机还要在几个月之后。12 月，玛格夫妇的小儿子贝尔纳的离世震动了玛格家族。作为家族亲友的一员，贾科梅蒂答应创作葬礼纪念碑，并因此多次前往圣保罗-德旺斯。1954 年，他又感到有所进步，尤其是在油画方面。他在画面中使用了更加丰富的色彩，重新开始为雕塑涂色。[9]在玛格画廊举办的一个新展览上，雕塑作品并不多，他被冠以画家和素描家的身份展列作品。萨特编写了展览前言，题为《贾科梅蒂的油画》（*Les Peintures de Giacometti*）。贾科梅蒂应邀设计以亨利·马蒂斯为图案的纪念章，于是他于夏季两次赶赴南法。他描绘的病榻上的亨利·马蒂斯是其人生弥留时刻的感人见证，这位艺术大师于11月离世。时隔几年，皮埃尔·博纳尔和亨利·马蒂斯这两位被他视为艺术巅峰的现代画家都相继过世了。他通过萨特认识了一位新朋友：作家让·热内。萨特刚为此人撰写了一篇随笔，其标题颇具揭示性：《圣热内：喜剧演员和殉道者》（*Saint Genet, comédien et martyr*）。两个个性鲜明的人立刻一见如故，热内成了伯利特–曼东街的常客。贾科梅蒂为他创作了多幅能抓取人物表现力的油画和素描人像。这位作家将摆姿势期间他们交谈的内容编撰成书，形成了一本关于画室和艺术家的精彩纪实作品——《贾科梅蒂的画室》（*L'Atelier d'Alberto Giacometti*）。1958年出版的这本书展示了一幅十分生动的人物肖像，揭示出贾科梅蒂身上所有的复杂性。"他微笑着，脸上皱起的皮肤也跟着笑起来，方式很独特。眼睛在笑，这是自然的，可额头也在笑（整个人都带着画室里的灰色）。也许是出于共情，他选取了灰尘的颜色。他的牙齿在笑——牙齿分散且同为灰色——风从中间穿过。他看着自己的一件雕塑，说：'有点奇形怪状，不是吗？'他经常说这句话。他自己也一样相当奇形怪状。他挠了挠灰色的蓬乱的脑袋，是安妮特为他修剪的头发，提了提拖在鞋面上的裤子。他六秒前还在笑，然而又立刻触着一个刚开始创作的雕像，半分钟内，他便将手指放进了黏土团中，兴趣完全从我身上转移开了。"[10]

与巴塔耶和贝克特一样，热内形成了一种与自己的作品高度契合的世界观和艺术观。世界在这位艺术家看来是一种日常的震撼——你面对每一个细节、一棵树、一张脸时所感受到的——也是内心恐惧和敌意的对象。同一时期，贾科梅蒂在画本上勾勒的也许是他自己的（也可能是萨特的）身体与心理肖像："一个锋利、尖锐又结实的多面晶体，头部却尤为固执而猛烈地向前伸着，嘴角的线条夹杂着痛苦、伤心（悔恨），沮丧的面容好像在喟叹生命不过是绝望的深渊，当他想到曾经对生命的看法或想象生命为何物时，他好似从这深渊中揭穿了一些事，也推翻了他曾对于这苦涩的生命本身所抱持的信念，这种领悟是由内而发的，并非他人或事件强加的，或不如说这苦涩就是关于生命和宇宙也就是绝望深渊的无奈接受，与之伴随的是对无限范围内的存在与事物所持有的柔情善意和理解。"[11]

与支持阿拉贡的那段时期不同，政治事件对他来说已经不再是战场。斗争被内化并抵达了更深的层次，但也更晦暗不清。热内完美地描述了拉近他们彼此之间距离的那种备受折磨的人格。"这个可见的世界就如其所是，我们对它采取的行动只有当它完全转变成另一个时才能发生，于是我们怀念这样一个宇宙，在那里人们不是在可见的表象上疯狂行事，而是尽力摆脱它，不仅拒绝针对这个表象世界的任何行动，还要尽量剥光自己，在自己身上去发现这个隐秘之处，从此，一种截然不同的人类境况才有可能实现，更确切地说是在道德层面。但也许正是得益于这个非人道的条件和不可抗拒的安排，我们才会怀念试图在别处而非可知范围内去冒险的文明。贾科梅蒂的作品让我觉得我们的世界更加难以忍受，这位艺术家似乎懂得排除干扰他视线的东西，揭示去除伪装之后人能留下的部分，但贾科梅蒂可能也需要这种强加于我们的非人道的境况，这会使他的怀旧情绪变得如此强烈以便给予他足够的力量在探索中取得成功。"[12]

圣巴巴拉艺术博物馆（Musée de Santa Barbara）刚刚为他举办了一场个展，这是他在美国博物馆举办的首次展览。另外两场主要回顾展也计划于 1955 年举办：一场在纽约的古根海姆博物馆（Musée Guggenheim）展出，由新任馆长詹姆斯·斯威尼筹办；另一场由伦敦艺术委员会举办，由艺评家大卫·西尔维斯特筹办。第三场展览将于相同时期轮流在三家德国美术馆举行。虽然贾科梅蒂已在巴黎定居三十年，但对他的认可都来自国外，尤其是美国，在那里有一批对他而言最重要的收藏家，其中包括美国大工业家乔治·大卫·汤普森。从前超现实主义到超现实主义，他致力于在最大范围内收藏贾科梅蒂的作品。战前时期的创作越发受到关注，这位艺术家答应了马蒂斯的请求，同意将剩下的石膏像翻制成青铜。他找了新的铸造工，并从此在叙斯铸造厂制作青铜雕像。有了这两家画廊的订单，他的经济情况得以好转。安妮塔建议他注意家庭开支："你的钱现在从四面八方而来，我建议你在这笔钱被挥霍掉之前去给安妮特开个储蓄账户，再给她买只漂亮的戒指。"[13] 然而艺术家却丝毫不想改变他的生活环境，并且抗拒安妮特想让他们狭小的生活空间变得更舒适一些的愿望。不过他却一点都不节俭。他很少把作品慷慨地赠送给别人，夜生活时却挥金如土，对他人的恳求都予以积极回应。在我们的想象中，贾科梅蒂更像一个孤独者，而事实上他的社交圈广泛又多样。很少有人会被准许进入他的画室，除了最亲近的朋友和来摆姿势的模特，比如热内，英国收藏家罗伯特·塞恩斯伯里、彼得·沃森，以及途经巴黎的汤普森。即便常常与朋友们相隔两地，艺术家依然对他们保留着真情实意。洛朗斯、米罗、恩斯特、查拉、巴尔蒂斯、布拉克一直都是他的亲密伙伴，他还经常去尚布尔西拜访德兰。此人于1954年9月过世，此前几个月贾科梅蒂曾去医院探望过他。次年，国立现代艺术博物馆（Musée national d'Art moderne）为德兰举办了画展，他按照这位朋友生前画的两幅肖像画创作了两幅题为《致敬德兰》（Hommage à Derain）的版画。他从超现实主义时期便一直交往的亲密友人还有弗伦克尔，他们经常见面，他还继续让朋友帮他治疗。他也保持着与萨特和波伏瓦的交往，即便见面次数不那么频繁。他经常与知名作家来往，如贝克特、蓬热和夏尔，并且帮年轻诗人的书籍创作插图。他和安妮特还保持着与奥利维耶·拉龙德、安德烈·迪布歇和莱纳·勒克莱尔的长久友谊。他是蒙帕纳斯平民餐馆和咖啡厅的常客，也经常光顾歌舞小酒馆和夜店。虽说他会独自一人在画室里与作品彻夜相对，但这种孤独并不意味着他离群索居。正相反，贾科梅蒂是个社交能力突出的艺术家，他喜欢偶然的相遇和自发的讨论。第一个为他写传记的诗人雅克·迪潘证实了这一点："当我谈及贾科梅蒂与他人交流时的恐慌时，应该将之理解为一种绝对交流的不可能性，而不是他难以自处或与人共处。因为从早年间开始，贾科梅蒂便喜欢引诱和掌控他人，他令人着迷。他的天资、机灵、魅力和让人过目不忘的外形，他的狡猾、固执和独特的个性力量，他对所有人的敏锐观察，这一切确实让他在所有情况下都能引诱、掌控他人和令人着迷。"[14]

弗朗索瓦·韦尔根斯与贾科梅蒂相遇时还是一位年轻的短片导演，他提起一段逸事，充分体现了贾科梅蒂身上那种既矛盾又挑衅的性格："有一天我们约好见面，我提前到了一会儿。画室的门开着，我便直接进去了。等待时我环顾四周，然后继续等待。我在那里待了一小时，然后他突然出现在我面前，他看着我说：'你什么也没偷吗？'我说：'没有，当然没有。'他却回答说：'真可惜。因为如果偷了的话你就拥有了一件我的东西，我很少送东西给别人，我不认为会送给你什么，但是如果你偷了它，我会很高兴得知您拥有了一件我的东西。'"[15]

他还描述了夜晚时他们在巴黎街头的散步，这位艺术家故意延长散步时间以避免在幽闭的画室深处独自面对自己。贾科梅蒂喜欢这些夜间的散步和生活。精神状态的回归和新展览的计划让他忘记了那些坚定的决心，即便疲惫，他依然喜欢从黄昏一直持续到黎明的自由时光。他的创作越来越固定在夜间发生。于是他下午和模特在画室里工作，接着等深夜晚归之后才又在孤独而昏暗的光线里专心投入创作。

第二十五章

成功时刻

即便如今他仍不断地怀疑自己，他的绘画作品却在两年间取得了长足进步。在雕塑方面，经历了新作品的繁盛期后，他又进入了探索期和收效甚微的重返模特的创作。虽说完善的作品不多，但在迭戈和安妮特为他长时间摆姿势的过程中也产生了几件不错的作品。从1953年的《穿套衫的胸像》(*Buste au chandail*)起，他对再现的思考有了新方向。即便他继续声称在源于"想象"的作品和他更看重的模特写实的作品之间存在着对立，他依然创作了一系列融合两种方法的雕塑。以《阿蒙霍特普》(*Aménophis*)、《锋利的头》(*Tête tranchante*)以及《瘦削的大头》(*Grande tête mince*)为题的胸像都表现出一种将迭戈的写实人像与明显参考了的古埃及雕塑的结合。艺术家在这些作品中重新找到了第一件伊莎贝尔胸像的灵感，即两种再现风格的紧密结合。但他也再次引入了更加彻底的新风格元素。在这些"身体基座"(corps-socle)胸像上，从侧面看，头部与模特惊人地相似，从正面看却被简化成了一个垂直的薄刀片。其中一件作品的标题《锋利的头》很好地诠释了这种极致的扁化效果。这位艺术家再一次将其雕塑的空间性融入观察视野中，作品的效果需要通过观察者的运动才得以展现。但这是他第一次为了这种效果将两种对立的图像观结合起来。形式突然闯入非形式中，这种近乎荒诞的矛盾组合赋予这些作品非常独特的暗示力量。即便作品由于对古埃及雕塑的参照而具有了庄严与丧葬感，暴力元素却再次突显出来。这种暴力既能从艺术家对素材的极致压缩中体现出来，也能从他用刮刀迅速在作品表面划出的线条中被感知到。迭戈的人像虽然十分忠于现实，但相比弟弟温和的性格，这件饱受折磨的人像更多传递出的是艺术家本性中的焦躁不安。同一时期，安妮特的裸体人像也传递出艺术家施加给再现的相同暴力。他解释说："我能在雕塑中感到其内部所蕴含的暴力，这正是最打动我的东西。"[1] 他对考古物件的兴趣使他在已做完的雕塑上保留了创作过程中发生的意外状况。因此，当站立的人像上那双过细的胳膊脱落时，他会依然保留肩部和搭在髋部的双手。从 1953 年起，贾科梅蒂便将一些人像称作"魔鬼"。在作品中，他将安妮特的面部线条高度强化直至扭曲夸张。深陷的眼眶，肥大的胸部和臀部，整体外形粗俗不堪，这些人像与古希腊那些有着修长四肢的少女人像截然不同，与那令人产生神秘感和神奇联想的古埃及人像也相去甚远。他并没有在这个思路上继续创作，但某些这种夸张写实的特点依然出现在了他之后的一些简约风格的女性再现作品中。他还将一种绘画现实主义融入石膏雕像中，通过用画笔勾勒的黑色线条或用小刀刻出的凹槽着重强调女性身体的体量感及面部特征。

伦敦和纽约的展览非常成功，这两个间隔几天的大事件在新闻界产生了巨大反响。艺术家虽然没有亲自布置展品，但开幕式结束后，他与安妮特、克拉耶一起去了一趟伦敦。他对展览和接待都感到很满意。对于很少旅行的他而言，在城市里漫步游览使他兴趣盎然。他告诉回瑞士陪伴安妮塔的迭戈："展览非常非常美，我认为它胜过所有其他展览。场地也超出我的预期，这是一栋漂亮的大房子，中间有超乎想象的大院子，比真正的宫殿还要好。一切都安排得井井有条，包括我将寄给你的作品目录。展览非常成功，来了很多人，英国的主流报纸《泰晤士报》也进行了充满溢美之词的大篇幅报道。我感觉这里的一切都很好，简言之无法想象还能如何更好。"[2]

像往常一样，这种满足感并没有阻止他不断进行自我批评："昨天我又一次在那些雕塑和绘画中看到了不足，不过这不会影响展览。"[3]母亲和迭戈最后甚至就此嘲笑他说："在读你的上上封信时，我们俩说你是个伟大的原创者，说白了你就是个抱怨家，总是在表达怀疑和承诺要做得更好。"[4]

这位艺术家的个性中实际上隐含着深刻的二元对立。贾科梅蒂坚定地相信自己属于最优秀者行列并走在正确的道路上，同时他又因为觉得能做得更好而产生持续的不满。不过外界对他的赞扬倒是众口一词。在古根海姆博物馆举办的展览同样受到了热捧。他被认为是欧洲同时代人中最重要的雕塑艺术家，他跨越了现代的形式主义并传递了所处时代的敏感性。"贾科梅蒂，说到他本人，是非常表现主义的。他是罗丹和布德尔的继承者。那些被拉长的人物，那些像是长久克制的情绪爆发时变得僵直的黏土质身体，它们都传递出战后油画界以浪漫主义为显著特征的精神状态，这种精神状态最贴切地反映了那个不安与幻灭的年代——冷战的年代。"[5]

他再次被邀请前往纽约，但他拒绝了，因为着急着要回到画室。"今早我收到了为我办展的纽约美术馆馆长的一封善意来信，出乎意料的是他在信中说展览非常成功，到场观众很多，他以美术馆委员会之名邀请我去纽约参观，这是我之前并没想过的。展览一直持续到 7 月 17 日，但我丝毫不想去那里。"[6]

在纽约，评论界的热捧引发了画商们的追捧。因为马蒂斯手头能介绍给收藏家的成品不够，便通过中间人从玛格画廊买了几件作品，接着再根据美国市场的喜好让迭戈给他们重新染上古色涂料。事实上，两家画廊的关系并不好。马蒂斯经常指责艺术家给予玛格画廊的优待，认为他们能更直接地获取作品，侵犯了他在美国市场的独家代理权。贾科梅蒂虽然总是表达自己的忠诚和友谊，却并不总将承诺放在心上，无论如何他都想要保持自由。如今他已成为知名艺术家，他知道自己的任何小过错都不会给他与画商的关系带来严重后果。销售的成功让他欣慰，因为这代表了一种认可，但与此同时也给他带来了一些问题，其中涉及与亲朋好友的关系。母亲训诫他道："阿尔贝托，在最近的信中我读到你日进斗金。然而安妮特和迭戈，你们要注意他所做的承诺。"[7]即便销量激增，资金大笔入账，改善生活条件却不在他的日程安排上。他将大把钞票放在床下的箱子里，丝毫不觉得需要改变生活方式。多年来他每天都吃一样的饭菜：煮鸡蛋、火腿、面包、红酒和咖啡。从不改变。画室里的家具越来越松动，最后只剩下两把椅子，一把是他的，另一把是模特的。他最多允许在起居室里做一些调整。四年间，坚持来伯利特-曼东街画室的热内补充说："安妮特和他的房间用漂亮的红色方瓷砖装饰。以前，地面是硬土地。夫妻俩的起居室还经常漏雨，那也是他们日常生活的地方。他最终十分不情愿地接受了红方砖，这是一种最漂亮也最简朴的装饰。他说除了这间画室和起居室，他永远不会有其他住所。如果可以，他希望房间变得更朴素些。"[8]

画室继续吸引着众多摄影师前来拍照。自从他战后回到巴黎，最知名的摄影师们都来过：亨利·卡蒂埃-布列松、布拉萨依、欧文·佩恩、戈登·帕克斯……以及战争期间他在瑞士认识并成为朋友的恩斯特·谢德格。1948年，这位摄影师定居了巴黎，两年间他几乎每天都来画室。后来他成了贾科梅蒂忠实的朋友，逐渐创作了近三千幅关于画室的摄影作品。1954年，年轻的瑞士摄影师萨比娜·魏斯来画室为《眼》(L'Œil)杂志做采访，她在瑞士时认识了安妮特。赢得了艺术家的信任后，她在往后的几年里经常来拍摄作品。在这些照片中，我们看到画室的角落里成堆摆放着大量画作，说明绘画在他的创作中越来越重要。此后，贾科梅蒂认为自己既是雕塑家也是画家。重获自信的艺术家接了几幅肖像画的订单，但这信心很快便消失了。新的困惑期开始了：他同时做好几件作品，可根本无法将它们一一完成。他曾一度认为油画是更加稳定的创作活动，因为不用像雕塑那样与材料做斗争，但此时他画画也不再感到从容。皮埃尔·马蒂斯请他为巴尔蒂斯的展览撰写前言，他借机表达了自己的困惑："由于工作占据了我的所有时间，我比任何时候都困惑我与它究竟处于什么位置。一切几乎都会瞬间变成新的，半小时前发生的事将变得永远过时，这会不断产生对事物（对我画的事物以及通过我的画而对所有事物）的新观察，不仅对大自然，对油画也一样（我今天看伦勃朗的画和昨天就不一样，我看其他任何人都是如此）。这使我对任何一幅油画都无法形成任何确定的看法，我不知道我有什么想法，关于巴尔蒂斯的油画我完全无法表达任何观点，就像对米罗、毕加索、布菲、让·杜布菲、蒙德里安、利奥佩尔或其他所有人一样。关于亨利·马蒂斯的绘画（我重新看了那场精彩的展览）以及德兰和博纳尔，我倒不会乱了阵脚，但若换作为他们的展览撰写前言，我将不可避免地陷入万般纠结之中。"[9]

虽然与巴尔蒂斯是朋友，11月还曾与皮埃尔·马蒂斯一起前往沙西拜访他，贾科梅蒂依然将自己的油画风格区别于这位追随现代古典主义风格的画家。他们都对穿越了各个时代的艺术史抱有相同的兴趣，但正如巴尔蒂斯的弟弟皮埃尔·克洛索夫斯基所分析的，巴尔蒂斯运用文化以便为作品引入一种"精神上的身处异域"[10]，贾科梅蒂则将文化另作他用。1952 年，他坚决批评蓬热将他描述成对文化不感兴趣的艺术家这一说法，他摒弃了巴尔蒂斯构图中鲜明的时代错置感（anachronisme）及戏剧性特征。巴尔蒂斯的画作中独特的情色特征很大程度上取决于模特充分伸展的姿势，那是一些近乎扭曲的姿态，这在安妮特的肖像画中都不存在。虽说安妮特也被要求一动不动地摆姿势，但那种姿势并不造作，因为贾科梅蒂追寻的对象是主体而非姿势。他解释说，这便是为什么他总是使用相同的模特并且不改变他们的姿势。至于文化，虽然它渗透在其油画作品中——在雕塑中少一些——对它的运用却不是作为产生身处异域感的因素，而是把它当作向导以抵达再现的本质。他的道路于是变成了孤独之路。远离了同时代其他画家所走的道路，他将自己描述为一个在迷雾中摸索的艺术家。一直以来，这种不确定感同时带来了沮丧、困惑、抱怨以及在创作中不断更新的热情。"目前（四周以来）我活得像个流放者，这是从未有过的体验，每天我都感觉像在未曾见过的地方冒巨大的风险，在那里，世界不断地隐没，又在无边无际的地平线的新地带显现出来，即便这可能不会带来任何结果……"[11]

贾科梅蒂与德兰都很痴迷古代文化。德兰是个收藏家，他为自己建立了一座包含古希腊、古罗马、伊特鲁里亚、科普特与非洲艺术的想象博物馆，这是他 1950 年初创作的全部泥塑雕像的灵感来源。德兰过世后，贾科梅蒂对他的这些作品进行了加固。[12] 他还建议德兰的遗孀艾丽斯·德兰可以将其作品进行青铜翻铸，主要是面具和徽章，以免它们被遗忘。他亲自筛选作品，并指定了一位瑞士铸工做翻铸。他还在德兰作品回顾展期间为《镜子背后》（*Derrière le miroir*）杂志撰文来表达对这位无法被归类的画家的崇敬之情。这并非他第一次为在他看来被不公正地遗忘或没有被充分认可的艺术家竭力发声。1949 年，他欣然答应为威尼斯双年展遴选参加现代雕塑展的艺术家。他力挺洛朗斯，因为当时洛朗斯的贡献没有获得应得的认可。1956 年，除了不遗余力地为艾丽斯·德兰出谋划策，他还答应加入为米兰三年期期间举办的雕塑展筹建的遴选委员会。他热情投入其中并非常主动地让人为雷蒙·杜尚-维隆的作品《成年马》（*Le Cheval majeur*）制作新的翻铸品，以便让这件代表作得以展示出来。这位艺术家在他关于前卫艺术的探索中曾经占有一席之地。同样，他总是积极地通过文字或铜版画向他的艺术家或诗人朋友致敬，无论是在洛朗斯、布拉克和毕加索生前，还是在克勒韦尔、艾吕雅和皮埃尔·勒韦迪过世后。

第二十六章

矢内原伊作

1955 年 11 月，这位艺术家结识了一位在后来若干年
里对他产生了重要影响的人。一位旅居巴黎的年轻日本哲
学家——矢内原伊作，请求与他会面。贾科梅蒂很好客，
像平时一样热情地招待了他。刚一接触，矢内原伊作便看
出艺术家在日常生活中表现出的焦虑不安的性格和身体的
异样状况。"一点半时我在贾科梅蒂家。他刚起床，眼睛充
血，面色灰白，咳嗽得很严重。"[1]这位来访者用窥视的目光
打量着艺术家的外形。"大脑袋，大手，"他注意到，"他
的手指很粗，动作敏捷，不停地在动，他跟我说话时手指
还继续在空中比画。"[2]很快，他们便成了朋友，二人谈论艺
术和艺术家。贾科梅蒂说起自己在油画和雕塑上遇到的困
境。他一再地说："我什么也不懂，一切，一切，一切。"[3]
这段时期十分艰难，比任何时候都难。艺术家甚至像战前
一样重新开始做小型人像雕塑。不过他也必须要创作新
作品——伦敦和纽约的展览结束后，作品订单纷至沓来。
1955 年 12 月，他答应以雕塑家的身份代表法国参加威尼

斯双年展，油画家代表则是雅克·维隆。因此，他拒绝了几周后让他代表瑞士参加同一届双年展的邀请。与此同时，他还受邀在伯尔尼美术馆（Musée de Berne）举办回顾展。他同时为两个展览做准备，并开始创作一系列女性人像，与战后凭记忆创作的大型或中型姿态庄严的人像属于同一类。这些人像与新创作的迭戈的胸像一样，特点是头部尺寸很小，与身体形成了鲜明反差。他向马蒂斯解释说："明天，我得把最后几件作品交到威尼斯那边，有一个我今晚想继续完善的头部雕像，还有一些装在箱子里的小型头部雕像。接着我就得忙伯尔尼那边的事了。为此我又翻出了47号大型女性人像，把它按原样打理好，还翻出了另一件旧作。我做了十三件中型人像，它们都接近于我寄给你的47号大型女性人像。这帮了我大忙，我觉得从这一件件雕塑一直到迭戈正在塑模的最新那件都在不断进步。"[4]

这十三件人像中有七件将在双年展展出，他将亲自布置它们。这些女性姿态庄严，双臂紧贴身体两侧，她们的外形是两种人像的综合，即记忆中创作于1947年受古代雕塑启发的人像，以及安妮特为他摆姿势的裸体写生人像。于是，它们结合了具有永恒与同一特征的古埃及人像、古希腊少女像的"风格"与写生人像特有的诠释方式。再一次，他的雕塑尺寸变得脱离常规——一米二高——这是按照他远距离的观察经验而特意选择的。这组《威尼斯女人》（Femmes de Venise）中的人像从远距离看都很相似，近距离看则各有不同。正如弗朗索瓦丝·吉洛所说的，贾科梅蒂痴迷于对当下时刻与距离的把握，当你靠近时，人像面部还未清晰，这个不知名的身影就立刻变成了熟悉的人。[5]这些模型中有九件将用青铜翻铸，而在威尼斯参展的都是石膏作品。1956 年，他还做了些新作品参加伯尔尼美术馆的回顾展。他想完全投入油画创作中，与此同时他还得继续做雕塑，相比油画，这次他对雕塑明显更满意。此外，他还与一个特别的客户合作：富有的美国收藏家埃德加·乔纳斯·考夫曼。此人曾让弗兰克·劳埃德·赖特为他建造过一栋房子——著名的"流水别墅"。考夫曼请艺术家设计一扇门，立在自家宅邸的陵墓前。为了设计门上的浮雕，贾科梅蒂设想了一个在他的许多素描中已经描绘过的主题：一个人面对一棵树。作品仅创作了一次就完成了，他在平坦的黏土表面手绘出图案，再将成画的快速动作转而运用到柔韧的材料上。两扇门在轻浮雕的衬托下显得非常生动，门上对称展现了大自然中的一男一女，这番浪漫的景象也可被认为是对"亚当与夏娃"主题的新诠释。

艺术家后来多次请矢内原伊作来画室为他摆姿势，在长达几个月的时间里，矢内原伊作见证了艺术家每天在精神和肉体上与创作搏斗的过程。首先是与雕塑抗争，他第一次来访时便看到了这一幕。在与来访者的谈话间，艺术家会下意识地回到他的小木凳上，揉搓一件小胸像的黏土。"那是一件五十厘米高的胸像，能猜到上面会有个小头部。其面部满是与画作中一样的细小网格线，半身像却相反，它变成了一团火山熔岩般的膨胀黏土。"[6]

艺术家接下来雕刻的是一个女性人像，他的手指顺着框架上上下下，人物那时还没有胳膊和腿，刚开始做的肩部悬在被强有力塑形的细瘦身体上。在油画方面进行着同样的抗争，这使贾科梅蒂给自己提出了诸多问题，并与来访者论辩。他不容置喙地说："油画时代已经过去了，油画不再有未来了。"他接着又弱化了这一论断，将它限制在自己对油画的理解上，声称只有他在捍卫油画。"只有我还在像今天这样画画，只有我愿意画人物本身……从这个意义上说，我做的是古法油画。当今的画家，无论是具象还是抽象的，他们的目的不在于画什么，而在于怎么画。他们的目的不是主题而是画面。然而对我来说，问题不是画一个画面，而是精确呈现我之所见。画作仅仅是为了达到这一目的的方式而已，我的目的是画出热内的头部，或是这个女性的头部，触摸反射在我眼中的这个现实。"[7]

艺术家不断重申自己的孤独立场，他觉得自己与潮流相逆，与他最亲密的朋友也是如此。

矢内原伊作是个非常好的智性伙伴。那个时代大部分亚洲艺术家都在思考超越传统与现代的对立问题，这也成了他们经常讨论的话题。"'您是否认为自己的艺术与过去的艺术相连接？'哲学家问。——'是的，密切相连。'——'您在过去的艺术中尤其喜欢什么？'——'这很难回答，因为喜好随着时间在变，不是吗？在我的意大利之旅初期，我曾对丁托列托抱有极大热情。接着当我发现拜占庭马赛克时，我认为那就是艺术巅峰。看伦勃朗时也一样，我也觉得那已经是登峰造极。但所有艺术中最高的仍然是古埃及艺术，这个……它永不改变，然后是美索不达米亚艺术。'"[8]

在他们的讨论过程中，艺术家思考的每个大问题都被提及和探讨。艺术是普遍的吗？贾科梅蒂一直对所有传统艺术形式都十分好奇，他尤其惊叹于超越文化差异的恒久风格的存在。"你瞧，我们能在墨西哥艺术或前哥伦布时期的艺术中看到某些相似性。而且，当我们追根溯源时，各种民族艺术都具有共同点，这不是很神奇吗？"[9]我们能否被异域文化的艺术所打动？"我们怀着真情实感观赏古埃及或美索不达米亚艺术。这样做当然没错。在这些时刻，我能够理解激起这群人创作这些作品的精神理念。那是艺术的力量，它将我们俘获……它甚至具有改变我们周围世界的力量。我们在美术馆观赏一幅柯罗的绘画，走出来后所有景致好像都被柯罗涂上了色彩……这是真实发生的。因为这并不是说去理解油画，而是它把我们抓住了。否则，我们欧洲人为何能被葛饰北斋深深打动呢？"[10]

他还跟矢内原伊作提及自己年少时曾多次临摹父亲的一幅日本木版画。贾科梅蒂在讨论中表现得十分激动，他经常说到此类话题，他的主张也随着时间推移而逐渐细化。因此他向矢内原伊作表明要区分作品和物品的观点——这个思考最初源于泽尔沃斯写的关于他的前超现实主义雕塑的评论文章，他将这则评论延伸至当代艺术。泽尔沃斯解释说，在基克拉泽斯雕像的简单形式中，每一个碎片，即便是破碎的，也依然是艺术品，因为它"所充斥的造型几乎要爆裂开来"。[11]然而他认为贾科梅蒂的雕塑还不完全属于这种情况。在这位艺术家要重新定义其艺术实践时，这个评论成为他思考艺术作品本质的基础。1937年，他在抽象艺术家展上展出过一只花瓶[12]，想到此事，他便加强了在雕塑与物品之间建立明确区分的愿望，并决定坚定地站在雕塑这边。

1951年，他向伊冯·塔扬迪耶解释说："大致说来，我之所以将它们与史前艺术做对比，是因为我觉得现代雕塑（抽象雕塑或趋近抽象的雕塑）并非承袭了史上第一件再现女人的雕塑，而是史前的石斧。就这样，现代雕塑从一个领域转向了另一个领域，最终成了一些物品。然而，对我来说，一个物品不会成为一件雕塑。对我来说，一件雕塑应该是对其他事物而非它自己的再现。我在画画的时候也是出于同样的目的。"[13]

他将这个观点详细地阐述给矢内原伊作，却受到了批判分析。"仅仅是物品的作品，它们和艺术品的区别到底在哪里？"他反驳道，"无法在二者之间划出界线，然而确实有所不同，甚至是根本的对立。以蒙德里安为例，他与塞尚和伦勃朗在本质上不同。再看看布朗库西和古希腊小雕像……蒙德里安的画作是赏心悦目的，这很肯定，然而——正是由于这个原因——蒙德里安的画作上若是有哪怕最无足轻重的一个污点或一个小洞，它的整个价值便会丧失。而伦勃朗不同：即便布满灰尘，甚至是破了洞，其价值都不变。"[14]

通过这段论证，贾科梅蒂解释了自己作品的独特本质以及与其他人作品的区别，其中包括他的艺术家朋友们。因此，米罗和毕加索，都被归为物品创作者，正如蒙德里安和布朗库西一样。

矢内原伊作的敏锐提问让探讨不断地继续下去，并超出了造型艺术的范畴。在这位日本学者眼里，贾科梅蒂是一位博学多才、饱读诗书、崇尚诗歌、十分关注世界局势的人。他急不可耐地要听萨特讲中国之旅的见闻；对东欧国家"去斯大林化"的新进展感到好奇；因苏联于布达佩斯起义后镇压"布拉格之春"而愤慨，他很关心自己的共产党朋友们对此事的立场。每天清晨，他都会买一些报纸杂志，在街边小咖啡馆和安妮特一起吃饭时从头到尾读个遍。接着，在画室的幽闭空间里，世界的杂音退去，取而代之的是艺术家内心的喧嚣。伯利特-曼东街的画室里简单的陈设与破旧的环境让矢内原伊作十分震惊，第一次去时，他觉得那里简直像个狗窝。"跨过门槛，打开小院旁边第一扇又小又脏的门，我们就进入了此前在照片里见过的画室。画室里光线昏暗，窗户极小。房间中央悬着一只没有灯罩的小灯泡，下面的木质转台上立着一尊高约三十厘米的瘦弱黏土质女性人像。房间门口靠墙摆着一张大桌子，墙边还放着布满灰尘的旧瓶子和丢成一堆的旧画笔。在这一堆惊人的东西的阴影里，有一张小桌子，以及应该被描述成一旦将人类生存的所有冗余去除掉，留下的最极致的剩余物。还有一排像是固定在地上的石膏小人像，它们好似幽灵一般，却惊人地团结友爱、勇敢果断、无限谦逊。它们大小各异，从小拇指到三分米高，有一些被损毁了，能看见里面的铁丝骨架。"

另一边，阁楼下面的小空间也被堆满了："有一张小床挨着房间最深处的墙，那里乱七八糟地放了一堆报纸、展览手册和几本书。然后在所有东西的中间，靠墙摆着一幅似乎正在画的画作，上面是一个面部大约五厘米长的女性肖像。"[15]

贾科梅蒂在这一时期主要用黏土创作，那一大堆石膏便让位给了乱作一团的已完成或半完成的雕塑和绘画。距离他们第一次见面一年后，艺术家提议为他的新朋友画一幅彩色肖像。矢内原伊作即将看到另一番景象——从模特的角度观察画室和艺术家。他是一位难得的模特，可以摆几个小时的姿势而保持不动。"他摆姿势时一动不动，宛如一尊雕塑。"[16]贾科梅蒂兴奋地说。地面上的红色标记精确地标注了艺术家和这位日本友人椅子之间的距离。他被要求保持原地不动。艺术家单独和模特在一起，安妮特不时进来给炉子加煤。有一些不请自来的访客，但都会被打发走，只有一个人除外——让·热内。他总是很受欢迎，即便他打断了创作。艺术家全神贯注于他的模特，并且两个月间一直保持这个状态。于是，两个男人之间建立了异乎寻常的默契。矢内原伊作理解他创作过程中经历的困难，也愿意一直为他摆姿势，还能忍受和理解他持续的抱怨，生气时的怒吼，以及因为对作品不满便一下毁掉一整天工作成果的冲动行为。讨论结束后便是对他们彼此来说沉默、紧张、疲惫的几个钟头。他也会迸发出一些赞美之词：太棒了、您太美了。这些话与其说是在形容模特面部特有的优点，不如说传递出了艺术家面对自然时的惊叹。"当他完全投身于创作之中，会时不时发出一些奇怪的'哎哟''啊'和各种嚎叫声，我起初以为那是遇到失败或意料之外的困难时发出的哀叹，实际上是他在我脸上发现新东西时开心的欢呼。创作进展顺利，几乎可以说贾科梅蒂成功了。'这样能行，这是第一次一切如此顺利地进行。'"

但热情很快被不满取代。"好心情消失了，我明白自己将逐渐陷入困境。'事情变复杂了，这很正常，相比一个玻璃瓶，一张脸要复杂得多，也苛刻得多。'"毁灭近在眼前："您的面容最终从画布上消失了，但这是必然的，您不要泄气。"[17]

艺术家自己并不气馁。正如矢内原伊作的分析，贾科梅蒂会在失败中重整旗鼓，他每天都全力以赴去征战。那些绝望的呼喊——"糟糕透顶！""这不行！""妈的！"——之后转机的迹象会交替出现："又变好了！"他第一次在迭戈和安妮特之外找到了一位能理解并接受他持久思想斗争的模特。画了三幅肖像之后，热内于1957年宣布放弃，他无法忍受摆更长时间的姿势的要求。二十五年后，热内依然记得："我屁股上至今还留着编织餐椅的纹路，为了画我的肖像，他让我在上面坐了四十多天。"[18] 矢内原伊作则完全投身于模特的角色中。这虽然没有解除贾科梅蒂已长期存在的危机，但至少让他在创作上能继续前进。马蒂斯十分担心这位新模特会让他分心，他回信说："您不要担心这位日本友人，正相反，如果他的人像进展顺利，我想之后将一切顺利（至少有一点吧！），未来会有许多安妮特、许多迭戈、许多树木、许多苹果和您想要的一切，雕塑方面也会更好。"[19] 初遇新模特时的确遇到过些许困难，但他的出现还是带来了有益的成效，他激发了艺术家新的创作活力。艺术展之前曾发挥过类似作用，因为它曾是非同寻常的新鲜事，此后，参展对他而言却几乎意味着焦虑与疲惫——其间还夹杂着那两位画商的尖刻批评。矢内原伊作的出现恢复了一度被中断的时光，艺术家需要这样的时光以便继续前行，而且他们的对话丰富了他的思考，他虽然与周围的朋友关系密切，但他的思考却试图超越那些战后知识分子们的辩论。

第二十七章

特别的友谊

　　矢内原伊作第一次为贾科梅蒂摆姿势是在他们相识大约一年左右，即 1956 年 9 月。这位日本人已经在巴黎待了两年，已是他旅居生活的尾声，他计划于 10 月初离开。然而在雕塑家的一再央求下，他再三推迟了返程日期。贾科梅蒂让他进入了自己和他们夫妻二人的私人生活中。他们三人一起用餐，看演出，长时间地在咖啡馆讨论问题。在他们的交流过程中，贾科梅蒂不但解释了自己的艺术观，还解释了他的生活方式。首先被提及的问题之一便是旅行。矢内原伊作着迷于探索世界，与他不同的是，贾科梅蒂从未旅行过。由于工作缠身，他被牢牢地拴在画室里。当然这也因为他觉得并不需要旅行。他不同意人们说的只有去一个地方待一阵子才能更好地理解当地文化，也嘲笑那种认为萨特如果去中国旅行一段时间也许能更了解那里的想法。矢内原伊作则举出歌德和司汤达的反例。"是的，旅行的确能为作家提供养分。但如果说司汤达的旅行日记很有趣，那是因为他不只是一个游客，同时还是一个内心的旅行者，一场旅行如果不伴随向内的行走，就根本一无是处。"[1]

基本上，他确信艺术家都不旅行："塞尚不旅行，没有人旅行。"他很认同这个想法。"过了很久之后，我惊讶地听见他小声嘀咕：'我们谈论的基本都是作家，诗人倒是有点例外，波德莱尔、马拉美都不是旅行家。'——他居然还在想这个问题！继续思考一件你已经不再去想的事几乎是他的执念。"之所以与矢内原伊作的友谊变得如此深厚，是因为跟他在一起时，贾科梅蒂可以不断地回到那些激发他或他关心的问题上。面对一直启发他的哲学家，艺术家在谈话中试图在说服对方的同时也让自己的思想清晰化。对谈中也说到他对技术进步的拒绝，他尤其拒绝现代家居设备，虽然他已经有能力给伯利特-曼东街的家购置这些东西了。矢内原伊作是一个捍卫自己观点的人。"机械文明无论如何是人类的一种进步，能够使生活轻松的东西难道不该受欢迎吗？（为了转变谈话方向，我便对着安妮特说。）对您来说也一样，拥有一台洗衣机、煤气烧水炉、中央暖气，生活将会更舒适……贾科梅蒂立刻反驳道：啊，不！绝不要中央暖气，那是最无趣的东西，用一个老炉子烧煤简直好太多了，不是吗？比起有立刻能用的热水，我更喜欢安妮特用平底锅去水龙头接水，然后用火把它烧开。——如果没电，您可能也觉得很不方便吧？——说到这儿，哪怕是老式煤油灯都更令人感到舒适，用它真的看得更清楚。既然水温是一样的，在亲手煮沸和用机器代替之间，为什么不选择更舒适的方式呢？——就因为花费的时间不同啊，省下来的时间和人力，我们可以去关心更有用的事。——更有用的事？哪些？"

贾科梅蒂表现出对现代机械化的坚决反对。"机器只能用来消灭精神。"比如他哀叹自从斯坦帕通了自来水，围绕公共水井而建立的古老社会化传统便消失了。他拒绝技术进步带来的变快的生活节奏。他对家居设备的拒绝并非一种苦行，而是对维持自己喜欢的日常生活的深度热爱，而那些不舒适并不会影响他，他早已习惯山区严酷的气候和粗糙的生活，并一直心怀眷恋。他十分关注对地方传统的保护，这恰巧与他对异域文化和习俗的好奇相辅相成。热内对异域文化表现得心存疑虑，但也会经不起朋友们的鼓动，与他相反，贾科梅蒂很乐于去巴黎唯一一家日本餐厅吃晚餐。他和安妮特都很喜欢跟矢内原伊作一起进行日式约会，他们会长时间点评一出日本歌舞伎表演，然后他会向朋友请教艺术、生活方式以及宗教在日本的重要性等问题。

这位新模特每天都来摆姿势，从下午直到深夜。然后安妮特会与他们会合，一起去咖啡馆。吃完晚饭，当朋友们各自分开，贾科梅蒂便独自一人开始他的午夜巡游。有时矢内原伊作会陪他一起，或者在他习惯去的深夜酒吧与他碰面。"他常去阿德里安酒吧，这家店开在一条小街上，正对着圆顶咖啡馆，他端坐在一叠白色信纸前，一动不动地陷入沉思。有时他也会被妓女们簇拥着，友好地与她们谈天说地。晚饭后在酒吧里休息是他唯一放松的时刻。接着他会回到画室里继续创作。"[2]

矢内原伊作惊讶地发现艺术家和他年轻的妻子这对夫妇的与众不同。他们一起观看了加缪根据福克纳的小说改编的戏剧，然后就剧中的一个主题，即卖淫，展开讨论。贾科梅蒂自在地表达他对妓女的兴趣，这并没有引起安妮特的反感。

安妮特和阿尔贝托并没有追随萨特和波伏瓦那种建立在结合契约上的开放式伴侣模式。他们的日常关系更传统，安妮特身兼妻子、助手和模特的角色让他们一直都相处得很亲密。另外，自从迭戈和纳莉搬进阿尔贝托在邻街租的一间画室后，夫妻二人的家庭凝聚力变得更紧密了。[3] 安妮特能够接受对这位艺术家而言必不可少的自由以及他与妓女们的来往。她当初在日内瓦认识他时，朋友圈便熟知他喜欢过夜生活。矢内原伊作的频繁出现反倒给夫妻之间的和谐增添了新元素。久而久之，三位友人之间的关系越发紧密。当阿尔贝托在画室里耽搁太久时，安妮特通常因为有一些私人活动便独自吃晚餐，但此后她与丈夫和矢内原伊作形成了相同的节奏。"我们就像围绕各自中心旋转的三个点，渐渐汇集在一个中心点。位于中心的当然是贾科梅蒂的创作。"[4] 矢内原伊作回忆道。一天晚上，贾科梅蒂有个约会，安妮特便和矢内原伊作一起去听音乐会。就在那天晚上，他们成了情侣。安妮特并没有隐瞒这场外遇，相反，她很快将实情告诉了丈夫。第二天，矢内原伊作照常见到贾科梅蒂时，对他的反应很吃惊。"'您难道不生我的气？'——'我，生你的气？'这个念头在他看来好像很荒谬。'不管您做了什么，我永远不会生您的气。相反，在我看来，她跟您在一起是再自然不过的事了。她做得对，我为她感到高兴。'"[5]

早年曾毁掉他爱情的嫉妒心已不复存在，对自由的重视是他后来排在首位的价值观。贾科梅蒂不想迫使妻子接受一个自己都不愿强加给自己的戒律。虽然他能将性与爱区分开来，但也应该为安妮特对他们的日本朋友的感情而担忧，毕竟此前她一直都只爱他一个人。可他完全没有表现出这样的情绪，看起来，他对他们婚姻的稳定性很放心，就像他与矢内原伊作的友谊一样。事实上，被艺术家许可的这场恋情确实加固了他们三人组成的"小圈子"的友情。"我无法准确讲出我与安妮特的关系究竟给贾科梅蒂的心情、创作带来了什么影响。但他对此很高兴，这不是撒谎。他自己也说：'根据社会习俗的统一说法，人们会嘲笑我是个可怜的被戴了绿帽子的男人，或是一个被嫉妒心折磨的丈夫，但这些偏见都很可笑。没有什么比嫉妒心更让我感到陌生的了。这种感觉会物化丈夫、妻子、情人，把人视为物那样去占有，去控制，去束缚……这是对自由最大的损害。'"

接着，艺术家补充道："尊重安妮特的自由，这不就是爱她吗？更何况，在这种情况下，如果她选择了您，我只会高兴。您看最近一段时间她看起来多开心，这都多亏了您……我爱安妮特，难道我没理由为她的幸福而高兴吗？"

即便这些话可能只是为了当时的情境而说的，但贾科梅蒂的确很珍视这段将工作与友情相结合的特殊关系。他后来写道："我们三人的关系超出了普通认知。这场冒险超越了世界上的所有冒险，正像我们的创作，它也超越了其他一切冒险。"[6] 12 月，矢内原伊作被催促返回日本，他不能再继续拖延下去了。他的离开让阿尔贝托和安妮特倍感心痛，他们陪他去了机场。次日，贾科梅蒂便写信给他："我现在在圆顶咖啡馆，面对着你的座位。安妮特回去睡觉了（我们与迭戈在塔玛丽斯饭店吃了晚餐），那时我就急不可耐地想写信给你。我亲爱的矢内原伊作，您不知道您为我做了多少事。我们的华丽冒险，并且要知道，从前天起我们只要想见面便可以自由地再见面，但这就好像您还在这儿似的。我今晚不能再写了，下次吧。您的，阿尔贝托·贾科梅蒂。"[7]

第二天，他又写道："凌晨前我们回到家。安妮特立刻上床睡觉了，我去了画室，看了我们的创作，并开始在一张小画布上画您的肖像，尺寸在我看来是最自然的，头部比从远处看小很多。我看着您，就好像您还在那里一样。我会为安妮特画这幅肖像，再用相同尺寸画一幅给您。"[8]

多年来他们频繁通信，艺术家多次邀请并花钱让矢内原伊作回到巴黎，他十分高兴再次见到他的模特和朋友。但他们的相识对贾科梅蒂的事业而言最有意义的贡献是在1956 年的早期阶段。虽然并没有让画家的风格产生重大转变，但它却是一段特别激荡的体验，拓展了他的思考范围。矢内原伊作的差异性将他带入了茫然之中，这比他和朋友或与之前的模特们之间产生的都更大，但这种间歇性的混乱是有益的。自从这位模特离开后，他再次自信地投入创作。[9]矢内原伊作离开几个月后，贾科梅蒂从斯坦帕写信给他："我重新做了我们之前一起创作的作品，期间我经历了所有冒险，但都不曾绝望，就好像您一直在那儿。即便我无法专门制作您的头部，但我会想到同时期做的其他所有头部，安妮特、迭戈和其他人的。在这儿，我会通过并根据我们在一起所做的创作去不停地观察安妮特、母亲、女佣、小酒馆里的男人，以及一切。"[10]

下个月，他补充道："自从我们一起工作，我的整个创作都被改变了。我开始创作六件雕塑，近十年来，我从没有怀着如此强烈的兴趣和热情工作，我急切地盼望明天继续创作，也急切地想画油画。"[11]

两年后，他依然激动地回忆起这个重要的时刻："现在就好像我们又回到了1956年12月的画室，那天一切都很不顺利，我人生中第一次坐在画布前无法画出任何一条线，什么也做不出来。多亏了您，我才得以企及我必须达到的程度。这一切之所以成为可能，完全是因为和您在一起不停歇地创作了两个多月。从那天起，一切对于我来说都重新开始了。问题已不再是画一幅您的肖像，而是知道了为什么我之前画不出来。"[12]

艺术家直到生命尽头都保持着与这位日本哲学家的友

谊，并保存了多幅他为朋友画的肖像。[13] 五年间，他创作
了二十二幅肖像画和多幅素描，以及两件精雕细琢的胸像。
矢内原伊作也通过多篇文章给人们留下了关于艺术家的珍
贵见证，还将他的作品引介至日本。

第二十八章

画家贾科梅蒂

　　"很奇怪，大部分人都认为摄影比绘画能更忠实地再现现实。甚至一个超现实主义或抽象派画家都会给别人看他孩子的照片，这说明什么！许多人看到摄影技术的发展时，都认为人像油画已经没用了。结果导致我们在展览中几乎再也看不到肖像画。但我认为，一件古埃及的头部雕塑或一幅拜占庭的马赛克比任何一张摄影照片都更接近于真实面容。"[1]

　　长期以来，贾科梅蒂都避免涉足父亲的领域，可如今他已经完全自视为一名画家。当他重拾绘画时，他推测油画比雕塑更容易实现他忠于现实的愿望。虽然他多次声称要注重观察现实，但他依旧创作没有模特并受艺术史启发的雕塑。相反，他的油画却总是源于与观察对象的直接交锋。他作为画家的独特性并非基于丰富的想象，而是对现实观察的执着表现。"如今几乎所有画家都只想运用他们的主观性，而不是放弃主观性去忠实地临摹自然。结果呢？您如今在画廊里看到，当今的油画看起来似乎千姿百态，但奇怪的是它们都很相似。人们想要个性，反而变得非个性化了。人们试图创新，却在重复过去。抽象派绘画尤其如此。大部分年轻的抽象派画家都认为临摹自然是平庸的，他们想体现主观和个性，而非平庸。但事实上，他们却因为这个选择而变得平庸。情况完全相反。塞尚从未试图展现个性，他想摒弃主观性，忠实地临摹自然。正因此，塞尚的油画比任何人的都更具个性。"[2]

　　复原他的观察方式，让它既不受控于摄影假定的客观性，也不沉溺于主观性的虚假自由：这位艺术家在风口浪尖上前行，且道路狭窄。这个时代属于抽象派和表现主义，贾科梅蒂了然于心，他甚至经常与某些新艺术流派的代表画家来往。他因此结识了让-保罗·利奥佩尔——玛格画廊的艺术家之一，他们后来成了朋友。他还认识了汉斯·哈通和眼镜蛇画派（CoBrA）的某些艺术家。画室邻居、挪威女雕塑家索尼娅·费洛夫及其画家丈夫埃内斯特·曼可巴与该流派关系密切。费洛夫与贾科梅蒂的邻里关系很好——甚至有传言说她在贾科梅蒂的画室里生下了儿子。在眼镜蛇画派的法国成员里，他结识了皮埃尔·阿列辛斯基，他对阿列辛斯基从东方书法中汲取灵感的画法十分感兴趣。与雕塑一样，在油画方面，古典和异域艺术滋养着他再现真实的艺术理念。"就像这幅巴黎街角的景致，它看上去更像日本或中国绘画，而非欧洲油画，不是吗？东方人知道运用中国墨汁的渐变效果或用单色的精妙差异来表现空间的广度和深度，他们深刻地了解自然。我不理解为什么欧洲的画家只会使用那些刺眼的色彩。"[3]

除了对个人表现主义的摒弃，他还厌恶刺眼的色彩，这也使他处于主流边缘。他的惯用色更接近于立体主义，而非其他艺术流派。另外，1955 年装饰艺术博物馆（Musée des Arts décoratifs）举办了毕加索回顾展，他正好沉迷于这个时期。他的油画作品通常用色很少，这与他的创作环境相符：画室里很暗，而他厌恶用电灯照明，即便夜幕降临，他还在继续工作。哪怕他在调色板上放置了各种不同的颜料，这些颜色也仅仅被用来在画作主基调的灰色或赭色的细微差别中强化某一个细节。他先用细毛笔勾勒出人体，再用浸满松节油的排刷作画，这样能强化画面整体的单色灰。摆了一天的姿势后，矢内原伊这样描述这幅用排刷创作的特殊作品的效果："那幅逼真的肖像画已荡然无存，眼睛和嘴巴就像被裹上了一层浓雾，融进了各种层次的灰色中。贾科梅蒂评论说：'这简直就是欧仁·卡里埃的画，我正在创作的作品显然与卡里埃无关，在他的作品里，物体会融入一种诗意的阴影里。不过这些独立存在的色差跟他的作品很像，不是吗？我刚到巴黎时最喜欢的就是他。那时我的油画有点属于立体主义，但事实上我想像卡里埃那样画，完全通过单色颜料的深浅变化进行创作。当时我觉得这看上去更真实，但头脑中的一些念头阻止了我。三十年后的今天，我终于可以尝试了。'"[4]

艺术家引用欧仁·卡里埃的例子可能是想表达自己对不合常规与挑衅的偏爱。这位单色画画家实际上是贾科梅蒂在初期绘画时所参照对象的绝对反例，他当时的参照对象即乔瓦尼·贾科梅蒂，一位擅长描绘户外风景和喜欢运用丰富色彩抒发感情的画家。虽然他之前从未提及卡里埃，但至少在"二战"前他非常关注古斯塔夫·莫罗的作品，还去过莫罗的画室和博物馆。这位画家的创作主题令超现实主义者着迷。通过他，贾科梅蒂发现了色调的无穷差异，以及通过精确的素描打底将人物从模糊的背景中凸显出来的方式。

无论如何，即便这位艺术家很关注艺术界的事，还慷慨激励年轻的艺术家——他购买陶什利茨基的绘画；在皮埃尔画廊看到欧仁·勒鲁瓦的作品后写了贺词；给字母派（Lettriste）艺术家伊西多尔·伊苏提供经济帮助；给予热拉尔·弗罗芒热鼓励……——他却只把自己的作品与昔日的艺术家相提并论。在他看来，他的朋友，如毕加索、米罗、马松，甚至是巴尔蒂斯，他们中没有任何人与他的绘画表达手法类似。在他与矢内原伊作的谈话中，他甚至更愿意将自己视为小丘广场（place du Tertre）*画家，他们纯洁的画面呈现了人类与自然之间尚未变质的关系。他对当代现实主义艺术家的看法并不比对抽象派艺术家更宽容，他也不觉得自己与他们之间有更多关联。无论是巴黎精英圈的新宠贝尔纳·布菲，还是共产党支持的名曰"社会艺术"派的领军人物安德烈·富热龙，这些人在他眼中并不

---

* 法国巴黎的一座广场，也是艺术家们的聚集地。——译者注

享有更多威望。他解释说，自己曾试图相信社会主义现实主义艺术是可能的，但在这个范畴内产生的作品却打消了他的错觉。现实主义美学并不会为寻求现实提供解决之道，甚至对一个纯政治性的目的而言，它都不是一种可能的选择。"有一段时间，我曾捍卫过那些在'社会主义现实主义'道路上探索的艺术家，我曾经认为他们可以创作一些至少在社会层面有效的作品，即便这已超出了艺术创作的范畴。后来我不得不收回我的话，因为我看到在社会主义国家里，这类以 19 世纪绘画和学院派为基础的油画，不但毁掉了艺术价值，而且在革命大问题引发的一触即发、激情澎湃的社会动荡方面，也摧毁了任何一种可能的有效性。归根结底，对我来说，在某些极端情况下，一幅糟糕的大众油画（比如巴黎某些餐厅的装饰画）也许更吸引我。"[5]

贾科梅蒂谴责大部分具象派画家所使用的那种臣服于一种既有绘画方式的做法，会在艺术家与现实之间树起一道屏障。"绘画只能是绘画本身之外的再现。"他一字一句地说。与绘画领域内现实性的丧失相对应的是现代文化的匮乏，这让个人经验贬值或丧失可能性。当艺术家不去遵循任何一种约定俗成的画法，而是要去画他所看到的，再现他之所见时，他参考的正是这种即刻更新的个人经验。直接临摹自然的想法，无论多么含混，都是他给油画创作定下的目标。他十分清楚潜在的风险，也尝试理性地绕开它。"说到现实，需要明确的是，在我看来，内在现实和外在现实的区别完全存在于修辞之上，因为现实是各个层面上的关系网。"同样，他还极为清晰地告诉评论家们自己在绘画中传递艺术立场及阐述自身经验的困难。"至少我的立场充满了难以解释的误会。我认识的大部分人都是抽象派画家，他们说我是现代艺术家，但当我跟他们说我在临摹一个头部时，他们都不相信。确切地说，这真是鸡同鸭讲。与我对话的人已经知道什么是现实了，他认为现实要么模糊不清，要么平淡无奇。他们欣赏我，是因为觉得我不是平庸之辈。然而对于我而言，我的绘画和雕塑都在现实之下。对于他们来说现实毫无价值，但在我看来，我的绘画才毫无价值。比起第二帝国的官方画家，我更喜欢马奈，并非因为马奈画的裸体更具创造性，而是因为它更真实。如果我能按亲眼所见画一个头部，也许其他人会说它很平庸。"[6]

所有模特都证实，在现实面前，艺术家对真理的苛求并非为了彰显独特性而采取的故作之态，而是他一步一步与自己的真实斗争。"有时我们愉快地攀谈，但平静并不会持续很久。突然，暴风雨袭来：'行不通了，刚才差一点就可以了，现在我没有勇气再迈出一小步，妈的！'他咬紧牙关强迫自己画画，口中不断吼出最难听的话、绝望的嚎叫与诅咒。甚至有时，圆满完成一切之后，他会铆足劲叫喊一声：啊！画室所在的伯利特-曼东街经常无人出没，但若某个人于1956年11月晚上偶然路过这里，他肯定会被从这间摇摇欲坠的简陋小屋墙壁中传出的奇怪叫骂声给吓到。人们会以为这是精神失常的疯子的痴言妄语。"[7]

贾科梅蒂咒骂，发誓，毁坏，重来，每天都会被前一晚的失败所激发。他给自己和模特强加了一些吹毛求疵的规范：画架与模特之间的精准距离，画作的特殊高度，对糟糕姿势的零容忍态度。艺术家左手持调色板、一把超级细腻的画笔和一个排刷。他身边的桌子上摆满了一大堆用过的画笔和松节油瓶。他不停地抽烟，任烟灰飘落一地，燃起的烟头挨着画架或雕塑。有时模特走后，他继续凭记忆作画，等模特回来再接着画。但他从不在模特不在场的情况下完成一幅肖像画，哪怕是他已将其面部特征了然于心的安妮特或迭戈。经过了这段与矢内原伊作的人生插曲后，1958 年他在绘画方面又获得了一次真正的飞跃，但他与再现之间的矛盾关系并未改变，满意与泄气的交替依然是常态。即便他的风格已经确立，并在安妮特的一系列裸体画中表现精湛，但他与创作再也无法和平相处了。

与同时代的大部分艺术家不同，贾科梅蒂会限制自己的主题选择与色彩运用。在他的肖像画中，人物位置几乎从不改变，模特的重要性胜于周围所有细节，最终他清除掉了这些细节以便呈现画笔渲染或画布留白的效果。模特的面部，尤其是眼睛，是他最看重的地方，而非身体的其他部位。专注于核心要素在他看来是在绘画中获取真理的必备条件。他面对艺术家朋友时也捍卫这一原则，尤其是在一次激烈讨论之后，埃利翁回答他说："我认为你看事物时总选择盯着被你摆在中间位置的那个形象，在你的画作中，你试图让这些事物占据的位置是当人们的目光紧盯中间那个形象时，这个形象所留下的部分。是这样吗？如果是，那就完美了。但这不是唯一或必须的角度。我也用你的方式从正面看我肖像画中的形象，或者看它时也看离它最近的东西：手、手中的书、椅子。还有一次，我会连着周围更多的事物一起看。"[8]

贾科梅蒂无法听从这些与他理念相去甚远的道理。他拒绝作品结构的想法，坚持画不含细枝末节也不被刻意安排的主题。同样，他并不了解环境的概念，而是通过特殊的观察角度构建观者与模特之间的直接关系。从1950年中旬开始，他的大部分作品便都具有未完成的样态，这有利于他聚焦在观察角度上：形象从模糊的背景深处显现出来，进而凝结在画布的中央和表面。他在主体周围营造的强度较弱的中性地带与画面当中的背景扮演着同样的角色，这个背景能让他把目光锁定在一个范围之内。在此他不但想到了塞尚，还有毕加索那幅半完成的《穿小丑服装的保罗》（*Paul en Arlequin*），以及德兰那幅黑色背景的《梨》（*Poires*），这幅画曾在1936年让他颇为震惊。他也在更遥远的历史中汲取灵感。在一系列灰色小型头像中，对面部的聚焦通过特殊材料的密度展现出来，这些头像让人联想到法尤姆肖像画（portraits du Fayoum），在他的画室里也钉着一幅这样的画。

几年来，他作品中的风景画占据了特殊的重要性。1952年，他画了许多幅从斯坦帕家中的窗户望出去的风景，之后又画了许多彩色的城市风景。不过，数目众多的是他在巴黎或瑞士创作的以自然元素为主的绘画：水果、花朵、树木、山峦。大自然是他反复创作的主题，也成了他汲取许多相似性的参考世界。如果说《广场》中的人物让他想到树木，如果说在迭戈的胸像中，面部高悬在一片山峦之上，那么此后甚至连油画都属于这类观念的结合。"画一张脸，就像画一道层峦叠嶂的风景，鼻子是一座由无数岩石组成的巨大山体。"[9] 贾科梅蒂经常这样说。他的人像画并非心理学画像（portrait psychologique）。他向矢内原伊作解释道，画人像时他会从鼻子入手，并把鼻子当成金字塔，好像在俯瞰一幅矿物风景画（paysage minéral）。他最看重的正是这位日本模特脸上的"矿物属性"，其双眼化为两道切口，而且他能在完美的静止中保持长时间不动。对于安妮特和迭戈来说，长时间保持不动以及疲劳会同时弱化面部和身体的表现力。1951 年，贾科梅蒂开始画一系列地图。身体的地形与地域分布图交相呼应，其立体感并非通过阴影的变化而呈现，而是由黑白相间的网格状曲线得以再现。如同在一张技术图纸中，结构线是体积的细节基础。艺术家经常在面对面部结构的自然完美时连声惊呼。骨架再一次从线条下隐约显露出来。他几乎都是从正面来描绘所有的模特——从侧面看，面部地形为了突出那些细枝末节而消失不见。不过贾科梅蒂去掉了那些过于突出的线条，试图在画作中制造对称。他画的面部肖像都没有年龄。1959 年，一位名叫阿依卡的少女来给他摆姿势，在画中她看上去并不比安妮特年轻。然而，为什么他如此需要模特为他摆姿势呢？为了全然沉浸到观察视野中，就像置身于风景中一样，为了感受被化为寂静的身体所发出的抵抗、张力，甚至敌意。他挥之不去的执念不是相似性，而是抓取特定性格特征之外栖居在每个人身上的人性。"我完全无法凭记忆画您。毕加索有种天赋，他能看到每张脸的特点。我完全不行，我不知道通过什么来认出您。但当您为我摆五分钟姿势后，您对我来说就完全变成了陌生人，您不再是我自以为认识的那个人，不再具有任何个人特点，因为您作为个体逐渐变成了一张普遍的脸，所有人都有的脸。"[10] 他解释道。

经历了一系列阶段，艺术家才实现了这张"普遍的脸"，他在整日的工作期间不断地创作和摧毁。当画面上的油料层过厚时，他将其刮去并露出画布，再从头开始。西尔维斯特后来说："画作的进展过程通常与贾科梅蒂的讲话方式是一样的。一个论据被推向极致，接着被另一个相反的接替，然后同样地被推向极致。所有论点都被其反例平衡。现实并非这个或那个，而是这个和那个。"[11]

他关于艺术的思考深深地沉浸在悖论感中。他公开表示，最主要的不是成功，而是探索的真理。这便是促使他在献给德兰的文章中表达对其仰慕之情的原因，无论是对这位艺术家获得的成功还是经历的失败。"当我说最好和不太好的时候，我必须补充一句，这种区别对我来说几乎没有任何意义。只有当我喜欢他所有作品中最蹩脚、最差劲的那幅时，我才会喜欢一个画家的作品。我认为对于所有艺术家而言，最好的画作都保留着最差作品的痕迹，反之亦然。"[12]

他自己也总说，今后一个作品成功与否对他来说都无关紧要。无论是哪种情况，他都能精进。下面的几句话虽然是在谈论德兰，但看上去更像是在说他自己："德兰的优点只存在于挫折、失败，以及可能的沉沦之外，而且我认为，我只相信这些优点，至少在现代艺术中——我是指（大概）自乔托以来的艺术。德兰曾身处一地，一个持续超越他的地方，他害怕不可能性。任何一个作品，甚至在创作之前，对他来说都是失败的。所有的基础，所有的确定性对他来说都没有任何意义，而这种确定性即便不是对所有人，至少对如今大部分画家，甚至是抽象派、点彩派来说都有效。那么该从哪里找到自我表达的方式呢？红色不再是红色——一条线不是一条线——一个体积不是一个体积，一切都是自相矛盾的，一切都成了我们迷失其中的无尽深渊。然而他可能只想稍微确定一下事物的外表，那围绕他的一切事物的奇美的、诱人的和陌生的外表。"

这段话重申了他多次描述并被朋友们证实过的感觉：当面对一个简单的玻璃杯、一棵树、一张脸时，他感受到的仰慕之情，有时甚至是晕厥感。对于一些最简单的主题——人体、风景、画室、一束花——他选择不去考虑画面设置，而是选用最直白的再现方式。贾科梅蒂试图与观者一起分享在他身上真实产生的晕厥感。

第二十九章

卡罗琳

　　矢内原伊作的出现在贾科梅蒂的生活中留下了持久的印记。在画室、咖啡馆、演出中经历的点点滴滴对他和安妮特来说都是幸福的回忆。当艺术家和他的模特感冒时，他们会躲进起居室里，躲到安妮特的身旁。当贾科梅蒂不知疲倦地依照他的模特画画时，她也会来跟他们分享自己的日常琐事，尤其是音乐——就像日本哲学家在一篇讲述这段巴黎生活的文章中所说的，留声机在他们的私生活中占据着重要地位。安妮特是歌剧发烧友，艺术家更喜欢格列高利圣歌和亨德尔的音乐以及爵士乐。二人经常讨论、开玩笑、一同外出游玩。这种和谐的私生活因为矢内原伊作的离开而戛然中止，生活又回归了日常。艺术家全身心投入工作，迭戈和安妮特重新为他摆姿势，他们还在伯利特-曼东街的院子里租了一个新场地。与挚友们的交往为日常生活增添了活力，尤其是奥利维耶·拉龙德和他的伴侣，即安妮特很喜欢的让-皮埃尔·拉克洛什，或者是莱纳·勒克莱尔。热内也来摆姿势，但没待很久，因为他受不了摆姿势时的束缚。1957 年 5 月 30 日，莱里斯自杀未遂。之后在他漫长的疗养期内，贾科梅蒂经常前去探望。期间，他为莱里斯的诗歌集《未命名的活骨灰》（ *Vivantes cendres, innommées* ）创作了一套插画。他还用蚀刻法雕刻了五十多幅版画，其中包括这位友人在病榻上的画像和一系列以病床为视角的素描，展现了康复期内病人周遭的环境。在这些版画中，某几幅画面里卧躺者的形象让作家颇为震惊和不快，他拒绝那些在自己看起来像一具尸体的版画。这本书首次仅于小范围内出版，只附带了几张版画。艺术家对朋友深感同情之余，也无法理解这个由爱生恨的行为。贾科梅蒂喜欢和他的朋友们谈论的问题之一便是自杀的可能性及其手段。但这些交谈更多传递的是他对病态主题的嗜好，而非个人的忧虑。"我每天都想到这个问题……但这不是因为我觉得生活难以忍受，完全不是，而是因为我觉得死亡应该是令人迷狂的体验，我对此十分好奇。"[1] 由于工作太过繁重，他认为应该将这些思考暂且搁置，他内心的焦虑使他加倍努力地与时间做斗争。再次获得的成功使他的自由愈发减少且工作接踵而至，他也被迫更频繁地离开画室前往斯坦帕、威尼斯、伯尔尼……

夏天时，矢内原伊作回来了，他每天都来摆姿势。艺术家停下了其他事务重新开始创作，就像未曾被任何事打断过一样。与他最喜爱的模特一同创作之后，他再次取得了丰硕成果。"希望您旅途顺利，在此度过了几天后，我想您一定很累，希望您能睡得着。对我而言，一切与我之前想的正相反！您走后（我们看着飞机在前行，那时我们俩就站在咱们当年分开时的相同位置，您看见了吗？），我们回到家，我径直去了画室，继续画周四便开始画的那些作品，一直画到晚上十点，我只在七点半喝了杯咖啡，此后又以相同的方式工作到夜里十一点。我不出门也不度假，按照您在这里时的强度工作，甚至更多，我已经急不可耐地要继续工作了。在刚开始的短暂时间里，我全靠记忆创作，眼前重现着我们一起创作时看到的一切。相比去年我获得了更大的进步，而且更急不可耐地想要继续工作（我已经说过此事了！）。我真的无法说出您为我所做的这一切。"[2]

第二年，这位哲学家因为个人计划未能离开日本。然而他们的联系并未中断，1959 年他再次归来。他像往常一样重新来摆姿势，但情况已经发生了改变。艺术家和安妮特像从前那样为他的到来感到高兴，但矢内原伊作很快便意识到他的介入干扰了这对夫妻的生活。贾科梅蒂有了外遇。1958 年末，在他常去的阿德里安酒吧，一位年轻姑娘吸引了他的注意。她叫卡罗琳，美丽、活泼又撩人，靠谈恋爱和挪借为生。他们二人之间的关系不同于以往他与妓女们的关系。贾科梅蒂先是被她逗得很开心，接着便被征服了。这种感觉上次发生在他与矢内原伊作在一起时，这甚至促使他几个月后为她敞开了画室的大门，于是自 1960 年起，她便来此摆姿势。但这次的情况与他们三人之间"超乎世间所有风流韵事"的关系不同。虽然刚开始安妮特默默接受了这一切，但很快情形对她来说变得苦不堪言，她难以忍受卡罗琳招摇过市地闯进伯利特-曼东街的幽闭空间。迭戈也一样感到不满和担忧。他不喜欢这位年轻姑娘，尤其担心她会给哥哥产生不利的影响。卡罗琳——她给自己取了这个化名——周围尽是小白脸和小混混。她喜欢不劳而获的生活，还经常说自己需要钱。贾科梅蒂并不精于算计，他对情人以及那些偶尔也来诓他一笔的她的朋友们都慷慨解囊。他向来对追捧奢侈品嗤之以鼻，但如今他反倒觉得好玩儿，并且不再反感。卡罗琳比他小四十岁，给他的生活带来了一股年轻的气息。他喜欢详细地听她讲那些草率短暂的爱情故事和她卷入的非法勾当。她成了固定模特后，他们的关系更加紧密了。在画室，艺术家让模特摆姿势的场次交替进行，安妮特在下午，卡罗琳在晚上。虽然天性乖张，但这位年轻姑娘能服从长达几个小时保持不动的规定。不过，她有时会不辞而别，这让艺术家因为担心她不再回来而痛苦万分。奇怪的是，如果说卡罗琳还会为他吃醋，贾科梅蒂倒像是已经彻底抛弃了这种占有的心理。"卡罗琳啊，你因为我而吃醋就太荒谬了，不可为了我吃醋。卡罗琳你知道的，爱情对于我来说，与俗常意义的爱情相去甚远，所以不要因此而难过。"[3]

有时这个年轻姑娘还会惹上官司，贾科梅蒂就会帮她摆脱困境。[4]有时他们的关系也会恶化。"我再也不懂您了，您太古怪了。我不知道该想些什么。无论如何我太痛苦了，您太复杂了。我不知道您想要什么，您就是个粗暴的坏蛋。

卡罗琳。"[5]

但关系总会重回正轨。他们的关系有点接近艺术家多年前与丹尼丝之间的爱情：充满活力却纷乱无序。不过这段爱情并没有深刻影响到艺术家的创作和他的日常生活。

与卡罗琳相识不久后，贾科梅蒂又有了一段艳遇。1959 年，他被介绍给玛琳·黛德丽，于是产生了一段爱恋般的友谊。然而，两人虽因互相着迷而亲近，但这位女明星与艺术家是两个世界的人，更何况没有任何事能让艺术家从他的作品中分心。贾科梅蒂对此很明白，于是在这位女演员离开法国前，他送给她一件小雕像作为永别的礼物。后来他们再相遇时，却好似普通的熟人。[6]艺术家常混迹于风马牛不相及的不同圈子之间，他为自己构建的日常生活也与他个性中的矛盾特质相契合。他没有毕加索那种贯穿一生的纷繁爱情和令人心碎的分手，也不像他的朋友莱里斯那样因为一场激烈的爱情而寻死觅活。任何事情都无法破坏他心理平衡的基础：伯利特－曼东街，那里有"两个好助手"（就像他母亲说的[7]）——迭戈和安妮特；在夜晚的酒吧，他与妓女们关系友好，例如他相识多年的吉内特和丹尼；最后还有定期在斯坦帕的小住。跟他在知识分子界或与他来往密切的艺术赞助商们可能发生的爱情相比，他与卡罗琳的关系不太会危及他的心理平衡。即便他变着花样给这位年轻姑娘买礼物（惹人注目的高级车、一套公寓），他们的关系并没有对他的日常生活产生真正的威胁。贾科梅蒂知道他可以依靠弟弟的绝对奉献，就像安妮特一样。

虽然度过了他们早年在巴黎的幸福时光，又经历了与矢内原伊作的那段爱情插曲，安妮特有时也还会遇到更加困难的时刻，但她对艺术家及其作品从无二心。安妮特适应了丈夫的生活方式。虽然他们从小接受的都是资产阶级教育，但在小饭店和伯利特-曼东街所处的贫穷街区的酒吧里，安妮特同样感到很自在。同时，和他一起与那些知识分子朋友们如毕加索、吉洛、莱里斯、波伏瓦、热内见面时，她也照样从容不迫。相对来说，迭戈离哥哥的知识分子圈和上流阶层的生活更遥远，他总是先把阿尔贝托的需要放在首位，再来安排自己的生活和创作。生活中有点迷失自我的弟弟成了一艘运载船，他是哥哥日常创作与按时交付作品的必要保障。他目睹卡罗琳入侵哥哥的私生活，虽然心中不悦，但并不横加干涉，而是恪守本分。至于安妮特，她表达过自己的不满、悲伤，甚至是怒气，但并没有什么结果，而且这也不妨碍她每天通过拍照来记录卡罗琳肖像的变化轨迹。[8] 虽历经风雨，她与贾科梅蒂的关系依然稳固并一直充满温情和默契，这与他们朋友中的大部分夫妻所经历的都不尽相同。在任何境遇中，她都完全奉献于丈夫的创作。她知道，无论如何，贾科梅蒂最在意的是日常空间里不要有丝毫变动。就像琼·克莱所说的："这个不稳定性的捍卫者同时也是一成不变的狂热信徒。相同的朋友，相同的街区，雷打不动的相同习惯。"[9] 因此，艺术家将他与卡罗琳的关系维持在他生活里界定好的范围内。卡罗琳后来回忆道："他从来没有带我去过利普咖啡馆或多摩咖啡馆，从来没有带我与萨特或让·热内一起吃过午餐。那是他们聪明人聚在一起长篇大论的时候。他可能觉得我没那么机灵……不过无论如何，我不在乎，我和这些人也没什么关系，那只不过是他与安妮特的生活罢了……" [10]

　　然而，贾科梅蒂变了。青春能吸引他是因为他老了：他的身体在一阵阵剧烈的咳嗽下晃动，他感到疲惫，身体因为缺乏睡眠、吃粗茶淡饭、喝酒而逐渐衰弱，尤其是不断折磨着他的忧虑。创作比其他任何事都让他牵肠挂肚，其迫切程度比任何时候都高，他为此牺牲了个人生活。他不停地抱怨疲惫，还模仿老头来故意逗他的朋友们。"我是个老头。难道你不觉得我一下子老了吗？我没法工作了，我是个小老头。" [11] 他对矢内原伊作说。

第三十章

大通曼哈顿广场

　　1958 年 5 月，他的作品在纽约的马蒂斯画廊展出，此次展览应他要求被推迟了好几次。这场凝聚着他数月辛苦工作的展览中有多件刚创作的雕塑，他再次尝试使用大尺寸。4 月，他在信中写道："今晚我做的一件雕塑比 1948 年最大的那件还要大。"[1] 然而这件大型人像却没能在展览开始前完成。贾科梅蒂还创作了一些新款式：以"大眼睛"和面部突出部分为特征的头部雕像、"基座上的头部"，以及一件"双手放在膝上的安妮特坐像"。展览开始前的最后几周，他的工作强度很大。安妮特写信给矢内原伊作："十五天以来，尤其是最近一周，阿尔贝托拼命工作……你一定认不出画室了，这里有三座大型石膏雕塑，三座立着的高约两米的女性雕塑，一件小一点的女性雕塑，还有一件大型头部雕塑和代表腿部的大雕塑，阿尔贝托说那是他的腿。我也无法跟你解释清楚，画室里全是石膏，走到阿莱西亚街都能看到阿尔贝托的脚印。"[2]

　　最令人吃惊的作品其实是这件超大尺寸的腿部雕塑，

它被放置在一个高基座上。这件雕塑与他1947年做的身体各个部位的雕塑具有相关性。[3] 重新开始创作新的雕塑让他的两位画商十分满意，他们二位甚至——短暂地——和解了。马蒂斯写信说："米罗已经来这里两周了，紧随其后的是玛格和克拉耶，美术馆关门前他们来看米罗的展览。我还要跟你说个好消息！他（玛格）改变想法了，我也是，我们现在是形影不离的朋友！我们互相赞扬，还时不时互赠鲜花，总之就是蜜月期！愿友谊天长地久，就像对方说的！"[4]

11月，艺术家收到一个令他振奋的建议：参与角逐将立于纽约市大通曼哈顿银行楼下的一件户外雕塑的设计。这个重要的大订单来得正是时候，他正处于高产且没有过多压力的时期，于是他立刻投入创作。1959年的全部时间和第二年的部分时间都被他用来为这个项目做各种实验，作品的设计理念很快就诞生了。如同《广场》系列中的一件作品，艺术家打算让三个本质上各不相同的雕塑产生对话：一位高大的女性、一个行走的男人和一个大型头部。1959年5月，他写信给马蒂斯："我几乎每天都在为我的项目工作，而且我急不可耐地期待明天继续做。无论如何，不管对建筑师来说它是否可行，对我的所有创作而言，它都非常有用，我很高兴能做这件作品。"[5]

他不知疲倦地工作，可很快就遇到了困难。作品比例的问题开始让他产生困扰。贾科梅蒂从没去过纽约，他从未亲身感受过美国高楼大厦的壮阔。于是他根据行人的比例来确定作品比例，而非让其适应城市的大小。6月，安妮特写信给矢内原伊作："他做了三件大型石膏雕塑，一座高达 2.75 米的静止站立女性人像，一个行走的男人雕像（我认为有 2.2 米高）和一个大型头部（他能做到的最大程度），三件雕塑根据相互之间的关系被一一摆放。"[6]

迭戈和安妮特在斯坦帕轮流照顾安妮塔，她突发心脏病，身体尚未完全恢复。由于工作缠身，艺术家只能于 7 月 15 日离开巴黎。他并没有应马蒂斯和帕特里夏之邀前往蓝色海岸与他们会合，安妮特只好独自一人前往。他去了伯尔尼，科恩菲尔德画廊正在那里举办一场素描和雕塑展，接着他又与母亲一起住了一段时间。8 月初他回到巴黎，并与矢内原伊作重逢，他画了三幅肖像画。矢内原伊作刚离开，他就立刻凭记忆继续创作。很快，他再次投入雕塑的创作中，但计划并不如他所期待的那样进行。10 月，他改变了技法，安妮特在给矢内原伊作的信中写道："他不再使用石膏，而是重新用黏土制作头部雕塑和一个大型女性人像。我想他现在对《行走的人》这件作品是满意的。"[7]画室里从未像现在这般挤满了作品和堆积如山的材料。安妮特解释道："我运走了画室里的所有石膏，装了满满五袋，这里堆满了东西。除了石膏雕塑之外，还有一些黏土质的新雕塑小稿。"[8]可困难依旧如故，没有任何一件雕塑能令他完全满意。"他用黏土全部重新来过，现在雕塑变得越来越小，尤其是头部，您知道的那个巨大头部雕塑，现在它变得比以前小多了。"[9]他又重新使用石膏。这次的创作产生了诸多他迄今为止从未遇到过的困难。那间逼仄的画室不太适合创作大型雕塑，他自己也不太习惯做这类雕塑。为了创作这些"高大的女性"，他需要爬上一架梯子直接切削材料，并往雕塑表面洒稀石膏，但这样又会淋湿周围的其他作品。为了能更好地观看雕塑和测试尺寸，他把它们搬到了院子里或街道上。

秋季，贾科梅蒂的作品在纽约再获好评：彼得·塞尔兹在纽约现代艺术博物馆举办了一场名为"人之新形象"的展览，他是作品被展出最多的艺术家之一。塞尔兹汇集了全世界范围内的艺术家创作的"忧虑者人像"，是战后这类形象最杰出的集锦。贾科梅蒂展出了包括三座大型女性人像在内的六件作品，其中一座女性人像被选作展览手册的封面图，他被称为此次展览中最知名的艺术家之一。展览这样描述他的作品："这些瘦骨嶙峋的人像虽然诞生于'二战'末期，但他们并不代表集中营里那些饥饿的幸存者——他们只是一些生物，独来独往，无法接近，因此未遭亵渎。就像萨特的《禁闭》（Huits clos）中那些无法闭眼和睡觉的人，贾科梅蒂的大型人像——伫立着的、有距离感的和永恒不变的——可以笔直站立或行走，但永不停歇。"[10]

塞尔兹催他为展览手册写一篇文章，艺术家无可奈何地接受了这个请求。他在文章中表达了自己的观点和困惑：

"您问我在人类形象方面所持的艺术主张。我不是很清楚该如何回答您的问题。

"一直以来，雕塑、绘画或素描对我来说都是一种方式，用来传递我对外部世界的观察，尤其是观察一张脸和人类整体，或简单来说是观察同类的方式，尤其是出于某个原因观察与我最亲近的人的方式。现实于我而言从来都不是创作艺术品的借口，艺术是我呈现我之所见的必要方式。在我对艺术的理解中，我的立场完全是传统的。

"这就是说，我知道自己根本无法按照亲眼所见为一个头部塑形，用油画或素描把它画出来，然而这却是我唯一在尝试做的事。所有我能做的只不过是我所见之物的苍白图像，我获得的成功总少于失败，要么或许成功与失败各占一半。我不晓得我创作是为了做出一件东西，还是为了知道为什么我不能做出我想要的东西。也许这一切只是我不明所以的癖好或是对某处缺陷的补偿。无论如何我现在发觉您的问题过于宽泛或笼统，以至于我无法清晰地予以答复。您用这个小问题质疑了一切，那么我该怎么回答呢？"

表达怀疑对于他来说已是自然而然的事，他坦然地将其公之于众，可是为大通曼哈顿广场的计划制作人像时遇到的困难比任何时候都令他忧虑，并引发了一阵纠结与困惑。初期的兴奋之后，接踵而来的便是挫败感。8月，在斯坦帕待了几周后，他对创作很满意，还写信给母亲说："今天我在画室忙着做要提供给纽约的雕塑，目前已基本完工了。"[11] 一个月后他写信给资助这项工作的建筑师戈登·邦沙夫特："我很期待听到您来此参观时对我的雕塑产生的看法，但事情并不像我预料的那样发展。我原以为能在十五天内做完，但事实上我不得不反复将它们毁掉再重做。我必须重新做一个头像雕塑、一个女性人像和一个行走的男人。"[12]

不幸的是，这些作品并不比之前的尝试更符合他的预期。第二年年初，建筑师再来巴黎参观时，贾科梅蒂再次表现得积极乐观。艺术家在画室等待着此次来访，安妮特独自前往斯坦帕照顾生病的安妮塔。他用石膏做了两件《行走的人》、一件《高大的女人》（Grande femme）和一件《大型头像》（Grande tête）。1947 年创作的《行走的人》更接近古埃及人像的姿势而非真正行走的动作，相比之下，如今这版《行走的人》的步履则更加轻快。与此同时，女性人像则姿态庄严，修长的胳膊贴在身体两侧。至于《大型头像》，虽然它再次使用了《笼子》中从地面冒出的头部这一元素，其款式依然独特。他解释说："这几乎是对那些古罗马雕塑残片的记忆。也很可能是记忆中 1920 年我在罗马的广场上看到的一个头部雕像，它给我留下了极为深刻的印象。"[13] 这件作品的特点是如同柱身般竖立的巨大脖颈，其中融合了他对四十年前在罗马看到的《康斯坦丁头像》（Tête de Constantin）的记忆以及迭戈的相貌特征，迭戈几乎无意间重复地出现在了所有男性人像中。"建筑师那天来过了，他对我做的一切感到高兴，我可以将作品原封不动地寄出去了，但在我看来仍需两天时间再加工一下，就这样。"[14] 其实贾科梅蒂之前承诺过在评审会召开时将雕塑寄往纽约。然而正相反，雕塑并没有如预期般很快做完。他把心中的沮丧告诉马蒂斯：给公共空间做项目太难了，更何况他从未见过摆放雕塑的地点。他后来甚至开始怀疑作品本身的质量。在关于作品宏大感的问题上，与邦沙夫特的观点相反，他认为不能通过放大之前雕塑的办法来解决。"我完全反对先做一些小型雕塑，再将它们机械地放大这种惯常做法。要么我能做多大就做多大，要么就做不出来……我感兴趣的是知道我用手能做到的最大高度。这样一来，最大的高度正是那些高大的女性人像。她们几乎已经超越了可能性的边界，再继续下去的话，它必须是一个完全虚构的东西。" [15]

他全身心投入这个订单中，对订购的其他作品都不上心。"这段时间，为了今年春天的双年展，瑞士正式把它在威尼斯的整个展馆提供给我，供我一人使用。他们来得真不是时候！今早我寄出了费力写的一封回绝信。信由我主笔，由于太注重谦虚礼貌和迂回打转的复杂说法，反倒使我看起来高傲至极并有嘲讽他们之嫌。于是这封信又被迭戈重写，他找到了合适的语气，安妮特又修改了一遍，然后我按这一切又写了一遍，它看起来才变得得体。我在想如果他们收到的是我写的第一遍草稿，他们会作何反应！在那封信中我几乎回顾了我的整个历史！" [16]

又一次，瑞士官方的邀请提得很不凑巧。他那时甚至没时间去看望母亲。1960年2月，安妮特在给矢内原伊作的信中写道："我来斯坦帕一周了，我来是为了替换阿尔贝托，他又开始创作您今年夏天看到的那些大型石膏雕塑。自您走后，阿尔贝托虽没有完全毁掉夏季的所有作品，但至少弄坏了它们，尤其是'行走的人'和大型头像。他感到受挫，于是（暂时地）放弃了石膏并尝试用黏土制作大型雕塑。可这也不行，就是说这些雕塑变得越来越小了！仅一天时间，他又开始做与石膏头像（您知道的那件）一样或几乎一样大的头像，这一天快结束时，这个头像变得高约五厘米，小小的，被放在一个巨大的黏土基座上。阿尔贝托在创作上变得越发有激情，他也逐渐放弃了为纽约做的纪念性雕塑，一直做那个小头像和小型女性人像。他总在晚上创作，直到早晨（早上八点）。纽约的建筑师（这座纪念性雕塑的建筑师）来看阿尔贝托，（再一次）要求他完成大型雕塑，并且如果可能的话，将它们用青铜翻铸。经过这几个月用黏土创作，阿尔贝托又重新鼓起勇气做大型石膏雕塑，正是此时我离开巴黎去他母亲家，以免她太过焦急等阿尔贝托回去。昨晚我与阿尔贝托在电话中说了几乎一个钟头！他很兴奋，说这次进展顺利，一星期后能结束所有工作，然后他就终于能回斯坦帕稍作休息了。我希望这次真的会顺利，希望所有这些大型雕塑都被送去铸造厂再运往纽约。"[17]

4月，他完成工作并与安妮特一起前往罗马。"4月7日，阿尔贝托要去罗马几天，只有四天，因为他是一个雕塑奖的评审委员。他还是巴黎的'罗马奖'评审委员会委员。我觉得他正在成为一个官方人物！"[18]艺术家很高兴回到他四十年前居住过的城市。但回来后，他对此前寄往铸造厂的作品很失望。他的结论很坚决，一切都要重来……出乎所有人意料的是，他决定不将承诺好的作品寄给美国的订购评审团。他写信给马蒂斯说："你将会失望，也很可能会生气，邦沙夫特也一样。雕塑已经被翻铸好了。我在铸造厂看着它们，让人给它们上古色涂料，再摆放在铸造厂对面的人行道上观看，然后让人把它们运到位于加尔什的叙斯铸造厂的花园里。所有这些青铜和石膏雕塑，所有翻铸的和尚未翻铸的雕塑，它们可能都具备一些优点，可是它们都与我想要的效果（或是我以为我想要的）有偏差，偏差太大，效果太差，我完全无法将它们寄出去。我宁愿不再做任何雕塑，甚至到死，也不愿现在将这些青铜雕塑寄往纽约。我为此工作了一年有余，其他什么也没做，为此放弃了一切以及今年春天的展览，我从没这样工作过，直到我去斯坦帕的前一晚，也就是我让别人铸造它们的那天，我要求做四件而非三件，我当时也做不了更多。我现在看到它们都糟透了或不如说都没有完成，它们都存在偏差，我们也没办法了，它当时也无法成为别的样子。恰恰相反，我一点都不为自己的创作而后悔，但我坚决不能将其视为对广场雕塑而言有价值的项目。我那时看待事物太过含糊，其中包含太多曾经看过的雕塑的模糊回忆（尤其是在罗马），尺寸完全被混淆了，我想把看到的小尺寸物体做大。还有许多其他的复杂问题，对于一年时间来说问题太多了。除了我不能为一座没有预先见过的特定广场随便创作东西之外，我的三件雕塑本身也糟糕透顶。我不会将它们弃之不顾，我会以最快速度重新制作大型女性人像和头像，我想尽快有个结果。'行走的人'更复杂，我不知道能否把它做出来，无论如何我会再试一次。但眼下我只能做到这个程度了。无论你和邦沙夫特有何反应，我也不能做我做不到的事，人们只能指责我没能力，但仅此而已。我今晚无法再写其他东西了，把这封信拿给邦沙夫特看看。我唯一难过的是会让你伤心、失望，其他倒没有什么了。"[19]

艺术家真正丧失希望之前又尝试做了些新的人像。整个夏季，他制作了一件新的石膏作品《高大的女人》，这件作品从未被铸成青铜雕像。他放弃了那个订单并告诉了邦沙夫特，邦沙夫特只好妥协。他总共可能让人做了三座巨型女性人像，其中最大的一座高约三米，两件身高略微高于正常人的《行走的人》，以及两个《大型头像》。在之后的展览中他将它们分别展出。他内心充满矛盾，当他在气头上时，这些雕塑被认为"本身就很糟糕"，但很快又被认为是他最具代表性的作品。它们和 1947 年的作品一起成为他整个职业生涯中仅有的大尺寸雕塑。放弃了美国的项目后，贾科梅蒂又重新回到中等尺寸作品的创作中，这些作品更符合他雕塑创作的物理过程和他的艺术观。"相比我的其他作品，人们过分看重它们，就因为它们更大，这是一个非常愚蠢和低级的原因。"他后来如此评价，还指责追求作品的宏大感是幼稚的。"人们制作一些大型物体，因为他们以为做了大型物体他们就会变得伟大。"[20]他也承认他曾经受到另一个动机的驱使：他之所以接受了这个项目，是因为他依然想填补为公共空间创作作品的缺憾。自从 1931 年他为《广场计划》做过一些尝试后，此后再没有出现让他实现这一愿望的机会。

第三十一章

威尼斯双年展

虽然大通曼哈顿广场的项目最终未能落地，但它激发了艺术家的创造力，此后他便投身于一些新的尝试。"如今我又想从头开始，就像二十年或二十五年前那样。"[1]1960年2月他写信给母亲。那年夏天，矢内原伊作来巴黎待了近两个月，贾科梅蒂不知疲倦地与他一起创作。他完成了多幅人像油画并开始制作一件胸像雕塑，这件胸像是他后来凭记忆完成的。安妮特依然保持着与矢内原伊作的恋人关系，对她来说，矢内原伊作也是一位知己。"您经常写信跟我说即便生活中困难重重，您依然鼓起勇气承担了明显难以忍受的烦忧。您还常写信说不再心生妒意了，您找了一个好办法，就是去理解阿尔贝托。我认为您做得对，因为意志力不足以让您平静。您需要的是理解的智慧，我确定您和阿尔贝托相处得很好。至于那个我知之甚少的卡罗琳，我觉得没必要理解她，至少对我来说，也对您来说。但我想她具有某种我们没有的东西（然而这便是吸引阿尔贝托的地方），而且她不会让您和阿尔贝托的关系发生任何改变，也就是说，她对您无足轻重。无论她做了或说了什么，这些都发生在您和阿尔贝托的关系之外。如果您感觉痛苦或沮丧，那是因为我想念您，因为我们在一起时是那么好，而不是因为卡罗琳。"[2]

安妮特的生活上空散开了一片乌云。与矢内原伊作的恋情既幸福又痛苦，她内心重新燃起了被压抑的对孩子的渴望。而且卡罗琳出现了……在接下来几个月的信中，安妮特看起来又恢复了平静。她让自己恢复理智并习惯于卡罗琳的存在，就像矢内原伊作说的，卡罗琳不是他们夫妻之间的威胁。她经常与朋友见面，尤其是她认识了来向艺术家订购画像的保拉·卡萝拉，并经常被邀请去卡萝拉位于乡下的家里做客。最终，阿尔贝托满足了妻子想拥有一间小公寓的愿望，这能为她提供目前简陋的家居环境所不具备的舒适。搬家花了几个月的时间。从 1961 年末开始，她拥有了两个生活场所：白天待的伯利特-曼东街的房间，以及蒙帕纳斯大街旁的新公寓。后者是她为自己布置的个人空间。迭戈的日常生活环境也得以改善。1961 年 6 月，他搬进了哥哥为他买的房子，位于之前的住所隔着两个门牌号的绿磨坊街。在那里他拥有了一间更大的画室，这对前所未有的业务量来说十分必要。迭戈监督大量新旧作品的制作过程和运输，这些作品每年都会因参展和售卖而被翻铸。他还创作越来越多的个人作品，他的家具此后被马蒂斯销往美国。

展览之余，书籍订单也成为另一种能激发贾科梅蒂创作活动的事，他总是乐意而为。自 1959 年起，他便致力于朋友泰里亚德发起的一个大项目：创作一系列表现他在巴黎闲逛的版画，为《无尽的巴黎》(*Paris sans fin*) 当插图，并为其配文。这套直至他生命尽头仍在创作的漫长画作成为贾科梅蒂日常生活的日记：在画室附近散步，与卡罗琳在巴黎开车闲逛（他不开车），与安妮特、迭戈用餐的饭店，会见友人的圣日耳曼–德普雷咖啡馆，夜间酒吧，画室和正在创作的作品，穆洛印刷店，安妮特的公寓，参观自然博物馆，送矢内原伊作去机场后返回时高速公路边的风景……另一个出版计划多年来也一直在邀请他参与，由他的朋友、意大利评论家路易吉·卡卢乔和雕塑家马里奥·内格里发起。这本书汇集了他职业生涯中一大批旧作的复制品。书籍的理念让他很感兴趣，他还为该书撰文。复制品是他热衷的创作活动，他不停地说这对于灵感的生发有多重要。5 月，贝克特的戏剧《等待戈多》的首演开启了另一种全新的合作形式：在作家的再三请求下，贾科梅蒂第一次同意创作舞台背景。贝克特给了他明确的规划：背景简化成两个物体，一棵树和一个月亮。经过一番激烈的辩论，雕塑家最终只做了一棵真人大小的石膏树。"我们整晚都在尝试将这棵石膏树做大或做小，将树干做得更细。但效果总是不完全如我们所愿。我们总跟对方说'可能吧'。"[3] 作家的期待并未落空："太棒了。这是目前为止这场可怕探险唯一好的方面。"[4]

1961 年 6 月，贾科梅蒂受邀在即将举办的威尼斯双年展的国际展厅举办回顾展。他接受了邀请，条件是在克拉耶的协助下由他亲自选择和布置作品。几天后，玛格画廊为他的新作品举办了展览开幕式，一如往常，直到最后一刻他都在为展览创作。[5]这场展览包括相同比例的油画和雕塑，其中重点展示了大通曼哈顿项目的大部分作品。还有二十多幅肖像油画，包括四幅矢内原伊作的肖像和五幅卡罗琳的女体坐像，这些画像都表现出他生动的绘画技法。接着，贾科梅蒂与安妮特一同前往斯坦帕，并与亨利·卡蒂埃-布列松及其夫人妮科尔会合。摄影师拍了一系列村庄和画室的照片。7月末，矢内原伊作也来到斯坦帕和夫妻俩见面，安妮特结束了他们的恋情，这份感情后来变成了长久的友谊。[6]与此同时，马蒂斯和帕特里夏第一次受邀来到他的老家，画廊主看到了贾科梅蒂年少时的作品，以及放在那里的"二战"期间创作的《坐四轮马车的女人》。这些他从未见过的作品给他留下了深刻印象，他建议将这些作品做成青铜版。贾科梅蒂为安妮特和科尔贝塔医生画人像油画，这位医生是他们家的朋友，并给他母亲看病。像平常一样，他又投身于多件作品的创作，还同时画花束。一段时间以来，他拓展了用色，尤其是红色。8月2日，矢内原伊作要前往法国，他只为其画了些素描。8月5日全家齐聚庆祝安妮塔的九十岁生日。两天后艺术家回到巴黎，他让矢内原伊作为一件胸像和一幅油画摆姿势，每天七个小时不间断。"贾科梅蒂一刻不停地画我的人像作品，一切就像一年前那样：他从下午一直雕刻到晚上，从晚上画画到凌晨。唯一的区别是他现在用的是四十英寸（及以上尺寸）的画布，然后休息时间在一点点缩短，他对工作的热情比去年更强烈。"[7]

随后两人经常一起度过大部分晚间时光，在多摩咖啡馆或是圆顶咖啡馆，接着再去阿德里安酒吧或一些脱衣舞酒吧，有时安妮特或卡罗琳也会一同前往。卡罗琳给他带来了一个意外：她结婚了。[8]这场很快便结束的婚姻并没有特别干扰到艺术家，他一向很容忍情人的"客人们"，只是卡罗琳动不动就消失，这会影响到他。很快他就与安妮特一起前往日内瓦，他们稍作停留去参加西尔维奥的婚礼。他们对这个外甥怜爱有加，这是他们兄弟姐妹留下的唯一一个孩子，在他出生后的最初几年，他是这个家庭里所有人关注的焦点。接着，艺术家在10月份又赶赴都灵和威尼斯，他在那里实地考察了即将展出他作品的展厅。许多宽敞的大厅都专门给他使用，这意味着他要为一场大展做准备。各种项目再次纷至沓来：双年展刚刚过去，他又受邀在苏黎世美术馆（Kunsthaus de Zurich）做大型回顾展。他回到斯坦帕与安妮特会合，在那里等待他的还有标志着他被美国认可的消息：他被授予了卡耐基奖。"你可以想象得到，获得这个奖让我母亲有多高兴！其他人也一样！这对于我来说是莫大的喜悦。"[9]

1961年末，在马蒂斯画廊举办的展览主要选取了曾在玛格画廊被展出过的作品，还包含了几幅新创作的油画。就像每个项目一样，他倾向于展出新作品。"我非常遗憾，你没有跟我说展览被推迟到八天后举行，我本来有时间寄出一幅大尺寸远景裸体画像，以及一件或两件雕塑。我直到最后一刻都在尽最大努力工作，我很难过这么快就得停下来。"[10]

展览引起了新一代美国艺术家们的注意。艺术评论家唐纳德·贾德写道："空间中，空的部分看起来像是把这些人像挤向了内部，把它们压缩成了一个无法再缩减的薄片。这些人像遵循着'无'和'有'的双重定义。人像上的凸起不是投影，而是与其交叉的线条留下的残留点。"[11]

不过，占据他时间和精力的主要项目是威尼斯双年展。这个展览对他来说是个不同寻常的关键点：他期待自己获得大奖。事实上，他希望看到自己在当代艺术舞台上占据的独特地位被认可。他选择将几件超现实主义雕塑和遴选出的一大批"二战"以来创作的作品以及特意为此次展览创作的新作品联合展出。马蒂斯帮他编撰旧作的目录。他决定展出五十余件雕塑，以及相同数量的油画和素描。这正是向国际公众介绍他作品的良好时机。在罗马，他遇到了现代艺术博物馆的馆长帕尔马·布卡雷利，此人正在写一本关于他作品的书，还将为他的作品在双年展目录上撰写引言。贾科梅蒂自己做了展览图，并将在迭戈和克拉耶的帮助下赶赴现场进行安装。于是，他在威尼斯待了三周有余，安妮特和马蒂斯夫妇、莱里斯夫妇都来此与他会合。最后他只做了少量的新雕塑，最新的作品主要是一些素描和油画，其中十二幅创作于

1962 年。最后时刻，在展览安装期间，他不顾展方许可，给自己的部分雕塑涂了色。"阿尔贝托一直在那些专供他使用的大厅里走动，挪动那些大大小小的雕塑，用摆放其间的小人像布置这些绝佳位置，他尤其对不满意之处深感不适——他本想让一切重来，因为一切或几乎一切都没按它们本来的样子被创作出来。一天夜里，他独自一人，拿着画笔开始给雕塑涂色。"[12]

从 1926 年至 1927 年创作的《匙形女子》到最近的胸像，在展出的这四十五件雕塑中，他将重要位置安排给了为大通曼哈顿项目创作的作品。他并没有按年代来安排作品，而是按作品之间的意义相关性进行布置。展览很成功，雕塑大奖也颁给了他。可他却略感失望，他原本公开声明如果不在油画方面也给他颁奖，他就拒绝该奖项，不过他对这个认可依然感到高兴。之后不久他又去苏黎世布置展览，这个展览将以更全面的方式对他的作品进行回顾。"它比威尼斯展的规模大很多，是一个七十米乘二十米的大厅！克拉耶、迭戈、韦尔林博士（馆长）和我，我们很快组织了展览，比威尼斯那一次快很多。大体上，我一个人在周二下午便布置好了展览，其他人在周三到达，我基本按照设想摆放好了一切。"[13]

他专门参与的这两个项目令他很愉快。然而，正如他在作品运往苏黎世前不久跟马蒂斯说的，准备工作并不容易。兴奋有时会加剧困难。"我从中午开始创作，迭戈给我摆姿势，下午是安妮特，没有其他事情的话今晚开始卡罗琳也来。一切都比以往任何时候要困难许多，我明天看看我往哪里去，我几乎害怕开始创作。"[14]

　　在同一封信中，他还讲了一件更好玩的小事："某天晚上，我连续四个小时与玛尔琳待在一起，她非常非常漂亮。我们坐在同一张桌子前，她喝了一杯咖啡，我喝了一杯开胃酒，其余什么都没有。"贾科梅蒂被许多"非常非常漂亮"的女性崇拜，因创作而备受赞扬，被收藏家们不断央求，与大知识分子做朋友，但他内心的不满并未因此而变弱，他依然被作品尚未完成和有待完善的感觉所困扰。1962年反而特别顺利。他获得了全球最知名的两项大奖，举办了两场顶级回顾展和密集的绘画活动，其中以出色的"坐着的卡罗琳"系列为代表。他收到了各式各样且数量攀升的订购需求。秋季，泰特美术馆提议为他举办回顾展，他前往伦敦商讨该计划。这是他偶然间与卡罗琳出行，趁此机会，他又见到了一直保持联络的伊莎贝尔。身为伦敦艺术界的名人、弗朗西斯·培根的朋友和模特，她为两位艺术家举办了会面晚宴。他们彼此十分敬重对方，贾科梅蒂被这位爱尔兰画家偏激的个性所吸引。与战后那几年他曾表达过的忧虑相反，具象绘画并没有被抽象派扫地出门，而且培根和他一样，也是为这个被贬低的类型注入了新的可能性的代表人物之一。他也再次见到了1946年在巴黎认识的卢西恩·弗洛伊德，1952年，卢西恩还偶尔给他当模特。贾科梅蒂没有获得威尼斯双年展的绘画奖，它被颁给了抽象派画家阿尔弗雷德·马内西耶。学院派因为这个选择而备受报界谴责，但此事可看作天鹅的绝唱，世界艺术舞台进入了新一轮的美学动荡期。在艺术格局重组的背景下，战前的世界只能通过一些最强有力的独特人物才能继续维持。贾科梅蒂便是其中之一，他在最独特者之列。与大部分新巴黎画派（la seconde École de Paris）的抽象画家不同，在以后的年代里他并没有被遗忘，反而被最具代表性的国际美术馆推崇备至。

第三十二章

死亡的阴影

1962 年完美落幕，接下来的一年却开局不利。贾科梅蒂突然腹部剧痛，他需要动手术。诊断结果令人不安：癌症，需要切除几乎整个胃部。朋友弗伦克尔将他托付给了莱博维奇医生，这位医生之前还为他治疗过脚部骨折。2月6日，贾科梅蒂做了手术。即便安妮特反对，两位医生还是向艺术家隐瞒了他所遭受的病痛。住院期间他在笔记本中写道："一切重新开始，正如我怎样看待人和事，尤其是人和他们的头部，天际边的双眼，共享水流的双眼曲线。我对生命、死亡以及任何事都一无所知。"[1] 手术进行得很顺利，在斯坦帕稍作休息后他便匆忙离开了。在与朋友科尔贝塔医生的交流中，他得知了疾病的真相。贾科梅蒂勃然大怒：怎么能够向他隐瞒如此重要的消息！这不只是侮辱，更是背叛，他严厉地指责弗伦克尔，并决定跟他断交！无论弗伦克尔如何道歉和解释，他们的关系最终还是破裂了。艺术家对他的怨恨太深，绝不会和好。[2] 两年后，弗伦克尔去世了，他们再也没有见面。贾科梅蒂一直与死亡的念头有着模糊不清的关系，这次他亲身经历的危机是与这个关系的直接交锋。他针对医生的不满体现了他拒绝被剥夺得知自己有可能死亡而产生的意识。"当时在诊所里，让我担忧的是一种病态的兴奋：'啊！你以为你还有时间……那么，这下可好！穷光蛋。已经这样了，打包走人吧。'这曾让我亢奋。为了让我接受，那像是一种挑衅。但很快，手术后情况便反过来了：两天后，我便能走下三层楼。当时没有任何人记得。一周后，我叫了一辆出租车：我去了画室。如今，我要是能再活三年，我会很高兴。至少一年吧……然而，如果现在有人跟我说我的生命只剩两个月，我会对此很感兴趣：只能活两个月并知道我即将死去，这胜过无意识地活二十年……"[3]

在斯坦帕，静心休养、严格禁止饮酒的饮食制度、山里的清新空气，这一切使他很快便康复了，正如他跟马蒂斯解释的："手术后（我不记得是否在电话里跟你说过我完全知道是什么问题！），第一天我就很快恢复了体力，我很惊讶自己竟然感觉这么好。在斯坦帕，每天都能逐渐恢复状态。我从不感觉疲惫而且想重新开始工作，我已经画了一些素描，平时还散散步。前两天我们进行了一次长途旅行，每次来回都接近五个小时车程，而且都是在雪天和大雾中行驶。我们去见了安妮，她曾请求我为在歌剧院演出的阿尔班·贝尔格的《伍采克》（*Wozzeck*）创作舞台背景！我拒绝了，我无法在如此复杂的情况下投入这项工作，我有太多别的事要做。"[4]

他于 4 月 18 日回到巴黎。手术后，他住进了蒙帕纳斯附近的艾格隆酒店，那里能给他提供更舒适的起居环境。正如他跟马蒂斯所说，他未来的计划是"一切从零开始"[5]。接下来的一个月，他从美国使馆处收到了美国学士院颁发的荣誉成员头衔，之后又前往瑞士。他去了日内瓦，克鲁治画廊正在举办一个展览。他接着又去了巴塞尔，在那里遇到了恩斯特·贝耶勒，这位画廊主"拥有六十件我的作品，并将于月底把它们全部展出"[6]。事实上，这位瑞士画商从乔治·大卫·汤普森手中购买了贾科梅蒂的所有作品。由于放弃了创立私人博物馆的念头，这位富有的美国收藏家出售了自己的藏品。"我很高兴看到这么多已经超过十五年没再见过的东西！我感觉它们效果都很好，都令我欣喜，但我思考得更多的是我现在正在做的作品。"[7]接着，贾科梅蒂又回到了老家。术后在瑞士度过的好几周里，他察觉到安妮塔的身体很虚弱。他创作了大量石版画和素描记录母亲日常生活里的样貌以及他童年居住地的熟悉环境。最终他回到巴黎，开始了日常生活。"我完全过上了从前的生活，目前看上去这很适合我"，他写信给马蒂斯并且说他现在"既不喝开胃酒也不喝威士忌"[8]。他向母亲解释说："安妮特已经基本收拾好了她的新公寓，但目前还是要在那里忙一整天。我让她全权负责，然后最终给我一个惊喜。"[9]除了准备她的个人空间，安妮特还为画室做了大扫除，艺术家在这里重新专注于他的创作。他很高兴能恢复工作，然而却为母亲担忧，他经常写信或打电话给她。"我很不愿意离开，哪怕再待六周，我仍觉得短暂。时间过得太快了，我很想快点儿回去。但我当时却很想回到这里，回到我的画室和这里的环境中，因为从1月份起我便不在这儿了。目前我对现状很满意。这里的一切都那么美，四处都很丰盈。还好在斯坦帕住了一段时间，我现在感觉自己的身体比前些年好很多。但现在我特别挂念您，我亲爱的母亲，那天晚餐和傍晚时，当您讲到自己儿时的所有回忆，您记性那么好又讲得绘声绘色，仿佛那些已经过去八十年的事就近在眼前，仿佛我们已经不再知道时间为何物，六岁、二十岁、六十岁、九十岁俨然是一回事，仿佛过去所有的事都同时在那里，这种感觉愈发强烈，因为是在同一间屋子里，在完全相同的家具之间，在半个多世纪后的相同地点。"[10]

在斯坦帕一成不变的环境中，他最珍视时间与事物的恒常感，这种感觉比以往任何时候都让他觉得是必要的。在巴黎，安妮特和迭戈在外布置的新居使他能将伯利特-曼东街的画室保持在与他搬进来时几乎原样的状态。因为住不习惯，安妮特很快便卖掉了她的公寓，然后又在马扎林街重新购置了一套。她继续看管画室，每天来摆姿势。这种常规生活随着时间的流逝被固定下来，对艺术家来说，这已成为他抵抗内心焦虑的良药。他战后重回画室记录的所思所想一直都与他的精神状况相符："现在我头脑中有我的画室，就像在我的脑壳里真的有一个缩小版的画室，带着它的空间和光线，还有里面所有完全待在原处的物品、灰尘和地上的石膏小碎片，我怀着如此强烈的喜悦思念这些碎片，它们就像在对我笑，我怀着同样强烈的喜悦感受画室的空间，感受被墙体和脆弱易碎的玻璃窗围起来的空无，围墙或许由于色彩或色彩混合的缘故而具有一种模糊的坚固性。在这片空无中，物体连同它们潜在的生命一起竖立着，然而它们却是死的、无意识的。"[11]

二十年过去了，什么也没改变，画室一直是那个具有"潜在生命"且一成不变的熟悉空间，他能在心里呈现出最微小的细节。

8月31号，乔治·布拉克去世了。贾科梅蒂赶赴榻前看望他，并为亡故的友人画了一系列令人悲恸的素描。11月，纪录片导演让-玛丽·德罗在为法国电视台筹备拍摄关于巴黎画派的一系列影片，他为贾科梅蒂拍了首部长篇访谈录像。[12]影片以这几句话开场："我不停地工作。不是出于意愿，而是因为我无法脱离。我弟弟从正午摆姿势到一点半，接着我工作一会儿，然后花一个钟头去附近吃点东西。我夫人从下午四点摆姿势到夜里，然后我再开始做同样的事。我会去喝杯咖啡，接着九点再开始工作，直到午夜。我也不再出门。我出去吃晚饭时已经非常疲惫，由于没有胃口，我会拖延一会儿，喝一点威士忌然后回家。为了第二天能爬起来继续工作，我强迫自己凌晨三点上床睡觉。这真是苦役犯的生活。"[13]

事实上，贾科梅蒂早就重新过上了从前的生活，一种完全奉献给创作的苦役犯的生活。由于担心此后时日无多而产生的紧迫感催促他回到画室，去创作一件他觉得总是无法完成的作品。"与此同时，我知道它只会失败。但事实上我们只能通过失败来一点点接近。成功或失败，已经没有任何意义了，说到底，我只为自己创作，努力了解我所看到的。"

记者询问他关于创作动机的问题："您的创作是一项极其耐心细致的活动。"他回答："不，完全不是，更确切地说是怪癖。这更多是种癖好，而非耐心。这并非出于意愿，而是无能为力。我在问自己，我是否假借工作之名，实则只是有喜欢摆弄黏土的怪癖而已？我不期待有什么结果，或者结果几乎是次要的。"

一段时间以来，用来形容创作冲动的"怪癖"是他与对话者们重复提及的词语之一。但他缓和了其负面意义。"这是一种怪癖，但同时也有想做成某件事的意愿，为的是摆脱它。我之所以做雕塑，是为了了结，以最快速度与雕塑了结。"贾科梅蒂属于预言了"艺术已死"的那代人，至少是在约定俗成的那种艺术形式中。然而他却选择更新与传统之间的对话，调动身上所有的创造力，寻求一种对创作行为的深入理解。没有任何一位二十世纪的艺术家像他一样主动将其艺术题材缩减至核心要素，以便每天钻研相同的问题。头部、女性人像、男性人像——他将作品的核心元素用于这三个主题。这三个主题可以总结为一种说法：对人的再现。"一直以来，人体比任何事物都更吸引我，以至于我还记得，当我还是个年轻人或在巴黎时，我时而会盯着眼前的陌生人看，直看到让他们生气。就好像我看不见想看的，就好像一切是如此混沌以至于我们无法参透我们所看到的。"

贾科梅蒂为艺术锁定了主要目标：理解。他终其一生都在抱怨不理解。他后来解释说："当年我开始做雕塑，正是因为这是我最不懂的领域。不过，当时应该走得更远，去做其他更适合我的事。但我当时无法忍受这个我完全不懂的领域，我希望能尽快理解它以便去做其他事。但事实上我依然什么也不懂，因此我被迫坚持下去，别无选择。"

在他口中，理解我们所见的事物与理解何为艺术是同一回事。

贾科梅蒂的所有艺术创造力都集中于这个理解世界的设想。他在许多采访中尽力澄清这个设想，以便消除通过对他作品的不同解读而滋生的误解。不，他的艺术不是人们反复说的对孤独的表达。"我确定没有半点儿想要成为表现孤独的艺术家的愿望，我毫无这方面的迎合。正相反，我必须说，作为知识分子，作为公民，我认为整个生命正是孤独的对立面，因为生命是与他人缔结的关系网。在西方，我们生活的社会将我置于某种意义上对孤独的探索之中。这一度对我来说十分艰难，即在长达数年中做无用的创作，对社会边缘的创作（但我希望不是在人性边缘）。然而，一种探索的孤独境遇并不必然与一种孤独的诗意相关。"[14]

如果他的艺术与一种诗意相连，那便是生命的诗意，他的创作试图将持久性赋予一直被消逝威胁的生命。"我总有种印象，一种生命的脆弱感，好像每一刻他都需要非凡的能量才能保持站立，然而倾塌的风险却无时不在。每当写生时，我便能感受到这一点。"[15]

他解释说，多年以来，再平淡无奇的面庞在他看来都比卢浮宫最了不起的杰作更让人着迷。"这成了一种令人兴奋的痴狂。我在一张面容上探寻，每天多一点。我在精进。我知道生命的核心、秘密会随之而后退，那是我永远无法到达之地。但冒险，巨大的冒险，便是每天在相同的面容上看到某种未知事物的出现。这比得上所有环球旅行。"[16]

在这种追求生命的动力驱使下，他比任何时候都更专注于事物的本质。在他年底为新朋友乔治·索阿维创作的两幅肖像画中，与卡罗琳的肖像画一样，他直接让模特周围的画布裸露着。他着力于眼睛，以复杂的圆圈结构和重叠的线条来呈现。他的许多素描只是在白纸上画了一些眼睛。"双眼，这是我目前最感兴趣的。这是一个观察的问题。我从未真正走近它。眼睛和其余部位总是有一种冲突。最终，眼睛便是存在者本身。我反映给自己的是他者，是我自己。"[17]

第三十三章

成名

1964 年初发生了一件令他悲痛万分的丧事。在孩子们的陪伴下，安妮塔·贾科梅蒂于 1 月 24 日过世。艺术家在人生的最后几年更担心的是母亲而非自己，他和迭戈还有安妮特曾轮流看护母亲。他后来讲起观察她最后时刻的方式："最后一周，这栋房子在围绕着她不断缩小。最终，房子仅有她躺着的那间屋子的大小，接着屋子又缩小成床的大小——最终缩到她躺着的地方那么大，然后继续变小。最终当她离去之后，我无法意识到这一点，以至于后来几天我跟自己说：'我得去母亲的房间看看她怎么样了。'当我走出来，在回去的路上，我首先回望她房间的窗户，看看灯是否还亮着，直到我想起来：哎呀，我竟然不记得她已经过世了，我的母亲。"[1]

作为家庭支柱的安妮塔对于贾科梅蒂而言不仅意味着情感上的平衡，时而在斯坦帕小住也是他人生最后几年为数不多的几次休息和健康生活的平静时光。身体恢复后，他很快便又回归到不规律的生活方式中。安妮特和迭戈都为此担忧。即便他已从手术中完全康复，癌症也得到了控制，他的身体和精神却仍处于持续的疲惫状态。作品求购量越来越多：他从此步入成名期。多年前，玛格夫妇邀请他参与他们打算在圣保罗-德旺斯筹建的基金会的准备工作，这得到了他的家人和挚友们的支持。贾科梅蒂积极投身于这个项目，筹备工作已基本完工。他与建筑师何塞普·鲁伊斯·塞特一起设计适宜摆放其作品的空间环境。1962 年末，他决定制作非售卖的特别翻铸作品，然后将这一整套青铜雕塑无偿献给基金会。他选择了这几件作品来代表自己：一套为大通曼哈顿广场项目做的人像雕塑、一件由九个人像组成的《威尼斯女人》、超现实主义时期的八件作品以及 1950 年制作的几件单独作品。他这么一个不喜欢外出的人却多次前往圣保罗-德旺斯把控项目进展，亲自摆放他的雕塑。其中的两个主要空间都用于展示他的作品：美术馆的庭院里会永久摆放他的大型人像雕塑，以及一间由他设计、布置的大厅。除了雕塑，那里还有他的一系列油画和素描作品。这是他的整套作品首次在法国美术馆亮相。1964 年 7 月，他和米罗一起成为落成仪式上的明星。典礼期间，安德烈·马尔罗就此次法国境内为数不多的私人创举发表了热情洋溢的讲话。然而，经过了这段同心共力的时期，他与艾梅·玛格之间产生了不和。在落成仪式上，艾梅·玛格对克拉耶为筹建基金会所付出的努力只字未提，一场混乱的争吵随之爆发。经过一番思考，克拉耶决定离开其工作岗位。贾科梅蒂被这场争吵激怒，他公开表示自己完全站在朋友这边：如果克拉耶离开，他也与玛格画廊终止合作关系。通过迪潘，他与玛格推心置腹地聊了聊。[2] 但无论是迪潘的斡旋还是玛格丽特的友好恳求，都没能让艺术家改变主意。克拉耶离开了，贾科梅蒂与玛格画廊的合同也终止了。不过，这个出于愤怒所做的决定并没有损害他与基金会项目的关系。他将自己与巴黎画廊的决裂告诉了马蒂斯，面对这位美国画廊主的保留态度，他更多地解释了自己两年前做的那个决定，即将一整套重要的青铜雕塑重新翻铸并捐赠给基金会。[3] 迪潘的调解最终使他与玛格画廊达成了友好协商，艺术家终止了青铜雕塑的合约，但会继续发行石版画。[4]

贾科梅蒂很容易在一气之下与人决裂。他刚与弗伦克尔反目，两年前还与萨特闹翻。作家在其自传文集《文字生涯》（Les Mots）中谈及 1938 年导致贾科梅蒂跛脚的事故场面，其谈论方式引发了他的愤怒。除了事实不准确之外，艺术家还认为萨特所持的论调令他难以接受。作家口中怎能说出所谓的由事故引发的思考呢？他自言自语道："因此，我生来便不适合做雕塑，甚至不适合活着。我生来什么也不做？"贾科梅蒂长时间纠结于这份怨恨之情，还向所有朋友倾诉。"硬说我什么也做不了，多么愚蠢！"[5] 他自己将这个事故塑造成了一段传奇，一个救赎和重生的时刻。由于做出了相反的解释，萨特的行为成为最恶劣的背叛，对莫逆之交的背叛。面对这意料之外的反应，虽然作家表达了惊讶与歉意，但艺术家并没有原谅他。他对友情矢志不渝，而一旦决裂也同样如此。直到人生最后一刻，他都保持着自己固执又反抗的性格，情感在他所有的人际关系中都扮演着重要角色，也包括工作方面。任何时候，他最终保留的只有家庭的核心成员。安妮特是其中之一，哪怕是在他们频繁发生争执的时候。还包括卡罗琳，他能原谅她的一切。马蒂斯也享有这种持续的好感，虽然他们发生过多次仅限于艺术家与画廊主之间的小摩擦，但没有一次使他们反目。虽历经变化，艺术家仍维持着很广的社交圈。他结交新知的能力依然如故。无论是他为之创作铜版画的年轻诗人，还是新模特，都成了他的好朋友。他在米兰还有一群朋友，去斯坦帕时他总会在他们那里停留。艺术家后来虽被捧上荣誉的巅峰，但依然是那个简单又平易近人的人。乔治·索阿维描述说他能引起每个人即刻的好感："他从不故意讨好。然而，谁不曾这样呢？咖啡馆的服务员、持剑的斗牛士、诗人、像夏加尔和毕加索这样的艺术家：他们所有人都满溢讨好之色。就连疲惫时，阿尔贝托也流露出深深的和蔼与满满的自信。他是一个走路时偶尔踉跄但总能保持平稳的人，一个倾听时会将头转向说话者的人。当他独自一人时，他的头便低下来。"[6]

　　当他刚开始为第二年将于泰特美术馆举办的展览进行创作时，他收到了同时期在纽约现代艺术博物馆参加展览的邀请。他写信给马蒂斯："怎么办呢，我不知道。对于雕塑来说，我觉得没什么问题，因为我感觉有足够多的成品能提供给至少两个展览。素描也没问题。那么油画呢？"[7]

他又一次信任了他的画廊主。"如果继续像现在这样创作，基本上还可以，这是我唯一感兴趣的事，包括展览。我对以往的东西不是很有兴趣，而且我觉得人们已经看得够多了。"他在信中补充说，并表现出一如既往地想展示新作品的愿望。但他很疲惫，也自知要量力而行："我几乎很少像过去十天那样工作，我得放缓节奏，但不能太多。"最终，这两场展览都是收录了几件新作品的回顾展，其中包含一些依照新模特创作的雕塑。近几个月，他在画廊接待了贫困的朋友洛塔尔。贾科梅蒂让他当帮手，接着让他为一些雕塑摆姿势。在这位摄影师拍摄的人像中，洛塔尔重现了矢内原伊作两件胸像中最鲜明的特点：细腻和考究。自从与日本哲学家一起创作，他的雕塑风格便有种愈加忠实于模特的特点。1961 年到 1964 年创作的安妮特的十件胸像是他自"二战"以来塑造的最现实主义的雕像，但他在矢内原伊作和洛塔尔的面部雕像上达到的精确度却是独一无二的。他后来经常哀叹很难建立相似性，但在他不熟悉的模特身上却能在最大程度上抓住这种相似性。似乎为了验证这一事实，他计划在纽约现代艺术博物馆展出的最新的迭戈的胸像几乎一点都不写实。这也许意味着他没有时间继续拓展新的变化，这些胸像面部扭曲，被刮刀刻得歪斜变形，与洛塔尔和谐安宁的头像形成了反差。他有两套独立的美学灵感并且风格鲜明，直到最后的作品，贾科梅蒂都保持着这种二分性，这使他的创作具有无法被简化成某种风格或类型的特征。他还继续创作人像油画，尤其是为卡罗琳。1964年到1965年，他创作了一系列出色的大型油画作品，画面中那位年轻女士双手交叉地坐着。这些作品和人像油画《穿大衣的安妮特》（*Annette au manteau*）一样，他在其中选择了比平时更丰富的色彩。他还为新模特詹姆斯·洛德画写生人像。1950年，他认识了这位性格乖张的美国人，此人与毕加索及许多艺术家都是朋友。在这十八天的摆姿势过程中，洛德记录下了他们之间的交谈。第二年，他以此为基础出版了一部很好的纪实作品，书中追溯了艺术家的创作历程以及他曾经的精神状态。贾科梅蒂过世后，洛德还为他写了一部内容丰富的传记，但不如上一本好，因为在书中他经常将有据可查的事实与充满想象的传奇解读混为一谈。

1965年初，贾科梅蒂十分关心的一个项目终于完成了。一年前，他收到了令人雀跃的消息：在恩斯特·贝耶勒的倡议下，多位收藏家和瑞士的艺术赞助人联合起来回购了汤普森的藏品，为贾科梅蒂的作品成立了专门的基金会。该项目由汉斯·卡尔·贝希特勒主持，选址在苏黎世。贾科梅蒂满怀热忱与感激地回复了为他描述该计划的信件："您所做的一切让我由衷地感激与感动。这完全超乎我的想象，此刻我不知该如何表达我深深的感激之情。就像我昨晚跟您说的，未来我将尽一切努力在最大程度上补充藏品，用一些更早期的作品，但主要是用最近的作品。以及，我希望，用未来的作品。这一切使我产生了奇妙的感觉，今晚我不知该再说些什么，抱歉。"[8]

瑞士近期刚举办过几次重要的展览以向他致敬，从此也拥有了名副其实的藏品。可基金会的落成却经历了几番波折：苏黎世公民投票反对城市参加藏品回购。这让贾科梅蒂很生气。但是，项目主要参与者们的坚持最终战胜了困难，基金会于 1965 年 12 月正式成立。基金会隶属于苏黎世美术馆，由该美术馆展出作品，由温特图尔和巴塞尔的美术馆负责保管，因为两位主要的艺术赞助人来自这两个城市。贾科梅蒂拿出多件近期的作品来补充由汤普森收集的这批非凡藏品。其他任何博物馆都不具备一系列如此广泛又系统的贾科梅蒂的作品。同时期，法国仅在公共收藏中拥有几件他的作品，而且没有为他做过任何专题展览。[9]

第三十四章

临终前的几个月

一段时间以来，贾科梅蒂对自己的展览计划都事必躬亲，虽厌恶旅行，可为了布展他依然专程前往。尤其是泰特美术馆的展览，1965年春天他亲赴伦敦监督展品的悬挂。由于某些早期作品如《悬浮的球体》已无法被借出，他决定制作复制品。为了完善展览作品，他甚至在博物馆的地下室里当场制作。他的亲朋好友再次陪伴在他身边：迭戈和克拉耶帮他做准备，安妮特和莱里斯夫妇在开幕式前与他会合，卡罗琳也待了一会儿。他与西尔维斯特通力合作，1960年，他为其画过油画肖像。他决定将遴选出的超现实主义作品的石膏版本和青铜版本面对面摆放展示。这场展览首次强调了石膏在他创作中所占据的优势地位，它被视为与青铜不分伯仲的雕塑材料。他很高兴，并同意将一系列作品以他特意定的远低于市场的价格卖给博物馆。纽约现代艺术博物馆举办的展览几乎同时举行。他虽然没有亲自参与布展和开幕式，但生平第一次，贾科梅蒂决定于展出期间前往纽约。他与安妮特还有马蒂斯夫妇一起坐船前往。10月1日，他们登上了"伊丽莎白女王"号进行为期一周的远洋航行。这是他首次进行长途旅行，一个新奇、愉悦的时刻。他在纽约受到了隆重的欢迎。众多艺术家都出席了为他举办的欢迎会，其中包括马克·罗思科、威廉·德·库宁、罗伯特·马瑟韦尔、罗伯特·劳申贝格。看完他的展览后，艺术家要求去看看曾萦绕于他心间的大通曼哈顿广场。他去了那里好几次，并再次着迷于这个激动人心的项目。10月14日，他们坐船返航。在回程的路上，他试图像去时一样撰写一篇承诺供稿给《昔日临摹》（*Les copies du passé*）的文章，这本书几经打磨最终汇集成了一本厚厚的带有丰富插图的书。"我从纽约归来，在一艘船上，明天我们将到达勒阿弗尔港和巴黎。我的注意力无法集中在任何事上。大海吞噬了一切，虽然如今我们称它为大西洋，但在我看来它并没有名字。在长达几百万年的时间里，它都没有名字，总有一天它会再度没有名字，没有尽头，盲目的、野性的，就像如今它于我而言那般。"[1]

在这次旅行中，他对大通曼哈顿记忆尤其深刻，并燃起了创作特大尺寸女性人像与渡海航行的新愿望。这段时而让人喜悦、时而令人不安的经历是他艺术活动之外的一段悬置时光，艺术创作让他经常独自面对自己。"现在我明白了自己旅行主要是为了这两次渡海航行。自从两天前我看到纽约的最后一点样子，尖尖的、脆弱的，昙花一现般溶解，消失在地平线上，我便几乎不再看海了，就像经历了世界的始末，一阵不安揪住我的胸口，我只感到被大海环绕，但还有苍穹，即人头的无边颅盖。"[2]

刚回来，他便兑现承诺去丹麦的路易斯安那博物馆（Louisiana Museum）参观为他举办的回顾展。迭戈写信给马蒂斯说："阿尔贝托怀着糟糕的心情去了哥本哈根，他并不想再次出发，他想能快点回来。可看完之后他觉得展览很好，路易斯安那博物馆的馆主十分友善，哥本哈根也很漂亮。因为他没去过汉堡和莱茵河谷，他要挨个去看。为了避免夜间旅行，他会在汉堡和科隆歇脚。我想他们（安妮特陪伴着他）将于周四到达。"[3]

这些旅行让艺术家很开心，但快节奏令他疲惫不堪，还使他长时间不能在画室里创作。自年初以来，他创作的作品不多，其中主要是版画。他为罗贝尔·勒贝尔的《双重视野》（La Double Vue）创作了一系列木版画，其中有六幅安妮特的肖像和两幅画室的景物画，在此之后他还答应为并不相识的埃迪特·布瓦索纳的诗集绘制插图。就像六年前为迪布歇的书所做的一样，他将以画室为主题的腐蚀铜版画与女诗人的七幅肖像画相结合。在画室，他与洛塔尔立刻展开创作，他为其创作了一些胸像，卡罗琳和安妮特为他的油画摆姿势。两年来，另一个项目突然闯入了他的生活：他的朋友谢德格与迪潘合作，准备拍摄一部关于其作品的影片。纪录片导演跟着他在蒙帕纳斯和斯坦帕来来回回。接着，拍摄团队于1965年秋天进驻画室。虽然机器装备和小房间里遍布一地的电线让他不胜其烦，但艺术家却罕见地予以配合。他同意让摄影机拍摄他为迪潘画人像油画以及创作非模特写生雕塑的过程。这部彩色电影呈现了画室的真实情况：从未再次粉刷过的墙面上有他画的各种人像，墙面的裂缝中长出了一株小植物，他任其生长直至它变成一棵小灌木，房间里摆满了已完成的和未完成的雕塑，墙边堆放着许多油画，床上满是画纸⋯⋯

11月中旬，法国为他颁发了国家艺术大奖。随后他前往伯尔尼，在那里领取了伯尔尼大学授予他的荣誉博士称号。他精疲力竭地回到巴黎，还得了严重的支气管炎。去纽约前，他的身体状况已经恶化，他不停地咳嗽，朋友们很是担忧。即便这样，他还是一根接一根地抽烟。"我当时看到的贾科梅蒂，瘦削、驼背，身体在衣服里晃动，他的面容因身体所受的折磨而凹陷。"3月曾来探望过他的布拉萨依后来回忆道："然而，他因缺乏睡眠而红肿的双眼却闪耀着一如往日的强烈光芒，他的声音依然动人，依然热情。"[4]12月5日，他出发去库尔检查身体。结果显示，癌症虽未复发，但他的整个身体状况已严重恶化。治疗立刻见效。安妮特曾向帕特里夏倾诉过内心的不安，她再次写信说："我一直在等有新消息后再写信给你。结果是这样的，他的支气管炎引发了一切病症，不过最重要的是癌症没有复发。我昨晚又见了医生，已经能够确定。他的肝脏完全正常，血液也一样，心脏好了很多。他的身体之前被严重的慢性支气管炎拖垮了，现在医生正在给他治疗。12月6日，也就是周一那天，阿尔贝托来医院时已经没有力气了，因为当我跟他说要小心，要治疗支气管炎时（我已经不停地说了两年了！），他完全不听……他之前居然每天抽八十根烟！（也可能只有六十根）。现在他的脸色完全转变了，他正常呼吸、睡觉、吃饭，但支气管炎还没好，阿尔贝托必须要照顾自己了，停止抽烟（目前他不抽了）并且尽可能让自己安静一两个月，或直到完全康复。之后他也许并不能被完全治愈，因为他的支气管和肺已经不新了（很显然！），但还是会比之前的情况好。这个医生看起来不错。我目前开车来了库尔，第一周时我在这儿，然后昨天又过来了。等阿尔贝托出院后（至少要一个星期），我会去斯坦帕一直待到1月底。"[5]

前期的一些恢复迹象令人宽心，艺术家通过电话向所有亲朋好友报平安。人们相继来探望他：布鲁诺和妻子奥黛特，迭戈很快便回到巴黎看管画室。但出院后再举办聚会已经不可能了。贾科梅蒂的身体极度瘦削，已经精疲力竭。他的状况开始恶化，布鲁诺和迭戈再次回到病榻前。皮埃尔·马蒂斯也被告知朋友的状况十分危急，于是他乘飞机赶往苏黎世。安妮特犹豫再三，最终接受了卡罗琳的到来。艺术家的所有亲朋好友都悉数到场陪伴他人生的最后一刻，只有马蒂斯在他刚过世不久后才到。阿尔贝托·贾科梅蒂于1966年1月11日夜里十点左右过世，享年六十四岁。迭戈后来回忆说："我看着阿尔贝托死去。我坐在他的病床上，握着他的手。他看着我或者不如说在仔细观察着我的面部轮廓，就像用眼睛画画一样，他用眼睛描绘我，再将看到的一切移进画里。"[6]

第二天，迭戈回到巴黎整理当时仍在创作中的雕塑，一件已翻铸好的洛塔尔的半身胸像。葬礼于1月15日在贾科梅蒂出生的村庄举行，到场的有他的家人、至交、一些村民和几位官员。迭戈后来在他的墓前竖立了一件从销毁的作品中拯救出来的翻铸的青铜雕塑。自他刚从艺术学院毕业时的早期作品直至最后这件，贾科梅蒂度过了四十年艰苦卓绝的职业生涯。他一共创作了五百五十多件原创雕塑，同样数量的油画和铜版画，几千幅素描和近五十个装饰品。他几乎完成了多年来一直在进行的项目，即《无尽的巴黎》，最终还为这本书写了一篇文章。在这篇结构稍显松散的文章中，他回忆了穿梭于巴黎时反复获得的愉悦体验："巴黎突然变成了一个要去游走和发现的巨大未知。"当然，文中也包含那些让人沮丧和无法完成作品的时刻。

文章末尾是由夜晚的孤独引发的冥想。清晨时分，他的头脑混沌凌乱，对他而言此刻只是夜晚的开始："寂静，我独自一人在这儿，外面是黑夜，一切都是静止的，困意向我袭来。我不知道我是谁，我在做什么，我想要什么，我也不知道我究竟是衰老还是年轻，也许我还能活好几亿年，我的过去消失在一片灰色的深渊中。我曾是一条蛇，而现在我看到自己是一条鳄鱼，张着大嘴。那曾经是我，张着大嘴匍匐前行的鳄鱼。空气在我的呼喊和尖叫中颤抖，落在地上的火柴渐行渐远，犹如灰色海面上的战船。"[7]

致 谢

谨以此书献给阿尔贝托和安妮特·贾科梅蒂基金会、其董事会以及所有工作人员。

衷心感谢在基金会陪伴我日复一日工作的每一个人。本书的内容源自我们对文献和藏品的共同研究。我想感谢所有开放档案与资料的机构,它们为我们研究这位艺术家提供了便利,尤其是位于苏黎世的阿尔贝托·贾科梅蒂基金会(la Alberto Giacometti Stiftung)和瑞士艺术研究院(le SIK-ISEA),那里保留了一部分阿尔贝托·贾科梅蒂与家人的通信。还有库诺·阿密特档案馆、皮尔庞特·摩根图书馆(皮埃尔·马蒂斯画廊档案馆)、拜内克图书馆(詹姆斯勋爵档案馆)、矢内原伊作档案馆、雅克·杜塞图书馆(布勒东档案馆)。

由衷感谢克里斯蒂安·克莱姆,他对阿尔贝托·贾科梅蒂具有无可比拟的全面了解,并亲切地为我指出了一些需要留意的地方。卡西米罗·迪·克雷桑佐的研究工作和他对细节的审慎于我弥足珍贵。我还要向以下每一位不同领域中贾科梅蒂的研究专家致谢：塞雷纳·比卡洛-缪塞利、米歇尔·基弗、玛蒂尔德·勒曲耶-马耶、蒂埃里·普托。我还参考了迈克尔·布伦森关于贾科梅蒂超现实主义时期的研究文献。感谢每一位曾与我会面的亲历者们。

法文版编者注

阿尔贝托·贾科梅蒂的书信由作家兼出版商塞雷娜·布卡洛-穆斯利从意大利语翻译成法语。

注 释

前言

1 《日记中的片段》，阿尔贝托·贾科梅蒂与圣哥达·杰德里卡的访谈，受访日期为 1953 年 3 月 30 日、4 月 1 日、4 月 3 日，刊登于 1964 年 4 月 4 日《新苏黎世报》。转载于阿尔贝托·贾科梅蒂，《文字集》（*Écrits*），巴黎，赫尔曼（Hermann）出版社，贾科梅蒂基金会，2008 年，第 191 页。

2 萨缪尔·贝克特致乔治·迪蒂的信，1951 年 9 月 10 日。出自萨缪尔·贝克特，《戈多那些年：书信集（1941—1956）》（*Les Années Godot, lettres, 1941-1956*），伽利玛（Gallimard）出版社，2015 年，第 322 页。

3 阿尔贝托·贾科梅蒂，记事本里的法文笔记，约 1932 年。转载于阿尔贝托·贾科梅蒂，《文字集》，第 464 页。

4 阿尔贝托·贾科梅蒂，《副本笔记》，节选自阿尔贝托·贾科梅蒂，《曾经的副本》（*Les Copies du passé*），巴黎，费奇（Fage）出版社，2012 年，第 27 页。

5 让·热内，《贾科梅蒂的画室》（*L'Atelier d'Alberto Giacometti*），弓弩（L'Arbalète）出版社，1958 年，第 27 页。

6 阿尔贝托·贾科梅蒂，《完全失控……》，手写于纸张，法语，约 1930 年，转载于阿尔贝托·贾科梅蒂，《文字集》，第 353 页。

7 《阿尔贝托·贾科梅蒂访谈录》，刊登于《杜》（*Du*）杂志，第 205 期，1958 年 3 月，第 34—36 页。

第一章　童年

1 《贾科梅蒂一家最吸引我的是家里始终弥漫着快乐与温馨的和谐》，雷纳托·斯坦帕，节选自《纪念乔万尼一百周年诞辰》，*Quaderni grigionitaliani*（意大利期刊），XXXVII，第 2 期，1968 年，第 47 页。

2　同上。

3　阿尔贝托·贾科梅蒂，《昨日，流沙》（*Hier, sables mouvants*），1933 年，转载于阿尔贝托·贾科梅蒂，《文字集》，第 36 页。

4　阿尔贝托·贾科梅蒂，工作手册中的法文笔记，约 1916—1919 年。转载于阿尔贝托·贾科梅蒂，《文字集》，第 397 页。

5　这个细节由克里斯蒂安·克莱姆提供，他是从布鲁诺那里得到的。

6　弗里茨·伯格，《塞尚和霍德勒：当代绘画问题简介》（*Cézanne und Hodler: Einführung in die Probleme der Malerei der Gegenwart*），慕尼黑，德尔芬（Delphin）出版社，1919 年。

7　乔瓦尼·贾科梅蒂 1912 年写给库诺·阿米耶的信，库诺·阿米耶档案馆，奥施瓦德。

8　迭戈·贾科梅蒂的广播采访。转载于保尔·查瓦斯的《阿尔贝托·贾科梅蒂，无尽的追寻》（*Alberto Giacometti, une quête sans fin*），法国电视广播局，1969 年 11 月 17 日。

9　《为何我是个雕塑家》，阿尔贝托·贾科梅蒂与安德烈·帕里诺的访谈，刊登于《艺术》（*Arts*）杂志，第 873 期，1962 年 6 月 13 日，第 1—5 页。

10　乔瓦尼·贾科梅蒂 1916 年 4 月 26 日写给库诺·阿米耶的信，库诺·阿米耶档案馆，奥施瓦德。

11　奥古斯特·德·尼德霍森，别名罗多（Rodo），瑞士雕塑家，乔瓦尼·贾科梅蒂的朋友。

12　《日记中的片段》，阿尔贝托·贾科梅蒂与圣哥达·杰德里卡的访谈，受访日期为 1953 年 3 月 30 日，刊登于 1964 年 4 月 4 日《新苏黎世报》。转载于阿尔贝托·贾科梅蒂，《文字集》，第 197—198 页。

13　布鲁诺·贾科梅蒂，《兄弟间的回忆》，1985 年 12 月。转载于《阿尔贝托·贾科梅蒂》，马蒂尼，皮埃尔·贾纳达基金会，1986 年，第 37 页。

14　同上。

15　阿尔贝托·贾科梅蒂致琼·克莱，出自《我们时代非常伟大的雕塑家与死亡的对话》，刊登于《现实》（*Réalités*）杂志，第 215 期，1963 年 12 月。

16　同上。

17　阿尔贝托·贾科梅蒂，《副本笔记》，《瞬息》（*L'Éphémère*）杂志，第 1 期，1966 年，第 104 页。

18　阿尔贝托·贾科梅蒂，《致彼得·F. 阿尔豪斯的信》，《杜》杂志，第 205 期，1958 年 3 月，第 34 页。

19 同上，第34—36页。

20 "阿尔贝托总是有种天然的执拗。他可以是个令人难以置信的学究，例如看他如何给衣服或袜子排列顺序。我若把他精确排列的物体变动一下去惹他不快，他便会暴怒。事物对他而言是活生生的人。"布鲁诺·贾科梅蒂，转载于《在斯坦帕的妈妈》(*La mamma a Stampa*)，展览目录册，苏黎世，1990年，第26页。

21 1946年或1947年用法语写在纸上的未出版笔记，贾科梅蒂基金会档案馆，巴黎。

22 《犹太新娘》(*La Fiancée juive*)。

23 阿尔贝托·贾科梅蒂，记事本上的手写法文笔记，1947年。转载于阿尔贝托·贾科梅蒂，《文字集》，第533页。

24 阿尔贝托·贾科梅蒂，《昨日，流沙。阿尔贝托·贾科梅蒂的童年回忆》，节选自《为革命服务的超现实主义》，1931年12月第3期。转载于阿尔贝托·贾科梅蒂，《文字集》，第37—38页。

25 克里斯托夫·伯努利，《我对贾科梅蒂家族的回忆》，《杜》杂志，第252期，1962年2月，第16页。

26 阿尔贝托·贾科梅蒂1917年3月写给父母的信，希尔斯，贾科梅蒂基金会档案馆，苏黎世。

27 阿尔贝托·贾科梅蒂约1918年5月20日写给卢卡·利希特滕汉的信，贾科梅蒂基金会档案馆，苏黎世。

28 同上。

第二章　成为艺术家

1 阿尔贝托·贾科梅蒂与圣哥达·杰德里卡的访谈，受访日期为1953年3月30日，刊登于1964年4月4日《新苏黎世报》。转载于阿尔贝托·贾科梅蒂，《文字集》，第197—198页。

2 安妮塔·贾科梅蒂1919年11月26日写给阿尔贝托·贾科梅蒂的信，斯坦帕，贾科梅蒂基金会档案馆：FAAG，巴黎。

3 雅姆·维贝尔1919年9月26日写给阿尔贝托·贾科梅蒂的信，贾科梅蒂基金会档案馆，苏黎世。

4 皮埃尔·考西翁，《阿尔贝托·贾科梅蒂》，《艺术档案》(*Art documents*)杂志，第10—11期，1951年7月，第5页。

5 乔瓦尼·贾科梅蒂1920年写给库诺·阿米耶的信，库诺·阿米耶档案馆，奥施瓦德。

6　阿尔贝托·贾科梅蒂写给皮埃尔·马蒂斯的信，为1948年的展览目录册撰写的信，皮埃尔·马蒂斯画廊，纽约。皮埃尔·马蒂斯画廊档案馆，皮尔庞特·摩根图书馆，纽约。所有给马蒂斯的信都用法语书写。

7　乔瓦尼·贾科梅蒂1920年5月写给库诺·阿米耶的信，库诺·阿米耶档案馆，奥施瓦德。

8　阿尔贝托·贾科梅蒂，《1920年5月》，《热情》(Verve)杂志，第三卷，第27—28期，1952年12月，第33—34页。

9　同上。

10　乔瓦尼·贾科梅蒂写给库诺·阿米耶的信，1920年，库诺·阿米耶档案馆，奥施瓦德。

11　阿尔贝托·贾科梅蒂1920年12月8日写给乔瓦尼和安妮塔·贾科梅蒂的信，贾科梅蒂基金会档案馆，苏黎世。关于贾科梅蒂作品中埃及艺术的重要性，参见：阿尔贝托·贾科梅蒂与埃及艺术展览目录册，费奇出版社，里昂，贾科梅蒂基金会，巴黎，2021年。

12　1921年1月29日的信件，引自莱因哈德·霍尔，《阿尔贝托·贾科梅蒂》，伦敦，泰晤士-哈得逊(Thames and Hudson)出版社，1972年，第231页。

13　阿尔贝托·贾科梅蒂1920年12月31日写给父母的信，罗马，贾科梅蒂基金会档案馆，苏黎世。书信全文参见《阿尔贝托·贾科梅蒂1920—1929年写给家人的信》，伯纳德·肖沃(Bernard Chauveau)出版社，巴黎，贾科梅蒂基金会，2021年，第19—22页。

14　阿尔贝托·贾科梅蒂，《文字集》，第38页。

15　乔瓦尼·贾科梅蒂1921年1月23日写给阿尔贝托·贾科梅蒂的信，贾科梅蒂基金会档案馆，巴黎。

16　同上。

17　阿尔贝托·贾科梅蒂1921年4月18日写给父母的信，贾科梅蒂基金会档案馆，苏黎世。

18　自画像(Autoportrait)，油画，1921年，贾科梅蒂基金会档案馆藏品，苏黎世。

第三章　直击死亡

1　阿尔贝托·贾科梅蒂1921年9月2日写给家人的信，瑞士艺术研究院档案馆：HNA 274.A.2.1.23，苏黎世。

2　阿尔贝托·贾科梅蒂1921年9月3日写给家人的信，瑞士艺术研究院档案馆：HNA 274.A.2.1.24，苏黎世。

3 阿尔贝托·贾科梅蒂 1921 年 9 月 4 日写给家人的信，瑞士艺术研究院档案馆：HNA 274.A.2.1.25，苏黎世。

4 琼·克莱，《现代艺术的面容》（*Visages de l'art moderne*），洛桑，相遇（Rencontre）出版社，1969 年，第 151 页。

5 出自《迷宫》杂志。

6 阿尔贝托·贾科梅蒂，《梦境、斯芬克司和 T 之死》，《迷宫》杂志，第 22—23 期，1946 年 12 月，第 12—13 页。转载自阿尔贝托·贾科梅蒂，《文字集》，第 66—75 页。

7 阿尔贝托·贾科梅蒂，引自莱因哈德·霍尔，《阿尔贝托·贾科梅蒂》，注释 41，第 231 页。贾科梅蒂在莫泊桑的著作《古斯塔夫·福楼拜研究》（*Étude sur Gustave Flaubert*）中读到过这封信。

第四章 定居巴黎

1 关于贾科梅蒂和大茅舍艺术学院，参见塞雷娜·布卡洛-穆塞利（S. Bucalo-Mussely）主讲的会议："阿尔贝托·贾科梅蒂，在大茅舍艺术学院的那些年"，发表于《传递／超越-师徒在画室：罗丹、布德尔、贾科梅蒂、里希耶等》（*Transmissions / Transgressions. Maîtres et élèves dans l'atelier*），巴黎，巴黎博物馆协会，2019 年，第 169—182 页。

2 迭戈生于 1902 年 11 月 15 日。

3 油画《站在斯坦帕客厅中的迭戈》（*Diego debout dans le salon à Stampa*），1922 年，贾科梅蒂基金会藏品，巴黎。

4 安妮塔·贾科梅蒂 1922 年 12 月 16 日写给阿尔贝托·贾科梅蒂的信，贾科梅蒂基金会档案馆，巴黎。

5 丹尼尔·马奎斯-塞比，《布德尔的消息》（*Le Message de Bourdelle*），巴黎，书匠（L'Artisan du Livre）出版社，1931 年。

6 安托万·布德尔，引自莱因哈德·霍尔，《阿尔贝托·贾科梅蒂》，图书协会出版社（La Guilde du Livre），洛桑，1971 年，第 29 页。

7 阿尔贝托·贾科梅蒂写给父母的信，1922 年 12 月 16 日，贾科梅蒂基金会档案馆，苏黎世。

8 阿尔贝托·贾科梅蒂 1924 年 1 月 14 日写给家人的信，瑞士艺术研究院档案馆：HNA 274.A.2.1.39，苏黎世。

9 阿尔贝托·贾科梅蒂，口头访谈，引自让-玛丽·德罗，《阿尔贝托·贾科梅蒂》，电视片，35 毫米，巴黎，法国电视广播局，"蒙帕纳斯的炙热时刻"系列，1963 年 11 月。

10　同上。

11　引自布鲁尔·约尔特,《阿尔贝托·贾科梅蒂》,利亚瓦赫斯-康斯画廊,斯德哥尔摩,2006 年 9 月 23 日—2007 年 1 月 7 日,第 7 页。

12　同上。

13　奥蒂莉娅·贾科梅蒂 1923 年 3 月写给阿尔贝托·贾科梅蒂的信,贾科梅蒂基金会档案馆,巴黎。

14　阿尔贝托·贾科梅蒂 1922 年 12 月 16 日写给父母的信,希尔斯,贾科梅蒂基金会档案馆,苏黎世。

15　同上。

16　视觉现象,形式复杂的海市蜃楼。

17　乔瓦尼·贾科梅蒂 1923 年 3 月 15 日写给阿尔贝托·贾科梅蒂的信,贾科梅蒂基金会档案馆,巴黎。

18　安妮塔·贾科梅蒂 1923 年 12 月 7 日写给阿尔贝托·贾科梅蒂的信,乔瓦尼·贾科梅蒂 1923 年 12 月 9 日写给阿尔贝托·贾科梅蒂的信,贾科梅蒂基金会档案馆,巴黎。

19　阿尔贝托·贾科梅蒂与乔治·沙博尼耶的口头对话,法国广播公司,巴黎,1951 年 3 月 3 日。

20　乔瓦尼·贾科梅蒂 1923 年 12 月 9 日写给阿尔贝托·贾科梅蒂的信,贾科梅蒂基金会档案馆,巴黎。

21　阿尔贝托·贾科梅蒂 1923 年 12 月 29 日写给父母的信,贾科梅蒂基金会档案馆,苏黎世。书信全文参见《阿尔贝托·贾科梅蒂 1920—1929 年写给家人的信》,伯纳德·肖沃出版社,巴黎,贾科梅蒂基金会,2021 年,第 33—38 页。

22　乔瓦尼·贾科梅蒂 1924 年 1 月 6 日写给阿尔贝托·贾科梅蒂的信,贾科梅蒂基金会档案馆,巴黎。

第五章　艺术家的生活

1　乔瓦尼·贾科梅蒂 1924 年 1 月 6 日写给阿尔贝托·贾科梅蒂的信,贾科梅蒂基金会档案馆,巴黎。

2　阿尔贝托·贾科梅蒂 1924 年 2 月 18 日写给父母的信,瑞士艺术研究院档案馆:HNA 274.A.2.1.41,苏黎世。

3　阿尔贝托·贾科梅蒂 1924 年 3 月 1 日写给父母的信,瑞士艺术研究院档案馆:HNA 274.A.2.1.42,苏黎世。

4　阿尔贝托·贾科梅蒂 1924 年 2 月 8 日写给家人的信,贾科梅蒂基金会档案馆，苏黎世。

5　同上。

6　阿尔贝托·贾科梅蒂1924年1月22日写给父母的信，瑞士艺术研究院档案馆，苏黎世。书信全文参见《阿尔贝托·贾科梅蒂1920—1929年写给家人的信》，伯纳德·肖沃出版社，巴黎，贾科梅蒂基金会，2021年，第39—41页。

7　同上。日本学生很可能是佐藤樗山（1924年在学院的亦有可能是清水崇）。

8　安妮塔·贾科梅蒂1924年5月29日写给阿尔贝托·贾科梅蒂的信，贾科梅蒂基金会档案馆，巴黎。

9　同上。

10　安妮塔·贾科梅蒂1925年1月4日写给阿尔贝托·贾科梅蒂的信，贾科梅蒂基金会档案馆，巴黎。

11　阿尔贝托·贾科梅蒂1925年1月31日写给父母的信，瑞士艺术研究院档案馆：HNA 274.A.2.1.46，苏黎世。书信全文参见《阿尔贝托·贾科梅蒂1920—1929年写给家人的信》，伯纳德·肖沃出版社，巴黎，贾科梅蒂基金会，2021年，第46—48页。

12　此处指奥西普·扎德金展，巴赞热斯画廊，1925年1月（70件雕塑）；阿尔贝托·贾科梅蒂1925年1月31日写给父母的信，出处同上。

13　同上。

14　同上。

15　安妮塔·贾科梅蒂1925年3月1日写给阿尔贝托·贾科梅蒂的信，阿尔贝托·贾科梅蒂1925年3月2日和1926年1月4日写给父母的信，瑞士艺术研究院档案馆：HNA 274.A.2.1.47和HNA 274.A.2.1.54，苏黎世。书信全文参见《阿尔贝托·贾科梅蒂1920—1929年写给家人的信》，伯纳德·肖沃出版社，巴黎，贾科梅蒂基金会，2021年，第49—51页。

16　阿尔贝托·贾科梅蒂1925年3月2日写给父母的信，出处同上。

17　未经证实。

18　迭戈和阿尔贝托·贾科梅蒂1925年2月8日写给家人的信，瑞士艺术研究院档案馆：HNA 274.A.2.3.4，苏黎世。

19　迭戈和阿尔贝托·贾科梅蒂1925年2月17日写给家人的信，瑞士艺术研究院档案馆：HNA 274.A.2.3.5，苏黎世。

20　阿尔贝托·贾科梅蒂1925年1月31日写给家人的信，瑞士艺术研究院档案馆：HNA 274.A.2.1.46，苏黎世。

21　乔瓦尼和安妮塔·贾科梅蒂1925年4月9日写给阿尔贝托和迭戈·贾科梅蒂的信，贾科梅蒂基金会档案馆，巴黎。

22　杜乐丽沙龙，1925年5月16日至6月；引自展览目录册"阿尔贝托·贾科梅蒂—瑞士—弗鲁瓦德沃街37号：648.无头无臂的胸像（石膏），649.迭戈的头（石膏）"。

23　莱因哈德·霍尔，《阿尔贝托·贾科梅蒂》，图书协会出版社，洛桑，1971年，第245页。

24　阿尔贝托·贾科梅蒂，引自阿兰·朱弗罗伊，《艺术家的肖像（VIII.）贾科梅蒂》，《艺术》杂志，第545期，1955年12月7—13日，第9页。

25　阿尔贝托·贾科梅蒂1925年8月24日写给迭戈的信，贾科梅蒂基金会档案馆，巴黎。

26　阿尔贝托·贾科梅蒂1926年1月28日写给家人的信，瑞士艺术研究院档案馆：HNA 274.A.2.1.52，苏黎世。

27　目前已知两件作品，其中一件已遗失。

28　遗失作品，因画在名为"Gallia"的笔记本上而为人所知，贾科梅蒂基金会档案馆，巴黎。

29　布朗库西并不在此。他记录道："布德尔9½/10，马约尔8/10，德斯皮奥9/10，洛朗斯10/10，里普希茨10/10，扎德金8/10。"贾科梅蒂基金会收藏，巴黎。

30　阿尔贝托·贾科梅蒂1926年2月18日写给家人的信，瑞士艺术研究院档案馆：HNA 274.A.2.1.57，苏黎世。

31　同上。

32　关于贾科梅蒂与弗洛拉的关系，参见展览目录册"贾科梅蒂—特里萨–哈伯德／亚历山大–伯希勒–弗洛拉（Alberto Giacometti-Teresa Hubbard / Alexander Birchler-Flora）"，里昂，费奇出版社，巴黎，贾科梅蒂基金会，2019年。

33　引自琼·克莱，《现代艺术的面容》，洛桑，相遇出版社，1969年。

34　弗洛拉·梅奥写给詹姆斯·洛德，年代未知，拜内克图书馆，耶鲁大学。

35　引自琼·克莱，《现代艺术的面容》。

36　"我告诉他我的名字，他立即跟我说那年的杜乐丽沙龙上，在他旁边展出两件雕像的人正是我，两件作品他都看过，觉得很有意思。"阿尔贝托·贾科梅蒂1926年6月19日写给家人的信，瑞士艺术研究院档案馆：HNA 274.A.2.1.58，苏黎世。

37　同上。

38　弗洛拉·梅奥写给詹姆斯·洛德，年代未知，拜内克图书馆，耶鲁大学。

39　1926年杜乐丽沙龙展览目录册"阿尔贝托·贾科梅蒂—瑞士—弗鲁瓦德沃街37号，巴黎：雕塑、胸像"。参见1934年名为"Gallia"的绘画笔记本，于 1953 年修改，贾科梅蒂基金会收藏，巴黎。

40 维罗尼克·维辛格，《阿尔贝托·贾科梅蒂：从大茅舍学院到大苹果（纽约）》，引自布鲁尔·约尔特，《阿尔贝托·贾科梅蒂》，利亚瓦赫斯-康斯画廊，斯德哥尔摩，2006 年，第 19—76 页。

41 迭戈·贾科梅蒂 1926 年 10 月 4 日写给阿尔贝托·贾科梅蒂的信，瑞士艺术研究院档案馆：HNA 274.A.2.2.26，苏黎世。

42 阿尔贝托·贾科梅蒂写在本子上的一则笔记："约尔特，伯利特-曼东街46 号。"在约尔特的一幅画作上写着："年轻的女孩，伯利特-曼东街 46 号。"这是写在杜乐丽沙龙展品目录上的地址。

第六章　伯利特-曼东街

1 阿尔贝托·贾科梅蒂 1926 年 12 月 30 日写给家人的信，瑞士艺术研究院档案馆：HNA 274.A.2.1.60，苏黎世。

2 迭戈·贾科梅蒂 1926 年 8 月 17 日写给家人的信，瑞士艺术研究院档案馆：HNA 274.A.2.2.24，苏黎世。

3 阿尔贝托·贾科梅蒂 1926 年 3 月 2 日写给家人的信，瑞士艺术研究院档案馆：HNA 274.A.2.1.66，苏黎世。

4 阿尔贝托·贾科梅蒂 1926 年 12 月 30 日写给家人的信，出处同上。

5 同上。

6 同上。

7 埃马纽埃尔·奥里斯科特，《阿尔贝托·贾科梅蒂》，《法兰西文学》（Les Lettres françaises），第 115 期，1966 年 1 月 20 日，第 23 页。

8 阿尔贝托·贾科梅蒂 1927 年 1 月写给家人的信，瑞士艺术研究院档案馆：HNA 274.A.2.1.53，苏黎世。书信全文参见《阿尔贝托·贾科梅蒂 1920—1929 年写给家人的信》，伯纳德·肖沃出版社，巴黎，贾科梅蒂基金会，2021 年，第 60—63 页。

9 附于阿尔贝托·贾科梅蒂 1927 年 2 月 26 日写给家人的信中，瑞士艺术研究院档案馆：HNA 274.A.2.1.65，苏黎世。

10 同上。

11 乔瓦尼·贾科梅蒂 1927 年 2 月 28 日写给阿尔贝托·贾科梅蒂的信，贾科梅蒂基金会档案馆，巴黎。

12 附于阿尔贝托·贾科梅蒂 1927 年 3 月 2 日写给家人的信中，瑞士艺术研究院档案馆：HNA 274.A.2.1.66，苏黎世。

13 附于阿尔贝托·贾科梅蒂 1927 年 3 月 13 日写给家人的信中，瑞士艺术研究院档案馆：HNA 274.A.3.1.288，苏黎世。

14　1927 年杜乐丽沙龙展览目录册"阿尔贝托·贾科梅蒂，伯利特–曼东街 46 号（14 区）：1001. 雕像，1002. 雕像。"阿尔贝托的描述中只提及了一件作品，因此很可能他放弃了展出第二件，或者第二件没有被沙龙采纳。

15　阿尔贝托·贾科梅蒂 1927 年 4 月 28 日写给家人的信，贾科梅蒂基金会档案馆，苏黎世。书信全文参见《阿尔贝托·贾科梅蒂 1920—1929 年写给家人的信》，伯纳德·肖沃出版社，巴黎，贾科梅蒂基金会，2021 年，第 64—68 页。

16　同上。

17　乔瓦尼·贾科梅蒂 1927 年 4 月写给阿尔贝托·贾科梅蒂的信，贾科梅蒂基金会档案馆，巴黎。

18　布鲁诺·贾科梅蒂 1927 年 8 月 7 日写给哥哥们的信，贾科梅蒂基金会档案馆，巴黎。展览目录册，《构成》的复制品。

19　福斯卡撰写的前言，第十届阶梯沙龙附的小册子，1927 年 7 月。

20　马里奥·托齐，《新意大利》，1927 年 7 月 21 日。

21　让·科克托，《重归秩序：守规与自由》（*Le Rappel à l'ordre: discipline et liberté*），巴黎，斯多克（Stock）出版社，1926 年。

22　乔瓦尼·贾科梅蒂 1927 年 4 月 11 日写给阿尔贝托·贾科梅蒂，贾科梅蒂基金会档案馆，巴黎。

23　布鲁诺·贾科梅蒂 1927 年 5 月 12 日写给哥哥们的信，贾科梅蒂基金会档案馆，巴黎。

24　让·科克托，《重归秩序：守规与自由》。

25　父亲、迭戈，以及一位少女的胸像。安妮塔·贾科梅蒂 1927 年 9 月 10 日写给儿子迭戈的信，贾科梅蒂基金会档案馆，巴黎。

26　同上。

27　尤利乌斯·亨布斯，引自《法兰克福汇报》（*Frankfurter Allgemeine Zeitung*），1970 年 5 月 26 日。

第七章　立体主义与超现实主义之间

1　瓦尔德马–乔治，《巴黎的意大利艺术家》，《幕间 VI》杂志（*Entracte VI*），展览附的小册子，1928 年 2 月。

2　吉诺·塞韦里尼，《从立体主义到古典主义》（*Du cubisme au classicisme*），1921 年。

3　乔瓦尼·贾科梅蒂 1925 年 4 月 1 日写给阿尔贝托·贾科梅蒂的信，贾科梅蒂基金会档案馆，巴黎。

4 阿尔贝托·贾科梅蒂 1928 年 2 月 6 日写给家人的信，瑞士艺术研究院档案馆：HNA 274.A.2.1.73，苏黎世。

5 引自尤禾吉斯·巴尔特鲁塞蒂斯，《堕落的视角，变形》（*Les Perspectives dépravées, anamorphoses*），巴黎，弗拉玛里翁（Flammarion）出版社，1996 年。作者指出，里普希茨 1925 年 4 月 3 日在德鲁奥拍卖行的一次拍卖会上买下了这两件变形体，后放进其工作室里。这是查理五世的变形画像（1533 年），鼻子尖得像标枪，还有一幅帕多瓦的圣安托万的变形画（约1535 年）。

6 阿尔贝托·贾科梅蒂 1928 年 7 月 2 日写给家人的信，瑞士艺术研究院档案馆：HNA 274.A.2.1.75，苏黎世。

第八章　决定性的相遇

1 阿尔贝托·贾科梅蒂 1929 年 1 月 16—21 日写给家人的信，瑞士艺术研究院档案馆：HNA 274.A.2.1.84，苏黎世。

2 阿尔贝托·贾科梅蒂 1929 年 3 月 2 日写给家人的信，瑞士艺术研究院档案馆：HNA 274.A.2.1.90，苏黎世。

3 阿尔贝托·贾科梅蒂 1929 年 4 月 16 日写给家人的信，瑞士艺术研究院档案馆：HNA 274.A.2.1.91，苏黎世。

4 同上。

5 阿尔贝托·贾科梅蒂，口头访谈，引自让-玛丽·德罗，《阿尔贝托·贾科梅蒂》，"蒙帕纳斯的炙热时刻"系列，1963 年 11 月。

6 该团体通常被称为"布洛迈街团体"，以马松的前工作室地址命名，他们是在那里开始会面的。当贾科梅蒂遇到马松时，他已经换了工作室，于是他们的会面地点改在了塞古尔大街。

7 阿尔贝托·贾科梅蒂 1929 年 5 月 6 日写给家人的信，阿尔贝托·贾科梅蒂基金会档案馆，苏黎世。这时，他已经认识了卡尔·爱因斯坦，并期待着再次登门拜访（"那晚，我们见到了爱因斯坦和所有团体领袖，他们对阿尔贝托非常非常友好，看得出他们对他很感兴趣。"奥蒂莉娅·贾科梅蒂 1929 年 5 月 3 日写给父母的信，瑞士艺术研究院档案馆：HNA 274.A.3.2.23，苏黎世）。

8 坎魏勒，著名的立体主义作品经销商、画廊主，画廊由路易丝·莱里斯经营。安德烈·马松自 1922 年起在此展出。

9 阿尔贝托·贾科梅蒂 1929 年 5 月 26 日写给家人的信，贾科梅蒂基金会档案馆，苏黎世。米歇尔·莱里斯的信，被艾格尼丝·德拉博梅勒发表在《路易斯和米歇尔·莱里斯的捐赠，坎魏勒–莱里斯收藏》，巴黎，蓬皮杜艺术中心，1984年，第48页。

10 阿尔贝托·贾科梅蒂 1929 年 5 月 26 日写给家人的信，出处同上。

11 同上。

12 阿尔贝托·贾科梅蒂 1929 年 5 月 6 日写给家人的信，出处同上。

13 布赫画廊的留言簿。阿尔贝托·贾科梅蒂 1929 年 6 月写给家人的信，贾科梅蒂基金会档案馆，苏黎世。书信全文参见《阿尔贝托·贾科梅蒂 1920—1929 年写给家人的信》，伯纳德·肖沃出版社，巴黎，贾科梅蒂基金会，2021 年，第 73—76 页。

14 让·科克托，《鸦片》，巴黎，斯多克出版社，1930 年。

15 阿尔贝托·贾科梅蒂 1929 年 6 月写给家人的信，出处同上。

16 1929 年 11 月进行的收购，参见阿尔伯特·勒布写给诺瓦耶子爵的信，阿尔伯特·勒布的档案馆。

17 阿尔贝托·贾科梅蒂 1929 年 6 月 19 日写给家人的信，瑞士艺术研究院档案馆：HNA 274.A.2.3.22，苏黎世。

18 米歇尔·莱里斯，《日记》(*Journal*)，伽利玛出版社，1992 年。

19 乔治·巴塔耶，《无形》，《文档》杂志，第 7 期，1929 年 12 月，第 382 页。

20 这些"构成"作品很可能被毁了，出现在未注明日期的照片中。贾科梅蒂基金会档案馆，巴黎。

21 卡尔·爱因斯坦，《文档》杂志，第 7 期，1929 年，第 391 页。

22 阿尔贝托·贾科梅蒂 1929 年 12 月 5 日写给家人的信，瑞士艺术研究院档案馆：HNA 274.A.2.1.97，苏黎世。

第九章 新阶段

1 阿尔贝托·贾科梅蒂 1929 年 10 月 28 日写给迭戈·贾科梅蒂的信，贾科梅蒂基金会档案馆，巴黎。

2 阿尔贝托·贾科梅蒂 1929 年 10 月 8 日写给家人的信，瑞士艺术研究院档案馆：HNA 274.A.2.1.98，苏黎世。

3 阿尔贝托·贾科梅蒂 1929 年 11 月 27 日写给布鲁诺·贾科梅蒂的信，瑞士艺术研究院档案馆：HNA 274.A.2.1.102，苏黎世。

4 比安卡写给阿尔贝托·贾科梅蒂的信，贾科梅蒂基金会档案馆，巴黎。

5 阿尔贝托·贾科梅蒂 1929 年 12 月 5 日写给家人的信，瑞士艺术研究院档案馆：HNA 274.A.2.1.97，苏黎世。

6 阿尔贝托·贾科梅蒂写 1929 年 11 月 27 日写给布鲁诺·贾科梅蒂的信，出处同上。

7 乔瓦尼·贾科梅蒂 1929 年 12 月 11 日写给阿尔贝托和迭戈·贾科梅蒂的信，贾科梅蒂基金会档案馆，巴黎。

8 查尔斯–阿尔贝特·辛格里亚，《雕塑家法尔科内蒂》，《今日》(Aujourd'hui) 杂志，第 6 期，1930 年 1 月 9 日，第 5 页和第 8 页，转载于《日内瓦的博物馆》(Les Musées de Genève) 第 65 期，1966 年 5 月，第 15—16 页。文章中用了错误的名字 "Antonio Falconetti"，辛格里亚要求发表一份勘误表。

9 阿尔贝托·贾科梅蒂 1929 年 11 月 27 日写给父母的信，瑞士艺术研究院档案馆：HNA 274.A.2.1.103，苏黎世。

10 阿尔贝托·贾科梅蒂 1929 年 12 月 22 日前写给父母的信，瑞士艺术研究院档案馆：HNA 274.A.2.1.83，苏黎世。

11 德斯尼真名叫克莱门特·瑙尼。

12 曼·雷，《回忆》(Souvenirs)，转载于莱因哈德·霍尔，《阿尔贝托·贾科梅蒂》，图书协会出版社，洛桑，1971 年，第 248 页。

第十章　加入超现实主义

1 引自琼·克莱，《阿尔贝托·贾科梅蒂》，《现代艺术的面容》，洛桑，相遇出版社，1969 年，第 151 页。

2 萨尔瓦多·达利，《象征性功能物体》，《为革命服务的超现实主义》，第 3 期，1931 年。达利描述一件 1931 年初制作的木质样本。

3 他与德斯尼的合作一直持续到 1930 年春季，接着开始了与让–米歇尔·弗朗克的合作。

4 阿尔贝托·贾科梅蒂写给父母的信，巴黎，1931 年 1 月 25 日，瑞士艺术研究院档案馆：HNA 274.A.2.1.106，苏黎世。

5 安妮塔·贾科梅蒂 1930 年 7 月 3 日写给阿尔贝托·贾科梅蒂的信，贾科梅蒂基金会档案馆，巴黎。

6 阿尔贝托·贾科梅蒂 1930 年 5 月 7 日写给家人的信，贾科梅蒂基金会档案馆，苏黎世。

7 阿尔贝托·贾科梅蒂 1930 年 11 月 3 日用法语写给特里斯坦·查拉的信，雅克·杜塞图书馆档案馆，巴黎。

8 罗曼·古伯恩、保罗·哈蒙德，《路易斯·布努埃尔：红色岁月》(Luis Buñuel: The Red Years)，威斯康星大学出版社 (The University of Wisconsin Press)，2012 年，第 46 页。

9 阿尔贝托·贾科梅蒂1931年2月2日写给家人的信，瑞士艺术研究院档案馆：HNA 274.A.2.1.116，苏黎世。

10 同上。

11 丹尼丝·迈松纳夫1931年4月2日写给阿尔贝托·贾科梅蒂的信，贾科梅蒂基金会档案馆，巴黎。艺术家让丹尼丝去玩"变脸"(ripolinage)游戏。

12 让·埃利翁，《一望无际》，《故事与评论》(*Récits et commentaires*)，国立高等美术学院，巴黎，2004年，第185页。

13 阿尔贝托·贾科梅蒂1931年1月7日写给家人的信，瑞士艺术研究院档案馆：HNA 274.A.2.1.108，苏黎世。

14 阿尔贝托·贾科梅蒂1930年12月4日写给家人的信，瑞士艺术研究院档案馆：HNA 274.A.2.1.107，苏黎世。

15 "他为一部也许会卖座的电影写了剧本，无论如何我希望如此。我真没想到工作室会焕然一新，（普雷维尔一家清扫了工作室）这让我倍感高兴。这儿的所有人颇感意外，他们觉得他人很好。"根据阿尔贝托·贾科梅蒂1929年10月5日写给家人的信，瑞士艺术研究院档案馆，HNA 274.A.2.1.96，苏黎世。

16 奥蒂莉娅在1931年11月23日写给阿尔贝托和迭戈的信中询问普雷维尔的消息，并说："布鲁诺给我们写信说阿尔贝托在做电影，是真的吗？"

17 阿尔贝托和迭戈·贾科梅蒂1931年10月5日和6日写给父母的信，贾科梅蒂基金会档案馆，苏黎世。"这个月在一个大画廊将会举办一场现代艺术展,洛朗斯·里普希茨和我会参展。"展览名为"如今的年轻艺术家"，1931年10—11月。

18 《为革命服务的超现实主义》，第3期，1931年12月，第18、19页。

19 1931年1月25日，阿尔贝托·贾科梅蒂写给父母的信。1931年1月25日，迭戈·贾科梅蒂写给父母的信，瑞士艺术研究院档案馆：HNA 274.A.2.1.106和HNA 274.A.2.2.59，苏黎世。

20 阿尔贝托·贾科梅蒂1931年3月1日写给父母的信，瑞士艺术研究院档案馆：HNA 274.A.2.1.111，苏黎世。

21 莱因哈德·霍尔，《阿尔贝托·贾科梅蒂》，伦敦，泰晤士-哈得逊出版社，1972年，第236页。

22 阿尔贝托·贾科梅蒂1929年10月25日写给父母的信，瑞士艺术研究院档案馆：HNA 274.A.2.1.99，苏黎世。

第十一章　情色与暴力

1 安妮塔和奥蒂莉娅·贾科梅蒂1931年10月30日写给阿尔贝托和迭戈·贾

科梅蒂的信，贾科梅蒂基金会档案馆：FAAG，巴黎。

2 阿尔贝托·贾科梅蒂 1931 年 9 月 30 日写给父母的信，瑞士艺术研究院档案馆：HNA 274.2.3.32，苏黎世。

3 阿尔贝托·贾科梅蒂 1931 年 12 月 15 日写给父母的信，瑞士艺术研究院档案馆：HNA 274.A.2.3.35，苏黎世。

4 阿尔贝托·贾科梅蒂 1931 年 10 月 5—6 日写给父母的信，贾科梅蒂基金会档案馆，苏黎世。

5 同上。

6 阿尔贝托·贾科梅蒂 1932 年 3 月 9 日写给安德烈·布勒东的信，布勒东档案馆，雅克·杜塞图书馆，巴黎。

7 阿尔贝托·贾科梅蒂 1932 年 5 月 16 日写给安德烈·布勒东的信，布勒东档案馆，雅克·杜塞图书馆，巴黎。

8 路易·阿拉贡，《自然的伟大》，《法兰西文学》，1966 年 1 月 20 日。后收录于路易·阿拉贡，《现代艺术论》(Écrits sur l'art moderne)，巴黎，弗拉玛里翁出版社，1981 年，第 217—218 页。

9 阿尔贝托·贾科梅蒂 1930 年 12 月写给家人的信，瑞士艺术研究院档案馆：HNA 274.A.2.1.107，苏黎世。

10 "我正在用大理石制作这件东西，就是阿尔贝托在马洛亚做的满是洞的那件，我们希望在科勒的展览上能获得成功，我相信美的新事物定能产生影响力"，迭戈在他和阿尔贝托·贾科梅蒂于 1931 年底至 1932 年初写给家人的一封信中说道。瑞士艺术研究院档案馆：HNA 274.A.2.3.36，苏黎世。

11 阿尔贝托·贾科梅蒂 1932 年 5 月 6 日写给家人的信，贾科梅蒂基金会档案馆，苏黎世。书信全文参见《阿尔贝托·贾科梅蒂 1930—1945 年写给家人的信》，伯纳德·肖沃出版社，巴黎，贾科梅蒂基金会，2021 年，第 33—36 页。

12 同上。

13 泰里亚德，《贾科梅蒂（皮埃尔·科勒画廊）》，《强硬派报》，1932 年 5 月 10 日，第 6 页。

14 瓦尔德马–乔治，《艺术时事》，《形式》(Formes) 杂志，第 25 期，1932 年 5 月，第 280 页。

15 克里斯蒂安·泽尔沃斯，《关于贾科梅蒂雕塑的若干笔记》，《艺术手册》杂志，第 8—10 期，1932 年，第 339 页。

16 阿尔贝托·贾科梅蒂 1932 年 5 月 6 日写给家人的信。

17 阿尔贝托·贾科梅蒂 1932 年 5 月 13 日写给家人的信，瑞士艺术研究院档案馆：HNA 274.A.2.1.119，苏黎世。

18 丹尼丝·迈松纳夫 1933 年 9 月 19 日写给阿尔贝托·贾科梅蒂的信,贾科梅蒂基金会档案馆,巴黎。

19 克里斯蒂安·泽尔沃斯,《关于贾科梅蒂雕塑的若干笔记》,《艺术手册》杂志。

20 1932—1933 年他用法语在一个记事本中写道:"周一泽尔沃斯说起一篇文章,一篇修正文章。"贾科梅蒂基金会档案馆,巴黎。

21 阿尔贝托·贾科梅蒂写给皮埃尔·马蒂斯,为 1948 年展览目录册撰写的信件文章,皮埃尔·马蒂斯画廊档案馆,皮尔庞特·摩根图书馆,纽约。

22 路易斯·布努埃尔,《我最后一口气》(Mon dernier soupir),巴黎,拉姆齐(Ramsay)出版社,1986 年,第 143—144 页。

23 阿尔贝托·贾科梅蒂 1932 年 5 月 22 日写给父母的信,贾科梅蒂基金会档案馆,苏黎世。

24 克里斯蒂安·泽尔沃斯,《关于贾科梅蒂雕塑的若干笔记》,《艺术手册》杂志,第 342 页。

25 记事本里的法文笔记,1932—1933,贾科梅蒂基金会档案馆,巴黎。后收录于阿尔贝托·贾科梅蒂,《文字集》,第 465 页。

26 阿尔贝托·贾科梅蒂 1932 年秋写给家人的信,贾科梅蒂基金会档案馆,苏黎世。

27 作品完成于泽尔沃斯的文章发表之后的 1932 年。迈克尔·布伦森,《阿尔贝托·贾科梅蒂的早期作品:1925—1935》(The Early Work of Alberto Giacometti: 1925-1935),约翰斯·霍普金斯大学,巴尔的摩,1974 年,注释 191,第 163 页。

28 1932—1933 年记事本里的意大利文笔记,后收录于阿尔贝托·贾科梅蒂,《文字集》,第 463 页。

第十二章　物品与装饰品

1 1932—1933 年记事本里的法文笔记,贾科梅蒂基金会档案馆,巴黎,后收录于阿尔贝托·贾科梅蒂,《文字集》,第 465 页。

2 阿尔贝托·贾科梅蒂写给博里什·科奇诺夫的法文信件,1932 年 1 月 14 日和 1932 年 1 月 26 日,贾科梅蒂基金会档案馆,巴黎。

3 "最终,'芭蕾舞'我还是不做了,考虑到蒙特卡洛和它会带来的工作(需要改很多地方),我可能得花三个月的时间,而且未必做得出我想要的效果,我宁可放弃;无论如何,所有看过它的人都非常喜欢,它终究在那里,总有一天能派上用场。"阿尔贝托·贾科梅蒂 1932 年 2 月 1 日写给家人的信,瑞士艺术研究院档案馆:HNA 274.A.2.3.38,苏黎世。

4　让-米歇尔·弗朗克 1934 年 10 月 24 日写给阿尔贝托·贾科梅蒂的信，贾科梅蒂基金会档案馆，巴黎。

第十三章　《凌晨四点的宫殿》

1　阿尔贝托·贾科梅蒂，《雕塑笔记》，《弥诺陶洛斯》，第 3—4 期，1933 年 12 月 12 日，第 46 页，后收录于阿尔贝托·贾科梅蒂，《文字集》，第 49 页。

2　阿尔贝托·贾科梅蒂的法文私人笔记，贾科梅蒂基金会档案馆，巴黎。

3　丹尼丝·迈松纳夫 1931 年 8 月 13 日写给阿尔贝托·贾科梅蒂的信，贾科梅蒂基金会档案馆，巴黎。

4　阿尔贝托·贾科梅蒂写给大卫·西尔维斯特的信，引自《贾科梅蒂》，安德烈·迪芒什（André Dimanche）出版社，马赛，2001 年，第 195 页。

5　阿尔贝托·贾科梅蒂，《雕塑笔记》，《艺术》杂志。

6　阿尔贝托·贾科梅蒂写给大卫·西尔维斯特的信，引自《贾科梅蒂》，第 195 页。

7　阿尔贝托·贾科梅蒂，《雕塑笔记》，《艺术》杂志。

8　同上。

9　罗伯特·韦尼克，《关于贾科梅蒂的回忆》（*Souvenirs sur les Giacometti*），文学树（L'Arbre à Lettres）出版社，2008 年。

10　阿尔贝托·贾科梅蒂，《雕塑笔记》，《艺术》杂志。

11　同上。

12　阿尔贝托·贾科梅蒂 1947 年写给皮埃尔·马蒂斯的信，皮埃尔·马蒂斯画廊档案馆，皮尔庞特·摩根图书馆，纽约。

13　阿尔贝托·贾科梅蒂 1930 年 11 月 3 日写给特里斯坦·查拉的信，雅克·杜塞图书馆档案馆：Tzr.C.1757，巴黎。

第十四章　父亲过世

1　《我经常见布勒东》，阿尔贝托·贾科梅蒂 1932 年秋写给家人的信，未标注日期，贾科梅蒂基金会档案馆，苏黎世。

2　阿尔贝托·贾科梅蒂 1933 年 6 月 8 日写给父亲的信，瑞士艺术研究院档案馆：HNA 274.A.2.3.44，苏黎世。书信全文参见《阿尔贝托·贾科梅蒂 1930—1945 年写给家人的信》，伯纳德·肖沃出版社，巴黎，2021 年，第 41—43 页。

3 《为革命服务的超现实主义》，1933年5月，第6期，第11—17页。

4 阿尔贝托·贾科梅蒂，《昨日，流沙》《七重空间诗》（Poème en 7 espaces）、《褐色帷幕》（Le rideau brun）以及《草炭》（Charbon d'herbe），引自《为革命服务的超现实主义》，第5期，1933年5月15日，第15、44、45页。

5 阿尔贝托·贾科梅蒂，回复《关于物体的非理性知识，女通灵师的水晶球》，1933年2月5日，发表于文章《实验研究》，引自《为革命服务的超现实主义》，第6期，1933年5月15日，第11页。

6 《为革命服务的超现实主义》，第5期，1933年5月15日，第41页。

7 阿尔贝托·贾科梅蒂1933年6月8日写给父亲的信，瑞士艺术研究院档案馆：HNA 274.A.2.3.44，苏黎世。

8 正如艺术家在其记事本的笔记中所写，贾科梅蒂基金会档案馆，巴黎。

9 阿尔贝托·贾科梅蒂1933年6月17日写给父亲的信，瑞士艺术研究院档案馆：HNA 274.A.2.3.43，苏黎世。

10 阿尔贝托·贾科梅蒂1933年7月3日写给安德烈·布勒东的信，布勒东档案馆：BRT.C.830，雅克·杜塞图书馆，巴黎。

11 阿尔贝托·贾科梅蒂1933年8月8日写给安德烈·布勒东的信，布勒东档案馆：BRT.C.832，雅克·杜塞图书馆，巴黎。

12 阿尔贝托·贾科梅蒂1933年8月3日写给安德烈·布勒东的信，布勒东档案馆：BRT.C.831，雅克·杜塞图书馆，巴黎。

13 阿尔贝托·贾科梅蒂1933年8月11日写给安德烈·布勒东的信，布勒东档案馆：BRT.C.833，雅克·杜塞图书馆，巴黎。

14 阿尔贝托·贾科梅蒂1933年8月23日写给安德烈·布勒东的信，布勒东档案馆：BRT.C.834，雅克·杜塞图书馆，巴黎。

15 阿尔贝托·贾科梅蒂1933年8月29日写给安德烈·布勒东的信，贾科梅蒂基金会档案馆，巴黎。

16 阿尔贝托·贾科梅蒂1933年8月8日写给安德烈·布勒东的信，出处同上。

17 《维奥莱特·诺齐埃尔》（Violette Nozières），布鲁塞尔，尼古拉斯·弗拉梅尔（Nicolas Flamel）出版社，1933年12月1日。

18 根据尼尔·鲍德温所著《曼·雷》，巴黎，普隆（Plon）出版社，第190页。1932年春末贾科梅蒂于多摩咖啡馆与奥本海姆相遇，并介绍她认识了曼·雷。

19 克劳德·卡洪，《投注已开启》（Les Paris sont ouverts），1934年5月，致阿尔贝托·贾科梅蒂的签名版，贾科梅蒂基金会档案馆，巴黎。

20 1933年7月4日。罗曼·古伯恩、保罗·哈蒙德，《路易斯·布努埃尔：红色岁月》，第151页。

21 皮埃尔·布鲁吉埃在《阿尔贝托·贾科梅蒂，重返具象》（*Alberto Giacometti, retour à la figuration*）中记录的所见所闻，拉特美术馆，日内瓦，1986 年，第 8 页。

22 安德烈·布勒东 1934 年 2 月 2 日写给阿尔贝托·贾科梅蒂的信，贾科梅蒂基金会档案馆，巴黎。

23 同上。

24 安德烈·布勒东，《疯狂之爱》（著于 1934—1936 年，发表于 1937 年），伽利玛出版社，巴黎，第 698 页。该篇自 1934 年 6 月起出现在题为《遗失物品的方程式》的文章中，由布勒东发表在《文档》杂志第 34 期。

25 阿尔贝托·贾科梅蒂 1934 年 9 月 10 日写给安德烈·布勒东的信，布勒东档案馆：BRT.C.839，雅克·杜塞图书馆，巴黎。

26 阿尔贝托·贾科梅蒂、皮埃尔·马蒂斯，为 1948 年展览目录册撰写的信件文章，皮埃尔·马蒂斯画廊档案馆，皮尔庞特·摩根图书馆，纽约。作品一直长期放在马洛亚的工作室内，之后被毁。

第十五章　决裂

1 个人收藏，瑞士。

2 "阿尔贝托·贾科梅蒂的抽象雕塑"，1934 年 12 月 1 日—1935 年 1 月 1 日。

3 安妮塔·贾科梅蒂 1934 年 3 月 28 日写给阿尔贝托和迭戈·贾科梅蒂的信，贾科梅蒂基金会档案馆，巴黎。

4 萨尔瓦多·达利写给保罗·艾吕雅的信，Na 3940-1，Na 3940-2，未标注日期，艾吕雅纪念馆，圣丹尼斯艺术和历史博物馆。

5 米兰达·拉什，《在罗伯托·马塔的"立方体构成"中想象不可见的东西》，《*RES*》杂志，第 55—56 期，2009 年。

6 "巴黎，1935 年 2 月 14 日"，手写文字，开除令，由本杰明·佩雷、乔治·于涅、马塞尔·让、安德烈·布勒东和伊夫·唐吉签署，布勒东档案馆，雅克·杜塞图书馆，巴黎。

7 安德烈·布勒东 1934 年 2 月 2 日写给阿尔贝托·贾科梅蒂的信："由于他回来后愿意签署一份令我们满意的详细的文本，开除令自然就被废除了。但是，在尼斯的艾吕雅和查拉跟我说他们显然不赞成这项停终条令。"贾科梅蒂基金会档案馆，巴黎。

8 参见第 6 条注释，出处同上。

9 阿尔贝托·贾科梅蒂 1935 年 2 月 16 日写给安德烈·布勒东的信，布勒东档案馆：BRT.C.841，雅克·杜塞图书馆，巴黎。

10 引自西蒙娜·德·波伏瓦，《岁月的力量》（*La Force de l'âge*），巴黎，伽利玛出版社，1960 年，第 501 页。

11 阿尔贝托·贾科梅蒂 1935 年 2 月 19 日写给安德烈·布勒东的气压传送卡片，布勒东档案馆：BRT.C.842，雅克·杜塞图书馆，巴黎。

12 阿尔贝托·贾科梅蒂 1935 年 1 月 7 日写给母亲的信，瑞士艺术研究院档案馆：HNA 274.A.2.1.129，苏黎世。书信全文参见《阿尔贝托·贾科梅蒂 1930—1945 年写给家人的信》，伯纳德·肖沃出版社，巴黎，2021 年，第 45—50 页。

13 阿尔贝托·贾科梅蒂 1935 年写给母亲的信，瑞士艺术研究院档案馆：HNA 274.A.2.1.271，苏黎世。

14 阿尔贝托·贾科梅蒂 1935 年 2 月 14 日写给母亲的信，瑞士艺术研究院档案馆：HNA 274.A.2.1.131，苏黎世。

第十六章 重返模特

1 路易·阿拉贡，《转折期的绘画》，《公社》杂志，1935 年，第 22 期，第 1188 页。

2 马塞尔·让，《超现实主义绘画史》（*Histoire de la peinture surréaliste*），色伊（Seuil）出版社，巴黎，1959 年，第 228 页。

3 路易·阿拉贡，《为了社会主义现实主义》（*Pour un réalisme socialiste*），巴黎，1935 年，个人收藏，瑞士。

4 勒内·克勒韦尔，《达利或反蒙昧主义》，巴黎，超现实主义（Surréalistes）出版社，1931 年。

5 勒内·克勒韦尔，《对画家的讲话》，《公社》杂志，第 22 期，1935 年 6 月，第 1137—1138 页。

6 对伊莎贝尔的回忆，引自维罗尼克·维辛格，《阿尔贝托·贾科梅蒂与伊莎贝尔·尼古拉斯书信集》（*Alberto Giacometti, Isabel Nicholas, correspondances*），费奇出版社，巴黎，2007 年，第 30 页。

7 阿尔贝托·贾科梅蒂 1936 年 2 月 23 日写给家人的信，贾科梅蒂基金会档案馆，苏黎世。书信全文参见《阿尔贝托·贾科梅蒂 1930—1945 年写给家人的信》，伯纳德·肖沃出版社，巴黎，2021 年，第 51—54 页。

8 同上。

9 1936 年 5 月 22—29 日。

10 "立体主义和抽象派"，1936 年 3—4 月。

11 《立体主义和抽象派》，纽约现代艺术博物馆，1936 年，第 197 页。

12 阿尔贝托·贾科梅蒂 1936 年 8 月写给安妮塔和迭戈·贾科梅蒂的信，巴黎，贾科梅蒂基金会档案馆，苏黎世。书信全文参见《阿尔贝托·贾科梅蒂 1930—1945 年写给家人的信》，伯纳德·肖沃出版社，巴黎，2021 年，第 55—58 页。

13 "奇幻艺术、达达和超现实主义"，1936 年 12 月—1937 年 1 月。

14 阿尔贝托·贾科梅蒂 1936 年 8 月写给母亲的信，贾科梅蒂基金会档案馆，苏黎世。

15 皮埃尔·马蒂斯，采访，引自保尔·查瓦斯，《我 1936 年遇到的阿尔贝托·贾科梅蒂》，法国电视广播局，1969 年。

16 阿尔贝托·贾科梅蒂 1936 年 10 月 27 日写给母亲的信，贾科梅蒂基金会档案馆，苏黎世。

17 阿尔贝托·贾科梅蒂 1936 年 10 月 23 日写给皮埃尔·马蒂斯的信，皮埃尔·马蒂斯画廊档案馆：box 11，folder 5，皮尔庞特·摩根图书馆，纽约。

18 阿尔贝托·贾科梅蒂 1936 年 11 月 2 日写给皮埃尔·马蒂斯的信，皮埃尔·马蒂斯画廊档案馆：box 11，folder 5，皮尔庞特·摩根图书馆，纽约。

19 阿尔贝托·贾科梅蒂 1936 年 7 月 19 日写给母亲的信，瑞士艺术研究院档案馆：HNA 274.A.2.1.138，苏黎世。

20 《圆形：构造主义艺术的国际调查》(*Circle: International Survey of Constructive Art*)，费伯 (Faber & Faber) 出版社，伦敦，1937 年 7 月。该展览伴随着同名的构造主义宣言出版，由尼科尔森和加波共同撰写。

21 《为何我是一个雕塑家》，阿尔贝托·贾科梅蒂与安德烈·帕里诺的对谈，《艺术》杂志，第 873 期，1962 年 6 月 13 日，第 1—5 页。

22 迭戈·贾科梅蒂 1938 年 4 月 9 日写给母亲的信，瑞士艺术研究院档案馆：HNA 274.A.2.2.76，苏黎世。这些壁灯后于 1939 年 6 月被转载至法国《时尚》杂志。

23 对伊莎贝尔的回忆，引自维罗尼克·维辛格，《阿尔贝托·贾科梅蒂与伊莎尔·尼古拉斯书信集》，第 35 页。

24 他们相见的具体日期尚不清楚。关于贾科梅蒂与贝克特的关系，参见贾科梅蒂 / 贝克特 "再次搞砸。漂亮地搞砸" 展览目录册，费奇出版社，巴黎，贾科梅蒂研究院，2020 年。

25 《为何我是一个雕塑家》，阿尔贝托·贾科梅蒂与安德烈·帕里诺的对谈，出处同上。

26 布勒东写道："眼睛只在裸眼状态下存在。" 引自《超现实主义与绘画》(*Le Surréalisme et la peinture*)，1928 年。

27 《为何我是一个雕塑家》，阿尔贝托·贾科梅蒂与安德烈·帕里诺的对谈，出处同上。

28 同上。

29 伊夫·博纳富瓦根据佩姬·古根海姆的回忆所记录，引自伊夫·博纳富瓦，《贾科梅蒂：作品的传记》，弗拉玛里翁出版社，巴黎，1991年，新版2012年，第272页。

30 同上，第274页。

第十七章 事故，然后是战争

1 《日记中的片段》，阿尔贝托·贾科梅蒂与圣哥达·杰德里卡的访谈，1964年，后收录于阿尔贝托·贾科梅蒂，《文字集》，第346页。

2 阿尔贝托·贾科梅蒂，引自伊夫·博纳富瓦，《贾科梅蒂：作品的传记》，第264页。

3 《日记中的片段》，出处同上，第336页。

4 阿尔贝托·贾科梅蒂1939年4月29日写给母亲的法文信，贾科梅蒂基金会档案馆，苏黎世。

5 同上。

6 同上。

7 阿尔贝托·贾科梅蒂1939年8月写给伊莎贝尔的信，泰特美术馆：9612.1.2.7，伦敦，后收录于维罗尼克·维辛格，《阿尔贝托·贾科梅蒂与伊莎贝尔·尼古拉斯书信集》，第62—63页。

8 对伊莎贝尔的回忆，出处同上，第40页。

9 伊莎贝尔1940年6月初写给阿尔贝托·贾科梅蒂的信，贾科梅蒂基金会档案馆，巴黎，出处同上，第77页。

10 阿尔贝托·贾科梅蒂1940年7月8日写给母亲的信，瑞士艺术研究院档案馆：HNA 274.A.2.1.193，苏黎世。

11 阿尔贝托·贾科梅蒂1941年1月21日写给母亲的信，瑞士艺术研究院档案馆：HNA 274.A.2.3.52，苏黎世。

12 阿尔贝托·贾科梅蒂写给安妮塔和弗朗西斯·贝尔图的信，1941年2月28日，瑞士艺术研究院档案馆：HNA 274.A.2.1.158，苏黎世。

13 阿尔贝托·贾科梅蒂与皮埃尔·杜马耶的对谈，《新老实人》(Le Nouveau Candide)，第110期，1963年6月6—13日，第9页，后收录于阿尔贝托·贾科梅蒂，《文字集》，第302页。

14 西尔维奥·贝尔图，《一些个人回忆》，收录于《阿尔贝托·贾科梅蒂：1901—1966》(Alberto Giacometti: 1901-1966)，华盛顿，赫斯霍恩博物馆，1988年。

15 巴尔蒂斯谈贾科梅蒂，收录于《阿尔贝托·贾科梅蒂》(*Alberto Giacometti*)，当代艺术博物馆，古兰德里斯基金会，1992年。

16 阿尔贝托·贾科梅蒂 1945 年 1 月 1 日写给母亲的信，贾科梅蒂基金会档案馆，苏黎世。

17 阿尔贝托·贾科梅蒂 1943 年写给母亲的信，瑞士艺术研究院档案馆：HNA 274.A.2.1.213，苏黎世。

18 阿尔贝特·斯吉拉，《洛桑论坛报》(*La Tribune de Lausanne*)，1966 年 1 月 16 日。

19 同上。

20 让·斯塔罗宾斯基，《巴尔蒂斯和贾科梅蒂在莫拉德广场》，后收录于《贾科梅蒂，巴尔蒂斯，斯吉拉》(*Giacometti, Balthus, Skira*)，拉特美术馆，日内瓦，2009 年。

21 阿尔贝托·贾科梅蒂，《亨利·洛朗斯》，《迷宫》杂志，第 4 期，1945 年 1 月 15 日，第 3 页，后收录于阿尔贝托·贾科梅蒂，《文字集》，第 60 页。

22 阿尔贝托·贾科梅蒂，《关于雅克·卡洛》，《迷宫》杂志，第 7 期，1945 年 4 月 15 日，第 3 页，后收录于阿尔贝托·贾科梅蒂，《文字集》，第 64 页。

23 阿尔贝托·贾科梅蒂 1945 年 7 月 30 日写给伊莎贝尔的信，泰特美术馆，伦敦。后收录于维罗尼克·维辛格，《阿尔贝托·贾科梅蒂与伊莎贝尔·尼古拉斯书信集》，出处同上，第 83—84 页。

24 阿尔贝托·贾科梅蒂 1945 年 5 月 14 日写给伊莎贝尔的信，泰特美术馆，伦敦。后收录于维罗尼克·维辛格，《阿尔贝托·贾科梅蒂与伊莎贝尔·尼古拉斯书信集》，出处同上，第 81—82 页。

25 阿尔贝托·贾科梅蒂 1945 年 7 月 30 日写给伊莎贝尔的信，出处同上。

第十八章　巨大的热忱

1 克里斯蒂安·克莱姆，《阿尔贝托·贾科梅蒂》，纽约，纽约现代艺术博物馆，2001 年。

2 阿尔贝托·贾科梅蒂 1945 年 9 月 27 日写给弗朗西斯·贝尔图的信，瑞士艺术研究院档案馆：HNA 274.A.2.1.218，苏黎世。

3 阿尔贝托·贾科梅蒂 1945 年 9 月 28 日写给母亲的信，瑞士艺术研究院档案馆：HNA 274.A.2.1.219，苏黎世。书信全文参见《阿尔贝托·贾科梅蒂 1930—1945 年写给家人的信》，伯纳德·肖沃出版社，巴黎，贾科梅蒂基金会，2021 年，第 82—83 页。

4 同上。

5 对伊莎贝尔的回忆，引自维罗尼克·维辛格，《阿尔贝托·贾科梅蒂与伊莎贝尔·尼古拉斯书信集》，第 44 页。

6 阿尔贝托·贾科梅蒂 1945 年 12 月 31 日写给家人的信，瑞士艺术研究院档案馆：HNA 274.A.2.1.221，苏黎世。

7 关于贾科梅蒂的纪念碑项目，请参见阿尔贝托·贾科梅蒂展览目录册。《一位英雄的画像：向罗尔-唐吉致敬》(Portrait d'un héros : hommage à Rol-Tanguy)，英威尼特（Invenit）出版社，里尔，旧游泳池-鲁贝艺术与工业博物馆，2018 年。

8 阿尔贝托·贾科梅蒂 1945 年 12 月 26 日写给家人的信，瑞士艺术研究院档案馆：HNA 274.A.2.1.220，苏黎世。书信全文参见《阿尔贝托·贾科梅蒂 1946—1966 成名期间写给家人的信》，伯纳德·肖沃出版社，巴黎，2021 年，第 17—19 页。

9 同上。

10 迭戈·贾科梅蒂，出自大卫·西尔维斯特，《看着贾科梅蒂》(Looking at Giacometti)，查托和温杜斯（Chatto & Windus）出版社，伦敦，1994 年，第 143 页。

11 西蒙娜·德·波伏瓦，1946 年 5 月 17 日，引自《事物之力》(La Force des choses)，伽利玛出版社，巴黎，1963 年，第 124 页。

12 阿尔贝托·贾科梅蒂 1946 年 5 月 15 日写给母亲的信，贾科梅蒂基金会档案馆，苏黎世。

13 阿尔贝托·贾科梅蒂 1947 年 9 月写给皮埃尔·马蒂斯的信，皮埃尔·马蒂斯画廊档案馆：box 11, folder 7, item 10，皮尔庞特·摩根图书馆，纽约。

14 米歇尔·莱里斯，1945 年 11 月 4 日，引自《日记》，第 423 页。

15 阿尔贝托·贾科梅蒂 1947 年写给皮埃尔·马蒂斯的信，皮埃尔·马蒂斯画廊档案馆：box 11, folder 7, item 11，皮尔庞特·摩根图书馆，纽约。

16 阿尔贝托·贾科梅蒂 1946 年 1 月 8 日写给家人的信，瑞士艺术研究院档案馆：HNA 274.A.2.1.222，苏黎世。

17 阿尔贝托·贾科梅蒂 1946 年 10 月 8 日写给母亲的信，贾科梅蒂基金会档案馆，苏黎世。

18 阿尔贝托·贾科梅蒂 1945 年 9 月 28 日写给母亲的信，出处同上。

19 乔治·兰堡，《阿尔贝托·贾科梅蒂最后的石膏像》，《行动》(Action)，1947 年 9 月 24 日，后收录于《工作室里的秘密》(Dans le secret des ateliers)，雄辩（L'Élocoquent）出版社，巴黎，1986 年，第 39 页。

20 阿尔贝托·贾科梅蒂写给家人的信，1945 年 12 月 31 日，出处同上。

第十九章　行走的人

1　"艺术与抵抗"，巴黎，国立现代艺术博物馆，1946 年 5 月 18 日—6 月 2 日。

2　娜塔莉·索罗金，在波伏瓦的回忆录中被称为"丽丝·奥布兰诺夫"。

3　西蒙娜·德·波伏瓦，《事物之力》，伽利玛出版社，巴黎，1963 年，第
　　132 页。

4　阿尔贝托·贾科梅蒂 1947 年秋写给母亲的信，贾科梅蒂基金会档案馆，
　　苏黎世。

5　阿尔贝托·贾科梅蒂 1947 年夏写给母亲的信，贾科梅蒂基金会档案馆，
　　苏黎世。

6　阿尔贝托·贾科梅蒂 1920 年 12 月 8 日写给乔瓦尼和安妮塔·贾科梅蒂的
　　信，贾科梅蒂基金会档案馆，苏黎世。

7　阿尔贝托·贾科梅蒂 1947 年 10 月中旬写给皮埃尔·马蒂斯的信，皮埃尔·马
　　蒂斯画廊档案馆：box 11, folder 7, item 15, 皮尔庞特·摩根图书馆，纽约。

8　阿尔贝托·贾科梅蒂 1947 年 11 月 6 日写给皮埃尔·马蒂斯的信，皮埃尔·马
　　蒂斯画廊档案馆：box 11, folder 7, item 16, 皮尔庞特·摩根图书馆，纽
　　约，准备手稿，贾科梅蒂基金会档案馆，巴黎。

9　阿尔贝托·贾科梅蒂 1947 年 10 月 13 日写给皮埃尔·马蒂斯的信，皮埃尔·马
　　蒂斯画廊档案馆：box 11, folder 7, item 14, 皮尔庞特·摩根图书馆，纽约。

10　阿尔贝托·贾科梅蒂 1948 年 3 月 13 日写给母亲的信，贾科梅蒂基金会
　　档案馆，苏黎世。书信全文参见《阿尔贝托·贾科梅蒂 1946—1966 成名
　　期间写给家人的信》，伯纳德·肖沃出版社，巴黎，2021 年，第 27—29 页。

11　阿尔贝托·贾科梅蒂写给母亲的信，1948 年 3 月 2 日，贾科梅蒂基金会
　　档案馆，苏黎世。

12　西蒙娜·德·波伏瓦写给纳尔逊·奥尔格伦的信，引自克劳德·德莱，《阿
　　尔贝托·贾科梅蒂和迭戈，隐藏的故事》（Giacometti, Alberto et Diego,
　　l'histoire cachée），法亚尔（Fayard）出版社，巴黎，2007 年，第 166 页。

13　亚历山大·利伯曼，后收录于莱因哈德·霍尔，《阿尔贝托·贾科梅蒂》，
　　图书协会出版社，洛桑，1971 年，第 275—276 页。

14　皮埃尔·马蒂斯 1948 年 1 月末写给阿尔贝托·贾科梅蒂的信，贾科梅蒂
　　基金会档案馆。

15　阿尔贝托·贾科梅蒂 1948 年 3 月 12 日写给皮埃尔·马蒂斯的信，皮埃尔·马
　　蒂斯画廊档案馆：box 11, folder 8, item 31, 皮尔庞特·摩根图书馆，纽约。

16　同上。

17　阿尔贝托·贾科梅蒂 1948 年 3 月 13 日写给母亲的信，贾科梅蒂基金会

档案馆，苏黎世。

18 阿尔贝托·贾科梅蒂 1948 年 5 月 17 日写给皮埃尔·马蒂斯的信，皮埃尔·马
    蒂斯画廊档案馆：box 11, folder 8, item 32，皮尔庞特·摩根图书馆，纽约。

第二十章 T 之死

1   阿尔贝托·贾科梅蒂，《梦境、斯芬克司和 T 之死》，《迷宫》杂志，第
    22—23 期，日内瓦，1946 年 12 月。

2   阿尔贝托·贾科梅蒂 1946 年 12 月 14 日写给母亲的信，贾科梅蒂基金会
    档案馆，苏黎世。

3   安德烈·布勒东，《费加罗文学》（Le Figaro littéraire），1946 年 10 月 5 日。

4   阿尔贝托·贾科梅蒂 1946 年 10 月 8 日写给母亲的信，贾科梅蒂基金会档
    案馆，苏黎世。

5   贾科梅蒂基金会档案馆，巴黎。

6   让-保罗·萨特，《寻找绝对》，发表于《现代时报》（Les Temps
    modernes），1948 年 1 月 1 日，引自《阿尔贝托·贾科梅蒂》，纽约，皮埃尔·马
    蒂斯，伽利玛出版社，1948 年 1 月 19 日。

7   阿尔贝托·贾科梅蒂与琼·克莱的对谈，1963 年，后收录于阿尔贝托·贾
    科梅蒂，《文字集》，第 318 页。

第二十一章 改变的时刻

1   阿尔贝托·贾科梅蒂 1948 年 3 月 13 日写给母亲的信，贾科梅蒂基金会档
    案馆，苏黎世。

2   阿尔贝托·贾科梅蒂 1948 年 6 月 13 日写给母亲的信，巴黎，贾科梅蒂基
    金会档案馆，苏黎世。

3   阿尔贝托·贾科梅蒂 1948 年 11 月 29 日写给皮埃尔·马蒂斯的信，皮埃尔·马
    蒂斯画廊档案馆：box 11, folder 8, item 44，皮尔庞特·摩根图书馆，纽约。

4   阿尔贝托·贾科梅蒂 1949 年 5 月 18 日或 25 日写给母亲的信，瑞士艺术
    研究院档案馆：HNA 274.A.2.1.223，苏黎世。

5   阿尔贝托·贾科梅蒂 1949 年 4 月 26 日写给母亲的信，瑞士艺术研究院档
    案馆：HNA 274.A.2.1.225，苏黎世。

6   阿尔贝托·贾科梅蒂 1949 年 5 月 18 日或 25 日写给母亲的信，出处同上。

7   安妮塔·贾科梅蒂 1949 年 6 月 15 日写给阿尔贝托·贾科梅蒂的信，贾科
    梅蒂基金会档案馆，巴黎。

8 安妮塔·贾科梅蒂 1949 年 11 月 9 日写给阿尔贝托和安妮特·贾科梅蒂的信，贾科梅蒂基金会档案馆，巴黎。

9 安妮塔·贾科梅蒂 1949 年 11 月写给安妮特·贾科梅蒂的信，贾科梅蒂基金会档案馆，巴黎。

10 阿尔贝托·贾科梅蒂 1947 年 2 月末写给安妮塔·贾科梅蒂的信，贾科梅蒂基金会档案馆，苏黎世。皮埃尔·马蒂斯 1947 年 10 月 31 日写给阿尔贝托·贾科梅蒂的信，皮埃尔·马蒂斯画廊档案馆 : box 11, folder 7, 皮尔庞特·摩根图书馆，纽约。

11 迭戈·贾科梅蒂 1950 年 12 月 29 日写给阿尔贝托、安妮特和安妮塔·贾科梅蒂的信，私人收藏，日内瓦。

12 阿尔贝托·贾科梅蒂 1948 年 2 月 16 日写给皮埃尔·马蒂斯的信，皮埃尔·马蒂斯画廊档案馆：box 11, folder 8, item 29, 皮尔庞特·摩根图书馆，纽约。

13 阿尔贝托·贾科梅蒂，记事本里的法文笔记，1949 年左右，后收录于阿尔贝托·贾科梅蒂，《文字集》，第 545 页。

14 阿尔贝托·贾科梅蒂 1948 年 3 月 12 日写给皮埃尔·马蒂斯的信，皮埃尔·马蒂斯画廊档案馆：box 11, folder 8, item 31, 皮尔庞特·摩根图书馆，纽约。

15 皮埃尔·马蒂斯 1948 年 8 月 8 日写给阿尔贝托·贾科梅蒂的信，皮埃尔·马蒂斯画廊档案馆：box 11, folder 8, 皮尔庞特·摩根图书馆，纽约。艺术家似乎没有收到这封信。

16 阿尔贝托·贾科梅蒂 1948 年 8 月 18 日写给皮埃尔·马蒂斯的信，皮埃尔·马蒂斯画廊档案馆：box 11, folder 8, item 36, 皮尔庞特·摩根图书馆，纽约。

17 帕特里夏·马蒂斯 1949 年 11 月写给阿尔贝托·贾科梅蒂的信，贾科梅蒂基金会档案馆，巴黎。

第二十二章　跌倒的男人

1 阿尔贝托·贾科梅蒂 1948 年 9 月 11 日写给皮埃尔·马蒂斯的信，皮埃尔·马蒂斯画廊档案馆：box 11, folder 8, item 40, 皮尔庞特·摩根图书馆，纽约。

2 阿尔贝托·贾科梅蒂 1948 年 11 月 3 日写给皮埃尔·马蒂斯的信，皮埃尔·马蒂斯画廊档案馆：box 11, folder 8, item 43, 皮尔庞特·摩根图书馆，纽约。

3 同上。

4 阿尔贝托·贾科梅蒂 1949 年 7 月 23 日写给皮埃尔·马蒂斯的信，皮埃尔·马蒂斯画廊档案馆：box 11, folder 9, item 52, 皮尔庞特·摩根图书馆，纽约。

5 阿尔贝托·贾科梅蒂 1949 年 10 月 18 日写给皮埃尔·马蒂斯的信，皮埃尔·马蒂斯画廊档案馆：box 11, folder 9, item 54, 皮尔庞特·摩根图书馆，纽约。

6 皮埃尔·马蒂斯 1949 年 11 月 21 日写给阿尔贝托·贾科梅蒂的信，皮埃尔·马蒂斯画廊档案馆：box 11，folder 9，皮尔庞特·摩根图书馆，纽约。

7 皮埃尔·马蒂斯 1950 年 12 月 12 日写给阿尔贝托·贾科梅蒂的信，贾科梅蒂基金会档案馆，巴黎。

8 《用手指方向的人》的第一个标题。

9 皮埃尔·马蒂斯 1949 年 9 月 29 日写给阿尔贝托·贾科梅蒂的信，皮埃尔·马蒂斯画廊档案馆：box 11，folder 9，皮尔庞特·摩根图书馆，纽约。

10 阿尔贝托·贾科梅蒂 1950 年 10 月 15 日（？）写给皮埃尔·马蒂斯的信，皮埃尔·马蒂斯画廊档案馆：box 11，folder 17，item 70，皮尔庞特·摩根图书馆，纽约。

11 阿尔贝托·贾科梅蒂 1950 年 12 月 27 日写给皮埃尔·马蒂斯的信，皮埃尔·马蒂斯画廊档案馆：box 11，folder 17，item 76，皮尔庞特·摩根图书馆，纽约。

12 《作品的标题、草图和解释》，阿尔贝托·贾科梅蒂 1951 年 9 月初写给皮埃尔·马蒂斯的信，私人收藏。

13 同上。

14 同上。

15 阿尔贝托·贾科梅蒂 1950 年 12 月 28 日写给皮埃尔·马蒂斯的信，皮埃尔·马蒂斯画廊档案馆：box 11，folder 17，item 77，皮尔庞特·摩根图书馆，纽约。

16 皮埃尔·马蒂斯 1949 年 9 月 23 日写给阿尔贝托·贾科梅蒂的信，皮埃尔·马蒂斯画廊档案馆：box 11，folder 9，皮尔庞特·摩根图书馆，纽约。

17 阿尔贝托·贾科梅蒂 1950 年 10 月 15 日（？）写给皮埃尔·马蒂斯的信，出处同上。

18 阿尔贝托·贾科梅蒂写给皮埃尔·马蒂斯的信，日期为 1950 年 10 月 26 日，但在 1950 年 10 月 24 日之前写完。皮埃尔·马蒂斯画廊档案馆：box 11，folder 17，item 71，皮尔庞特·摩根图书馆，纽约。

19 皮埃尔·马蒂斯 1950 年圣诞节写给阿尔贝托·贾科梅蒂的信，贾科梅蒂基金会档案馆，巴黎。

20 皮埃尔·马蒂斯 1950 年 12 月 12 日写给阿尔贝托·贾科梅蒂的信，贾科梅蒂基金会档案馆，巴黎。

21 皮埃尔·马蒂斯 1950 年圣诞节写给阿尔贝托·贾科梅蒂的信，出处同上。

第二十三章 不停歇的工作

1. 阿尔贝托·贾科梅蒂1949年11月27日写给皮埃尔·马蒂斯的信,皮埃尔·马蒂斯画廊档案馆,box 11, folder 9, item 56,皮尔庞特·摩根图书馆,纽约。

2. 安妮塔·贾科梅蒂1950年2月26日写给阿尔贝托、迭戈和安妮特·贾科梅蒂的信,贾科梅蒂基金会档案馆,巴黎。

3. 安妮特·贾科梅蒂1950年6月1日写给迭戈·贾科梅蒂的信,贾科梅蒂基金会档案馆,巴黎。

4. 在1950年的一张照片中可以看到石膏作品(一个在高高的笼子里的女人头),也可以看到石膏作品《森林》,贾科梅蒂基金会档案馆,巴黎。

5. 阿尔贝托·贾科梅蒂写给皮埃尔·马蒂斯的信,未标注日期,皮埃尔·马蒂斯画廊档案馆,box 11, folder 17, item 65,皮尔庞特·摩根图书馆,纽约。

6. 1948年,贝尔纳·洛尔茹与贝尔纳·布菲、保罗·雷贝罗尔、伊冯娜·莫特、让·卡祖组建了反抽象派团体,名曰"人是其时代的见证者"。

7. 安妮塔·贾科梅蒂1951年4月29日写给阿尔贝托、迭戈和安妮特·贾科梅蒂的信,贾科梅蒂基金会档案馆,巴黎。

8. 安妮塔·贾科梅蒂1951年8月11日写给阿尔贝托·贾科梅蒂的信,贾科梅蒂基金会档案馆,巴黎。

9. 安妮塔、阿尔贝托和安妮特·贾科梅蒂1951年11月12日写给迭戈·贾科梅蒂的信,贾科梅蒂基金会档案馆,巴黎。

10. 安妮塔·贾科梅蒂1951年12月4日写给迭戈·贾科梅蒂的信,贾科梅蒂基金会档案馆,巴黎。

11. 安妮塔·贾科梅蒂1952年4月24日写给阿尔贝托和迭戈·贾科梅蒂的信,贾科梅蒂基金会档案馆,巴黎。

12. 阿尔贝托·贾科梅蒂,手写笔记,贾科梅蒂基金会档案馆,巴黎,后收录于阿尔贝托·贾科梅蒂,《文字集》,第202页。

13. 阿尔贝托·贾科梅蒂1950年11月初写给皮埃尔·马蒂斯的信,皮埃尔·马蒂斯画廊档案馆:box 11, folder 17, item 65,皮尔庞特·摩根图书馆,纽约。

14. 阿尔贝托·贾科梅蒂1949年4月19日写给皮埃尔·马蒂斯的信,皮埃尔·马蒂斯画廊档案馆:box 11, folder 9, item 51,皮尔庞特·摩根图书馆,纽约。

15. 阿尔贝托·贾科梅蒂1952年3月21日写给皮埃尔·马蒂斯的信,皮埃尔·马蒂斯画廊档案馆:box 11, folder 19, item 96,皮尔庞特·摩根图书馆,纽约。

第二十四章　再一次，怀疑

1　皮埃尔·马蒂斯 1952 年 9 月 22 日写给阿尔贝托·贾科梅蒂的信，贾科梅蒂基金会档案馆，巴黎。

2　阿尔贝托·贾科梅蒂 1952 年 4 月底写给皮埃尔·马蒂斯的信，皮埃尔·马蒂斯画廊档案馆：box 11，folder 19，item 99，皮尔庞特·摩根图书馆，纽约。

3　《苏黎世有一位"穿套衫的胸像"的买主》，安妮塔、阿尔贝托和安妮特·贾科梅蒂 1951 年 11 月 12 日写给迭戈·贾科梅蒂的信，贾科梅蒂基金会档案馆，巴黎。

4　安妮塔·贾科梅蒂 1952 年 7 月 14 日写给迭戈、安妮特和阿尔贝托·贾科梅蒂的信，贾科梅蒂基金会档案馆，巴黎。

5　安妮塔和迭戈·贾科梅蒂 1952 年 9 月 9 日写给安妮特和阿尔贝托·贾科梅蒂的信，贾科梅蒂基金会档案馆，巴黎。

6　安妮塔·贾科梅蒂 1953 年 1 月 22 日写给迭戈、安妮特和阿尔贝托·贾科梅蒂的信，贾科梅蒂基金会档案馆，巴黎。

7　安妮塔·贾科梅蒂 1953 年 2 月 24 日写给迭戈、安妮特和阿尔贝托·贾科梅蒂的信，贾科梅蒂基金会档案馆，巴黎。

8　迭戈·贾科梅蒂 1953 年 4 月 11 日写给阿尔贝托和安妮特·贾科梅蒂，贾科梅蒂基金会档案馆，巴黎。

9　阿尔贝托·贾科梅蒂 1954 年 5 月 1 日写给皮埃尔·马蒂斯的信，皮埃尔·马蒂斯画廊档案馆：box 11，folder 20，item 111，皮尔庞特·摩根图书馆，纽约。

10　让·热内，《贾科梅蒂的画室》，第 15 页。

11　阿尔贝托·贾科梅蒂，素描本上的手写文字，约 1950 年。第一个字母 S 或 G 指的是所描绘的人，后收录于阿尔贝托·贾科梅蒂，《文字集》，第 547 页。

12　让·热内，《贾科梅蒂的画室》，第 10 页。

13　安妮塔·贾科梅蒂写给 1954 年 2 月 14 日迭戈、安妮特和阿尔贝托·贾科梅蒂的信，贾科梅蒂基金会档案馆，巴黎。

14　雅克·迪潘，《阿尔贝托·贾科梅蒂》，玛格（Maeght）出版社，巴黎，1963 年，第 64 页。迪潘加入玛格画廊担任书商，然后成为出版部门的负责人。

15　弗朗索瓦·韦尔根斯，来自《韦尔根斯，从小丑到骗子》的内容转录，电视节目《一清二楚》（En toutes lettres），1993 年 10 月 27 日。

第二十五章　成功时刻

1　阿尔贝托·贾科梅蒂与乔治·沙博尼耶对谈，法国广播公司，巴黎，1951年3月3日。

2　阿尔贝托·贾科梅蒂写给迭戈·贾科梅蒂的信，1955年6月12日，贾科梅蒂基金会档案馆，苏黎世。

3　同上。

4　安妮塔·贾科梅蒂1954年10月9日写给阿尔贝托·贾科梅蒂的信，贾科梅蒂基金会档案馆，巴黎。

5　拉塞尔·沃伦·豪，《阿尔贝托·贾科梅蒂》，《艺术》，《法国 美洲》（*France Amérique*）杂志，1955年7月3日。

6　阿尔贝托·贾科梅蒂1955年6月17日写给母亲的信，贾科梅蒂基金会档案馆，苏黎世。

7　安妮塔·贾科梅蒂1955年2月28日写给阿尔贝托、迭戈和安妮特·贾科梅蒂的信，贾科梅蒂基金会档案馆，巴黎。

8　让·热内，《贾科梅蒂的画室》，第36页。

9　阿尔贝托·贾科梅蒂1956年11月6日写给皮埃尔·马蒂斯的信，皮埃尔·马蒂斯画廊档案馆：box 11, folder 22, item 131，皮尔庞特·摩根图书馆，纽约。

10　皮埃尔·克洛索夫斯基，《巴尔蒂斯绘画中的人物写生》，1957年，后收录于《巴尔蒂斯》（*Balthus*），巴黎，蓬皮杜艺术中心，1983年。

11　阿尔贝托·贾科梅蒂1956年11月6日写给皮埃尔·马蒂斯的信，出处同上。

12　参阅莉迪亚·哈拉姆堡，《德兰，雕塑家和摄影师》，巴黎，《当代表达》（*Expressions contemporaines*）杂志，2007年。

第二十六章　矢内原伊作

1　矢内原伊作，《与贾科梅蒂的交谈》（*Dialogues avec Giacometti*），巴黎，艾莉亚（Allia）出版社，2015年，第65页。

2　同上。

3　同上。

4　阿尔贝托·贾科梅蒂1956年6月写给皮埃尔·马蒂斯的信，皮埃尔·马蒂斯画廊档案馆：box 11, folder 22, item 127，摩根图书馆，纽约。

5　弗朗索瓦丝·吉洛，与作者的讨论，2016年。

6 矢内原伊作，《与贾科梅蒂的交谈》，第 66 页。

7 同上，第 30 页。

8 同上。

9 同上。

10 同上。

11 克里斯蒂安·泽尔沃斯，《艺术手册》杂志，1932 年。

12 《圈子：构造主义艺术的国际调查》，伦敦，费伯出版社，1937 年 7 月。

13 阿尔贝托·贾科梅蒂对伊冯·塔扬迪耶说，1951 年，后收录于阿尔贝托·贾
   科梅蒂，《文字集》，第 175 页。

14 矢内原伊作，《与贾科梅蒂的交谈》，第 30 页。

15 同上，第 25 页。

16 阿尔贝托·贾科梅蒂 1956 年 10 月 15 日写给皮埃尔·马蒂斯的信，皮埃
   尔·马蒂斯画廊档案馆：box 11, folder 22, item 129，皮尔庞特·摩根
   图书馆，纽约。

17 矢内原伊作，《与贾科梅蒂的交谈》，第 33 页。

18 让·热内与安托万·布尔塞勒的访谈，纪录片，50 分钟，1981 年，转载
   于《公开的敌人》（*L'Ennemi déclaré*），巴黎，伽利玛出版社，1991 年。

19 阿尔贝托·贾科梅蒂 1956 年 10 月写给皮埃尔·马蒂斯的信，皮埃尔·马
   蒂斯画廊档案馆：box 11, folder 22，皮尔庞特·摩根图书馆，纽约。

第二十七章 特别的友谊

1 矢内原伊作，《与贾科梅蒂一起》（*Avec Giacometti*），艾莉亚出版社，巴黎，
   2014 年，第 17—18 页。

2 同上，第 171 页。

3 阿尔贝托·贾科梅蒂从 1956 年起租用位于绿磨坊街 51 号乙的工作室。

4 矢内原伊作，《与贾科梅蒂一起》，第 149 页。

5 同上，第 154 页。

6 阿尔贝托·贾科梅蒂 1956 年 12 月 17 日写给矢内原伊作的信，矢内原伊
   作档案馆。

7 同上。

8 阿尔贝托·贾科梅蒂 1956 年 12 月 18 日写给矢内原伊作的信，矢内原伊
   作档案馆。

9 安妮特和阿尔贝托·贾科梅蒂1957年写给矢内原伊作的书信，矢内原伊作档案馆。

10 阿尔贝托·贾科梅蒂1957年2月24日写给矢内原伊作的信，矢内原伊作档案馆。

11 阿尔贝托·贾科梅蒂1957年3月31日写给矢内原伊作的信，矢内原伊作档案馆。

12 阿尔贝托·贾科梅蒂1959年1月12日写给矢内原伊作的信，矢内原伊作档案馆。

13 皮埃尔·马蒂斯1957年5月15日写给阿尔贝托·贾科梅蒂的信，贾科梅蒂基金会档案馆，巴黎。

第二十八章 画家贾科梅蒂

1 矢内原伊作，《与贾科梅蒂一起》，第67页。

2 同上，第82页。

3 同上，第24页。

4 同上，第47页。

5 阿尔贝托·贾科梅蒂与安东尼奥·德尔·古尔西奥的对谈，收录于阿尔贝托·贾科梅蒂，《文字集》，第260页。

6 同上。

7 矢内原伊作，《与贾科梅蒂一起》，第141页。

8 让·埃利翁1953年6月写给阿尔贝托·贾科梅蒂的信（是参观过埃利翁的工作室后写的，当时与贾科梅蒂一同前往的还有泰里亚德），贾科梅蒂基金会档案馆，巴黎。

9 矢内原伊作，《与贾科梅蒂一起》，第66页。

10 阿尔贝托·贾科梅蒂，口头访谈，引自让-玛丽·德罗，《阿尔贝托·贾科梅蒂》，电视片，35毫米，巴黎，法国电视广播局，"蒙帕纳斯的炙热时刻"系列，1963年11月。

11 大卫·西尔维斯特，《贾科梅蒂》（*Giacometti*），安德烈·迪芒什出版社，马赛，2001年，第119页。

12 阿尔贝托·贾科梅蒂，《德兰》，《镜子后面》（*Derrière le miroir*），第94—95期，1957年2月。

第二十九章　卡罗琳

1　阿尔贝托·贾科梅蒂，引自詹姆斯·洛德，《贾科梅蒂的画像》(*Un portrait par Giacometti 1965*)，伽利玛出版社，巴黎，1991年，第26页。

2　阿尔贝托·贾科梅蒂1957年9月23日写给矢内原伊作的信，矢内原伊作档案馆。

3　阿尔贝托·贾科梅蒂1960年5月6日写给卡罗琳的信，复印件，贾科梅蒂基金会档案馆，巴黎。

4　卡罗琳对弗兰克·莫伯特说，《最后的模特》(*Le Dernier Modèle*)，多重丛书，巴黎，2014年，第95页。

5　卡罗琳1960年写给阿尔贝托·贾科梅蒂的信，拜内克图书馆，詹姆斯·洛德收藏，耶鲁大学。

6　阿尔贝托·贾科梅蒂1962年10月19日写给皮埃尔·马蒂斯的信，皮埃尔·马蒂斯画廊档案馆：box 11, folder 39, item 182, 皮尔庞特·摩根图书馆，纽约。

7　安妮塔·贾科梅蒂1951年4月11日写给阿尔贝托、迭戈和安妮特·贾科梅蒂的信，贾科梅蒂基金会档案馆，巴黎。

8　《卡罗琳画像》(*Portrait de Caroline*)，1962年，贾科梅蒂基金会收藏，巴黎。

9　引自琼·克莱，《阿尔贝托·贾科梅蒂》，《现代艺术的面容》，洛桑，相遇出版社，1969年，第153页。

10　卡罗琳向弗兰克·莫伯特说，《最后的模特》，第102页。

11　矢内原伊作的个人日记，《1961年》，矢内原伊作档案馆。

第三十章　大通曼哈顿广场

1　阿尔贝托·贾科梅蒂写给皮埃尔·马蒂斯的信，未标注日期，未寄出，贾科梅蒂基金会档案馆，巴黎。

2　安妮特·贾科梅蒂1958年4月14日写给矢内原伊作的信，矢内原伊作档案馆。

3　皮埃尔·马蒂斯1958年5月10日写给阿尔贝托·贾科梅蒂的信，贾科梅蒂基金会档案馆，巴黎。

4　皮埃尔·马蒂斯1959年2月10日写给阿尔贝托·贾科梅蒂的信，贾科梅蒂基金会档案馆，巴黎。

5　阿尔贝托·贾科梅蒂1959年5月17日写给皮埃尔·马蒂斯的信，皮埃尔·马蒂斯画廊档案馆：box 11, folder 25, item 163, 皮尔庞特·摩根图书馆，纽约。

6 安妮特·贾科梅蒂 1959 年 6 月 5 日写给矢内原伊作的信，矢内原伊作档案馆。

7 安妮特·贾科梅蒂 1959 年 10 月 27 日写给矢内原伊作的信，矢内原伊作档案馆。

8 同上。

9 安妮特·贾科梅蒂 1959 年 11 月 30 日写给矢内原伊作的信，矢内原伊作档案馆。

10 "人之新形象"新闻稿，1959 年 9 月 29 日—11 月 29 日，纽约现代艺术博物馆，纽约，纽约现代艺术博物馆档案馆。

11 阿尔贝托·贾科梅蒂 1959 年 8 月 8 日写给母亲的信，瑞士艺术研究院档案馆：HNA 274.A.2.1.237，苏黎世。

12 阿尔贝托·贾科梅蒂 1959 年 9 月 13 日写给戈登·邦沙夫特的信，复印件，贾科梅蒂基金会档案馆，巴黎。

13 大卫·西尔维斯特，《贾科梅蒂》，安德烈·迪芒什出版社，马赛，2001 年，第 186 页。

14 阿尔贝托·贾科梅蒂 1960 年 2 月 14 日写给母亲的信，瑞士艺术研究院档案馆：HNA 274.A.2.1.235，苏黎世。

15 阿尔贝托·贾科梅蒂对大卫·西尔维斯特说，后收录于大卫·西尔维斯特，《贾科梅蒂》，第 187 页。

16 阿尔贝托·贾科梅蒂 1960 年 2 月 2 日写给皮埃尔·马蒂斯的信，未寄出，贾科梅蒂基金会档案馆，巴黎。

17 安妮特·贾科梅蒂 1960 年 2 月 9 日写给矢内原伊作的信，矢内原伊作档案馆。

18 安妮特·贾科梅蒂 1960 年 3 月 11 日写给矢内原伊作的信，矢内原伊作档案馆。

19 阿尔贝托·贾科梅蒂 1960 年 4 月 29 日写给皮埃尔·马蒂斯的信，皮埃尔·马蒂斯画廊档案馆：box 11，folder 37，item 169，皮尔庞特·摩根图书馆，纽约。

20 同注释 15。

第三十一章　威尼斯双年展

1 阿尔贝托·贾科梅蒂 1960 年 2 月 14 日写给母亲的信，瑞士艺术研究院档案馆：HNA 274.A.2.1.235，苏黎世。

2 矢内原伊作 1960 年 11 月 27 日写给安妮特·贾科梅蒂的信，贾科梅蒂基金会档案馆，巴黎。

3 阿尔贝托·贾科梅蒂，引自詹姆斯·洛德，《贾科梅蒂》（Giacometti），巴黎，尼罗河（Nil）出版社，1983 年，第 416 页。

4 萨缪尔·贝克特 1961 年 4 月 21 日写给芭芭拉·布雷的信，引自萨缪尔·贝克特，《书信集 III》（Lettres III），巴黎，伽利玛出版社，2016 年，第 485 页，注释 3。

5 阿尔贝托·贾科梅蒂 1961 年 6 月 4 日写给母亲的信，未完成，未寄出，贾科梅蒂基金会档案馆，巴黎。

6 矢内原伊作的日记誊本，《1961 年》，未发表。

7 矢内原伊作，《与贾科梅蒂一起》，第 208 页。

8 詹姆斯·洛德，《贾科梅蒂》，第 425 页。

9 阿尔贝托·贾科梅蒂 1961 年 10 月 28 日写给皮埃尔·马蒂斯的信，皮埃尔·马蒂斯画廊档案馆：box 11, folder 38, item 172, 皮尔庞特·摩根图书馆，纽约。

10 阿尔贝托·贾科梅蒂 1961 年 12 月 9 日写给皮埃尔·马蒂斯的信，皮埃尔·马蒂斯画廊档案馆：box 11, folder 38, 皮尔庞特·摩根图书馆，纽约。

11 唐纳德·贾德，《阿尔贝托·贾科梅蒂》，《艺术杂志》（Arts Magazine），1962 年 2 月，第 32 页。

12 乔治·索维在《我的贾科梅蒂》（Mon Giacometti）中的陈述，巴西利萨（Basilissa）出版社，威尼斯，2001 年，第 20 页。

13 阿尔贝托·贾科梅蒂 1962 年 12 月 6 日写给皮埃尔·马蒂斯的信，皮埃尔·马蒂斯画廊档案馆：box 11, folder 39, item 183, 皮尔庞特·摩根图书馆，纽约。

14 阿尔贝托·贾科梅蒂 1962 年 10 月 19 日写给皮埃尔·马蒂斯的信，皮埃尔·马蒂斯画廊档案馆：box 11, folder 39, item 182, 皮尔庞特·摩根图书馆，纽约。

第三十二章　死亡的阴影

1 阿尔贝托·贾科梅蒂 1963 年 2 月记事本中的法文笔记，贾科梅蒂基金会收藏，巴黎。

2 泰奥多尔·弗伦克尔 1963 年 4 月 22 日写给阿尔贝托·贾科梅蒂的信，贾科梅蒂基金会档案馆，巴黎。

3 阿尔贝托·贾科梅蒂与琼·克莱的对谈，1963 年，收录于阿尔贝托·贾科梅蒂，

《文字集》，第 323 页。

4　阿尔贝托·贾科梅蒂 1963 年 3 月 22 日写给皮埃尔·马蒂斯的信，皮埃尔·马蒂斯画廊档案馆：box 11，folder 40，item 184，皮尔庞特·摩根图书馆，纽约。

5　阿尔贝托·贾科梅蒂 1963 年 5 月 19 日写给皮埃尔·马蒂斯的信，皮埃尔·马蒂斯画廊档案馆：box 11，folder 40，item 185，皮尔庞特·摩根图书馆，纽约。

6　阿尔贝托·贾科梅蒂 1963 年 6 月 12 日写给母亲的信，瑞士艺术研究院档案馆：HNA 274.A.2.1.246，苏黎世。

7　同上。

8　阿尔贝托·贾科梅蒂 1963 年 5 月 19 日写给皮埃尔·马蒂斯的信，皮埃尔·马蒂斯画廊档案馆：box 11，folder 40，item 185。

9　阿尔贝托·贾科梅蒂 1963 年 6 月 12 日写给母亲的信，出处同上。

10　同上。

11　阿尔贝托·贾科梅蒂，普通纸上的法文笔记，未标注日期，贾科梅蒂基金会档案馆，巴黎。

12　让-玛丽·德罗，《阿尔贝托·贾科梅蒂》，电视片，35 毫米，巴黎，法国电视广播局，"蒙帕纳斯的炙热时刻"系列，1963 年 11 月。

13　同上，以下引文出自同一影片。

14　阿尔贝托·贾科梅蒂，《与安东尼奥·德尔·古尔西奥的对谈》，《重生》（Rinascita）杂志，1962 年 6 月 23 日，第 32 页。

15　阿尔贝托·贾科梅蒂，口头访谈，引自让-玛丽·德罗，《阿尔贝托·贾科梅蒂》，出处同上。

16　阿尔贝托·贾科梅蒂与琼·克莱的对谈，《现实》杂志，第 215 期，1963 年 12 月，后收录于阿尔贝托·贾科梅蒂，《文字集》，第 321 页。

17　同上。

第三十三章　成名

1　阿尔贝托·贾科梅蒂与圣哥达·杰德里卡的访谈，1964 年，收录于阿尔贝托·贾科梅蒂，《文字集》，第 333 页。

2　阿尔贝托·贾科梅蒂 1964 年 10 月 11 日写给雅克·迪潘的信，贾科梅蒂基金会档案馆，巴黎。

3　阿尔贝托·贾科梅蒂 1964 年 10 月 26 日写给皮埃尔·马蒂斯的信，皮埃尔·马蒂斯画廊档案馆：box 11，folder 41，item 192，皮尔庞特·摩根图书馆，纽约。

4　阿尔贝托·贾科梅蒂 1964 年 10 月 10 日写给雅克·迪潘的信，贾科梅蒂基金会档案馆，巴黎。

5　阿尔贝托·贾科梅蒂与圣哥达·杰德里卡的访谈，出处同上，第 336—337 页。

6　乔治·索阿维，《我的贾科梅蒂》，巴西利萨出版社，威尼斯，2001 年，第 18 页。

7　阿尔贝托·贾科梅蒂 1964 年 4 月 22 日写给皮埃尔·马蒂斯的信，皮埃尔·马蒂斯画廊档案馆：box 11，folder 41，item 188，皮尔庞特·摩根图书馆，纽约。

8　阿尔贝托·贾科梅蒂 1964 年写给汉斯·卡尔·贝希特勒的信，贾科梅蒂基金会档案馆，巴黎。

9　1964 年，法国政府开始着手收购《高大的女人 II》。

第三十四章　临终前的几个月

1　阿尔贝托·贾科梅蒂，《曾经的副本》，博特罗（Botero）出版社，都灵，1967 年；新版，费奇出版社，巴黎，2012 年。

2　阿尔贝托·贾科梅蒂，《副本笔记》，1965 年，后收录于阿尔贝托·贾科梅蒂，《文字集》，第 163 页。

3　迭戈·贾科梅蒂 1965 年 10 月 26 日写给皮埃尔·马蒂斯的信，皮埃尔·马蒂斯画廊档案馆，皮尔庞特·摩根图书馆，纽约。

4　布拉萨依，《我最后一次探访》，1965 年 3 月 22 日，收录于《我生命中的艺术家》（Les Artistes de ma vie），德诺尔（Denoël）出版社，巴黎，1982 年，第 54 页。

5　安妮特·贾科梅蒂 1965 年 12 月 18 日写给帕特里夏·马蒂斯的信，皮埃尔·马蒂斯画廊档案馆：box 11，folder 42，皮尔庞特·摩根图书馆，纽约。

6　迭戈·贾科梅蒂，引自克劳德·德莱，《阿尔贝托·贾科梅蒂和迭戈，隐藏的故事》，第 249 页。

7　阿尔贝托·贾科梅蒂，《无尽的巴黎》（Paris sans fin），1964 年，后收录于阿尔贝托·贾科梅蒂，《文字集》，第 157—160 页。

人名译名对照表

A

阿道夫·沙诺 Chanaux, Adolphe

阿尔贝·格莱兹 Gleizes, Albert

阿尔贝·加缪 Camus, Albert

阿尔贝特·斯吉拉 Skira, Albert

阿尔贝托·贾科梅蒂 Giacometti,
　　Alberto

阿尔贝托·沙维尼欧 Savinio, Alberto

阿尔布雷特·丢勒 Dürer, Albrecht

阿尔弗雷德·马内西耶 Manessier,
　　Alfred

阿里斯蒂德·马约尔 Maillol, Aristide

阿梅代奥·莫迪利亚尼 Modigliani,
　　Amedeo

阿诺德·盖斯布勒 Geissbuhler,
　　Arnold

阿塔纳斯·阿帕蒂 Apartis, Athanase

埃德加·乔纳斯·考夫曼 Kaufmann,
　　Edgar Jonas

埃迪特·布瓦索纳 Boissonnas, Édith

埃利·洛塔尔 Lotar, Eli

埃马纽埃尔·奥里斯科特 Auriscote,
　　Emmanuel

埃米利奥·特里 Terry, Emilio

埃内斯特·曼可巴 Mancoba, Ernest

艾丽斯·德兰 Derain, Alice

艾梅·玛格 Maeght, Aimé

爱德华·马奈 Manet, Édouard

安德烈·布勒东 Breton, André

安德烈·德兰 Derain, André

安德烈·迪布歇 Du Bouchet, André

安德烈·富热龙 Fougeron, André

安德烈·洛特 Lothe, André

安德烈·马尔罗 Malraux, André

安德烈·马松 Masson, André

安东尼奥·贾科梅蒂 Giacometti,
　　Antonio

安妮塔·贾科梅蒂 Giacometti,
　　Annetta

安妮特·贾科梅蒂（原姓阿姆）
　　Giacometti, Annette (née Arm)

安托南·阿尔托 Artaud, Antonin

安托万·布德尔 Bourdelle, Antoine

安托万·佩夫斯纳 Pevsner, Antoine

奥黛特·贾科梅蒂 Giacometti, Odette

奥蒂莉娅·贾科梅蒂 Giacometti,
　　Ottilia

奥古斯特·罗丹 Rodin, Auguste

恩斯特·路德维希·基希纳 Kirchner,
　　Ernst Ludwig
恩斯特·谢德格 Scheidegger, Ernst

F

费奥多尔·陀思妥耶夫斯基
　　Dostoïevski, Fiodor
费迪南德·霍德勒 Hodler, Ferdinand
费尔南·莱热 Léger, Fernand
费拉什 Ferrache
弗兰克·劳埃德·赖特 Lloyd Wright,
　　Frank
弗朗索瓦·莫里亚克 Mauriac,
　　François
弗朗索瓦·施皮策 Spitzer, François
弗朗索瓦·斯塔利 Stahly, François
弗朗索瓦·韦尔根斯 Weyergans,
　　François
弗朗索瓦丝·吉洛 Gilot, Françoise
弗朗西斯·贝尔图 Berthoud, Francis
弗朗西斯·格吕贝 Gruber, Francis
弗朗西斯·培根 Bacon, Francis
弗朗西斯·蓬热 Ponge, Francis
弗朗西斯·塔耶 Tailleux, Francis
弗朗西斯科·德·戈雅 Goya,
　　Francisco de
弗里茨·沃特鲁巴 Wotruba, Fritz
弗里德里希·尼采 Nietzsche,
　　Friedrich
弗洛拉·梅奥 Mayo, Flora

G

戈登·邦沙夫特 Bunshaft, Gordon
戈登·帕克斯 Parks, Gordon
戈特弗里德·凯勒 Keller, Gottfried
格尔达·塔罗 Taro, Gerda

古斯塔夫·福楼拜 Flaubert, Gustave
古斯塔夫·莫罗 Moreau, Gustave

H

海老原喜之助 Kinosuke, Ebihara
汉斯·哈通 Hartung, Hans
汉斯·卡尔·贝希特勒 Bechtler,
　　Hans C.
汉斯·斯托克 Stocker, Hans
豪尔赫·博恩 Born, Jorge
何塞普·鲁伊斯·塞特 Sert, Josep
　　Lluís
赫尔曼·黑塞 Hesse, Hermann
亨利·卡蒂埃-布列松 Cartier-
　　Bresson, Henri
亨利·罗尔-唐吉 Rol-Tanguy, Henri
亨利·洛朗斯 Laurens, Henri
亨利·马蒂斯 Matisse, Henri
亨利克·易卜生 Ibsen, Henrik
胡安·米罗 Miró, Joan

J

吉诺·塞韦里尼 Severini, Gino
加布里埃尔·佩里 Péri, Gabriel
加拉（原名叶连娜·伊万诺娃·迪
　　亚科诺娃）Gala (Elena Ivanovna
　　Diakonova, dite)
加斯东-路易·鲁 Roux, Gaston-Louis
贾科梅蒂（家族）Giacometti (famille)
居伊·德·莫泊桑 Maupassant, Guy
　　de

K

卡尔·爱因斯坦 Einstein, Carl
卡弗尔拉 Cap-Ferrat
卡罗琳（原名伊冯娜-玛格丽

特·波劳多）Caroline (Yvonne-Marguerite Poiraudeau, dite)

卡瑟·克罗斯比 Crosby, Caresse

卡西米罗·迪·克雷桑佐 Crescenzo, Casimiro di

康斯坦丁·布朗库西 Brancusi, Constantin

克劳德·卡洪 Cahun, Claude

克里斯蒂安·贝拉尔 Bérard, Christian

克里斯蒂安·克莱姆 Klemm, Christian

克里斯蒂安·泽尔沃斯 Zervos, Christian

库尔特·塞利希曼 Seligmann, Kurt

库诺·阿米耶 Amiet, Cuno

L

莱里斯夫妇（路易丝和米歇尔）Leiris (Louise et Michel)

莱纳·勒克莱尔 Leclercq, Léna

勒·柯布西耶（原名夏尔-爱德华·让纳雷-格里斯，dit）Le Corbusier (Charles-Édouard Jeanneret-Gris, dit)

勒内·克勒韦尔 Crevel, René

勒内·夏尔 Char, René

雷蒙·阿隆 Aron, Raymond

雷蒙·杜尚-维隆 Duchamp-Villon, Raymond

雷蒙·格诺 Queneau, Raymond

丽塔·盖菲耶 Gueyfier, Rita

利斯·德阿尔姆 Deharme, Lise

卢卡·利希特滕汉 Lichtenhan, Lucas

路易·阿拉贡 Aragon, Louis

路易·克拉耶 Clayeux, Louis

路易吉·卡卢乔 Carluccio, Luigi

路易吉·鲁索洛 Russolo, Luigi

路易丝·莱里斯 Leiris, Louise

路易斯·布努埃尔 Buñuel, Luis

伦勃朗·凡·莱因 Rijn, Rembrandt van

罗贝尔·德斯诺斯 Desnos, Robert

罗贝尔·勒贝尔 Lebel, Robert

罗贝尔·茹尔当 Jourdan, Robert

罗伯特·卡帕 Capa, Robert

罗伯特·劳申贝格 Rauschenberg, Robert

罗伯特·马瑟韦尔 Motherwell, Robert

罗伯特·塞恩斯伯里 Sainsbury, Robert

罗多（原名奥古斯特·德·尼德豪森）Rodo (Auguste de Niederhausern, dit)

罗吉·安德烈（原名罗萨·克莱因）Rogi André (Rosa Klein, dite)

罗兰·蒂阿尔 Tual, Roland

罗兰·彭罗斯 Penrose, Roland

罗莎比昂卡·斯吉拉 Skira, Rosabianca

罗歇·蒙唐东 Montandon, Roger

洛特雷阿蒙（原名伊齐多尔·吕西安·迪卡斯、洛特雷阿蒙伯爵）Lautréamont (Isidore Lucien Ducasse, dit comte de)

吕西安·勒隆 Lelong, Lucien

M

马蒂斯夫妇（帕特里夏和皮埃尔）Matisse (Patricia et Pierre)

马克·罗思科 Rothko, Mark

马克·沃 Vaux, Marc

马克·夏加尔 Chagall, Marc

马克斯·恩斯特 Ernst, Max

马克斯·雅各布 Jacob, Max

马里奥·内格里 Negri, Mario

马里奥·托齐 Tozzi, Mario

马里诺·马里尼 Marini, Marino

马塞尔·杜尚 Duchamp, Marcel

马塞尔·格里奥尔 Griaule, Marcel

马塞尔·让 Jean, Marcel

马西莫·坎皮格利 Campigli, Massimo

玛迪娜·维斯孔蒂伯爵夫人 Madina Visconti, comtesse

玛蒂尔达·博恩 Born, Matilda

玛蒂尔德·勒曲耶-马耶 Lecuyer-Maillé, Mathilda

玛格家族 Maeght (famille)

玛格丽特·玛格 Maeght, Marguerite

玛丽-洛尔·德·诺瓦耶（子爵夫人）Noailles, Marie-Laure, vicomtesse de

玛丽亚·马丁斯 Martins, Maria

玛琳·黛德丽 Dietrich, Marlene

迈克尔·布伦森 Brenson, Michael

曼·雷（原名伊曼纽尔·拉德尼茨基）Man Ray (Emmanuel Radnitsky, dit)

梅雷·奥本海姆 Oppenheim, Meret

米开朗琪罗 Michel-Ange

米洛·米卢诺维奇 Milunović, Milo

米歇尔·基弗 Kieffer, Michèle

米歇尔·莱里斯 Leiris, Michel

米歇尔·西蒙 Simon, Michel

莫里斯·梅洛-庞蒂 Merleau-Ponty, Maurice

莫里斯·萨尔基索夫 Sarkissoff, Maurice

N

纳尔逊·洛克菲勒 Rockefeller, Nelson

娜塔丽·萨洛特 Sarraute, Nathalie

妮科尔·卡蒂埃-布列松 Cartier-Bresson, Nicole

诺瓦耶夫妇（玛丽-洛尔和夏尔）Noailles (Marie-Laure et Charles)

O

欧仁·卡里埃 Carrière, Eugène

欧文·佩恩 Penn, Irving

P

帕尔马·布卡雷利 Bucarelli, Palma

帕特里夏·马蒂斯 Matisse, Patricia

帕特里夏·马塔，参见"帕特里夏·马蒂斯" Matta, Patricia voir Matisse, Patricia

佩姬·古根海姆 Guggenheim, Peggy

皮埃尔·阿列辛斯基 Alechinsky, Pierre

皮埃尔·博纳尔 Bonnard, Pierre

皮埃尔·达维德-魏尔 David-Weill, Pierre

皮埃尔·科勒（画廊）Colle, Pierre (galerie)

皮埃尔·克洛索夫斯基 Klossowski, Pierre

皮埃尔·勒布 Loeb, Pierre

皮埃尔·勒韦迪 Reverdy, Pierre

皮埃尔·马蒂斯 Matisse, Pierre

皮埃尔·塔尔·科阿 Tal Coat, Pierre

Eleftheriadis, dit)

唐纳德·贾德 Judd, Donald

唐纳蒂安·阿尔丰斯·弗朗索瓦·德·萨德 Sade, Donatien Alphonse François de

特奥·凡·杜斯堡 Doesburg, Theo Van

特里斯坦·查拉 Tzara, Tristan

提香（原名蒂齐亚诺·韦切利奥）Le Titien (Vecellio, Tiziano, dit)

托马斯·曼 Mann, Thomas

托塔·奎瓦斯 Cuevas, Tota

W

瓦尔德马-乔治（原名耶日·瓦尔德马·雅罗辛斯基）Waldemar-George (Jerzy Waldemar Jarocinski, dit)

瓦西里·康定斯基 Kandinsky, Vassiliy

威廉·德·库宁 De Kooning, Willem

威廉·福克纳 Faulkner, William

威廉·海特 Hayter, William

威廉·莎士比亚 Shakespeare, William

威妮弗雷德·尼科尔森 Nicholson, Winifred

维克托·布劳纳 Brauner, Victor

文森特·凡·高 Van Gogh, Vincent

翁贝托·薄邱尼 Boccioni, Umberto

X

西奥多·杰利柯 Géricault, Théodore

西尔维奥·贝尔图 Berthoud, Silvio

西格蒙德·弗洛伊德 Freud, Sigmund

西蒙·贝拉尔 Bérard, Simon

西蒙娜·德·波伏瓦 Beauvoir, Simone de

夏尔·艾蒂安 Estienne, Charles

夏尔·波德莱尔 Baudelaire, Charles

夏尔·德·诺瓦耶（子爵）Noailles, Charles, vicomte de

夏尔·德斯皮奥 Despiau, Charles

夏尔·迪克洛 Ducloz, Charles

夏尔·罗利耶 Rollier, Charles

小巴克 Petit Pac

Y

雅各布·爱泼斯坦 Epstein, Jacob

雅克·迪潘 Dupin, Jacques

雅克·卡洛 Callot, Jacques

雅克·拉康 Lacan, Jacques

雅克·里普希茨 Lipchitz, Jacques

雅克·普雷维尔 Prévert, Jacques

雅克·维隆 Villon, Jacques

雅克-安德烈·布瓦法尔 Boiffard, Jacques-André

雅姆·维贝尔 Vibert, James

亚历山大·考尔德 Calder, Alexander

亚历山大·利伯曼 Liberman, Alexander

野口勇 Noguchi, Isamu

伊尔莎·斯奇培尔莉 Schiaparelli, Elsa

伊冯·塔扬迪耶 Taillandier, Yvon

伊冯娜-玛格丽特·波劳多，参见"卡罗琳"Poiraudeau, Yvonne-Marguerite voir Caroline

伊夫·唐吉 Tanguy, Yves

伊戈尔·斯特拉文斯基 Stravinsky, Igor

伊莎贝尔·德尔默，参见"伊莎贝尔·尼古拉斯"Delmer, Isabel voir Nicholas, Isabel

伊莎贝尔·尼古拉斯（后随夫姓德尔
　　默）Nicholas, Isabel (puis Delmer)
雨果·韦伯 Weber, Hugo
约翰·沃尔夫冈·冯·歌德 Goethe,
　　Johann Wolfgang von
约瑟菲娜·阿尔韦亚尔 Alvéar,
　　Josephina
约瑟夫·米勒 Müller, Josef
约瑟夫·萨基 Czaky, Joseph

地名译名对照表

A

阿莱西亚街 rue d'Alésia

阿旺桥 Pont-Aven

阿西西 Assise

埃唐普 Etampes

艾绍德街 rue de l'Échaudé

艾克斯 Aix

奥斯万 Oschwand

B

伯尔尼 Berne

勃艮第 Bourgogne

伯利特—曼东街 rue Hippolyte-
Maindron

博尼奥 Borgonovo

布雷加利亚 Bregaglia

布洛迈街 rue Blomet

布瓦吉鲁 Boisgeloup

D

迪纳尔 Dinard

G

格劳宾登 Grisons

格里昂 Glion

H

黑里绍 Herisau

怀尔德霍登 Wildhoden

J

加尔什 Garches

K

库尔 Coire

L

拉斯科 Lascaux

勒阿弗尔港 Le Havre

绿磨坊街 rue Moulin-Vert

M

马洛亚 Maloja

马扎林街 rue Mazarine

梅拉诺 Merano

美第奇小圣堂 chapelle des Médicis

蒙帕纳斯 Montparnasse

默东 Meudon

斯坦帕的风景，1961 年

贾科梅蒂一家（阿尔贝托、安妮塔、迭戈、奥蒂莉娅、乔瓦尼）在斯坦帕家的台阶上，约 1906 年

贾科梅蒂与弗洛拉 · 梅奥，约 1925 年

Photo: Coll. Fondation Giacometti, Paris

贾科梅蒂在位于伯利特–曼东街的画室内，1927 年

贾科梅蒂与雕塑《渺小的人》（*Petit homme*），约 1927 年

《超现实主义构成》(*Composition surréaliste*),约 1933 年,墨水画,贾科梅蒂基金会,巴黎

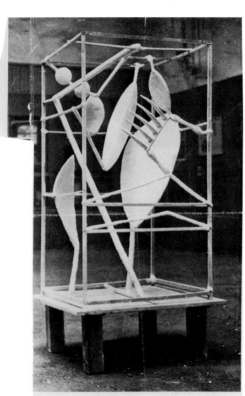

超独立沙龙（Salon des Surindépendants）上的《寂静的鸟》，约 1931 年，
图片刊登于《Vu》杂志，1933 年 11 月

Toutes choses... près, loin, toutes celles qui sont passées et les autres, **par devant,**

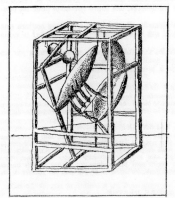
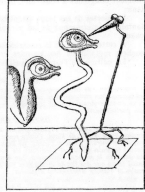

qui bougent et mes amies — elles changent (on passe tout près, elles sont loin), d'autres
approchent, montent, descendent, des canards sur l'eau, là et là, dans l'espace, montent,

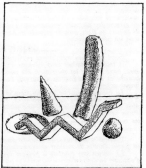

descendent — je dors ici, les fleurs de la tapisserie, l'eau du robinet mal fermé, les dessins
du rideau, mon pantalon sur une chaise, on parle dans une chambre plus loin ; **deux ou**

18

trois personnes, de quelle gare? Les locomotives qui sifflent, il n'y a pas de gare par ici,

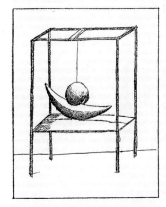 

on jetait des pelures d'orange du haut de la terrasse, dans la rue très étroite et profonde — la nuit, les mulets braillaient désespérément, vers le matin, on les abattait — demain je sors —

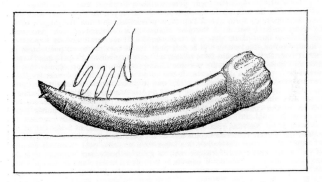

elle approche sa tête de mon oreille — sa jambe, la grande — ils parlent, ils bougent, là et là, mais tout est passé.

ALBERTO GIACOMETTI.

19

贾科梅蒂为诺瓦耶别墅雕刻《人像》，耶尔（法国），1932 年

亨利·索格（Henri Sauguet）、约翰·德斯波德（Jean Desbordes）、路易斯·布努埃尔、弗朗西斯·普朗克（Francis Poulenc）、克里斯蒂安·贝拉尔和贾科梅蒂在诺瓦耶别墅，耶尔（法国），1932 年

迭戈、罗多卡纳基、沙诺、贝拉尔、特里、弗朗克和贾科梅蒂在弗朗克的店里，
1935 年。

《凌晨四点的宫殿》，图片刊登于《艺术手册》，1932 年第 8—10 期，摄影：曼·雷

画室内的石膏花，1931—1932 年

多面瓶，约 1934 年

伊莎贝尔·尼古拉斯、梅雷·奥本海姆（？）与贾科梅蒂在多摩咖啡馆的露天座

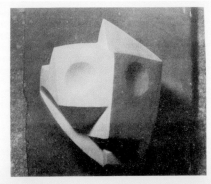

《头—头盖骨》（1934）和《立方体》（1933—1934）刊登在《弥诺陶洛斯》杂志，1934 年第 5 期

1944 年，贾科梅蒂在日内瓦的里沃旅馆的房间内，摄影：埃利·洛塔尔

画室里的贾科梅蒂与《夜晚》, 1946 年, 摄影: 艾米莉·萨维特里（Émile Savitry）

贾科梅蒂画室内的《手》，约 1947 年

鲁迪埃铸造厂里的一组雕塑，约 1948 年

《鼻子》（1947），石膏件，贾科梅蒂的画室内，1956 年

梅格画廊的"阿尔贝托·贾科梅蒂"展,巴黎,1951年

画室里的《用手指方向的人》（1947）、《匙形女子》（1927）和《女性人像》
（*Figures féminines*），约 1954 年

贾科梅蒂在画室里画素描，1954 年 7 月，摄影：萨比娜·魏斯（Sabine Weiss）

贾科梅蒂在画室里画安妮特的肖像，1954 年 7 月，摄影：萨比娜·魏斯

安妮特和阿尔贝托·贾科梅蒂，让·热内和阿卜杜拉·本·塔加（Abdallah Ben Taga）在艺术家的画室内，1956 年 10 月 14 日

贾科梅蒂一家人于安妮塔 90 岁生日之际在斯坦帕，（人物左起分别为安妮特，阿尔贝托，奥黛特，安妮塔，布鲁诺，弗朗索瓦丝，迭戈和西尔维奥），1961 年 8 月 5 日

贾科梅蒂与《高大的女人 IV》在画室庭院内，1960 年 8 月

威尼斯双年展的"阿尔贝托·贾科梅蒂"展一景，1962 年

矢内原伊作在画室摆姿势，巴黎，1960 年

阿尔贝托、安妮特和矢内原伊作在斯坦帕附近，1961 年

安妮特、阿尔贝托和卡罗琳在巴黎布雷亚街的别墅餐厅，约 1962 年

埃利·洛塔尔在画室摆姿势，1965 年

阿尔贝托·贾科梅蒂在即将抵达纽约的"伊丽莎白女王"号船上，1965 年 10 月

阿尔贝托·贾科梅蒂去世后的画室，1966 年 6 月，摄影：萨比娜·魏斯